U0102604

海外中国
研究丛书

刘东主编

[美] 爱莲心 著

周炽成 译

CHUANG-TZU FOR SPIRITUAL TRANSFORMATION
An Analysis of the Inner Chapters

向往心灵转化的庄子

内篇分析

江苏人民出版社

图书在版编目(CIP)数据

向往心灵转化的庄子:内篇分析/(美)爱莲心著;周
炽成译.—南京:江苏人民出版社,2004.7(2022.7 重印)
(海外中国研究丛书/刘东主编)
书名原文:Chuang-Tzu for Spiritual Transformation: An Analysis of the
lnner Chapters
ISBN 978-7-214-03673-5

Ⅰ.①向… Ⅱ.①爱… ②周… Ⅲ.①庄子-研究
Ⅳ.①B223.55

中国版本图书馆 CIP 数据核字(2004)第 069921 号

Chuang-Tzu for Spiritual Transformation: An Analysis of the lnner Chapters by
Robert Allinson
The Simplified Chinese translation of this book is made possible by permission of the
State University of New York Press © 1989, and may be sold only in Mainland
China, excluding Hong Kong S. A. R and Macau S. A. R.
Simplified Chinese edition copyright © 2004 by Jiangsu People's Publishing House.
All rights reserved.
江苏省版权局著作权合同登记号:图字 10-2003-034 号

书　　　名	向往心灵转化的庄子:内篇分析	
著　　　者	[美]爱莲心	
译　　　者	周炽成	
责 任 编 辑	汤丹磊	
责 任 监 制	王　娟	
出 版 发 行	江苏人民出版社	
地　　　址	南京市湖南路 1 号 A 楼,邮编:210009	
照　　　排	江苏凤凰制版有限公司	
印　　　刷	江苏凤凰通达印刷有限公司	
开　　　本	652 毫米×960 毫米　1/16	
印　　　张	16　插页 4	
字　　　数	180 千字	
版　　　次	2004 年 7 月第 1 版	
印　　　次	2022 年 7 月第 4 次印刷	
标 准 书 号	ISBN 978-7-214-03673-5	
定　　　价	48.00 元	

(江苏人民出版社图书凡印装错误可向承印厂调换)

序"海外中国研究丛书"

　　中国曾经遗忘过世界,但世界却并未因此而遗忘中国。令人嗟讶的是,20世纪60年代以后,就在中国越来越闭锁的同时,世界各国的中国研究却得到了越来越富于成果的发展。而到了中国门户重开的今天,这种发展就把国内学界逼到了如此的窘境:我们不仅必须放眼海外去认识世界,还必须放眼海外来重新认识中国;不仅必须向国内读者迻译海外的西学,还必须向他们系统地介绍海外的中学。

　　这个系列不可避免地会加深我们150年以来一直怀有的危机感和失落感,因为单是它的学术水准也足以提醒我们,中国文明在现时代所面对的绝不再是某个粗蛮不文的、很快就将被自己同化的、马背上的战胜者,而是一个高度发展了的、必将对自己的根本价值取向大大触动的文明。可正因为这样,借别人的眼光去获得自知之明,又正是摆在我们面前的紧迫历史使命,因为只要不跳出自家的文化圈子去透过强烈的反差反观自身,中华文明就找不到进入其现代形态的入口。

当然,既是本着这样的目的,我们就不能只从各家学说中筛选那些我们可以或者乐于接受的东西,否则我们的"筛子"本身就可能使读者失去选择、挑剔和批判的广阔天地。我们的译介毕竟还只是初步的尝试,而我们所努力去做的,毕竟也只是和读者一起去反复思索这些奉献给大家的东西。

刘　东

目 录

中译本序

　　我很乐意为我这本关于《庄子》的书的中文读者写一个新的序。这本书应该会在以下两个方面引起读者兴趣:第一个方面是它所提供的解释《庄子》的新观点,第二个方面是它对现存关于《庄子》的西方文献的主要解释模式的讨论。在同类著作中,本书最先详细地主张,在《庄子》随意地集合文学佚事、含义隐晦的说法、隐秘的暗指的外表之下,存在着一个深度的认知策略。在本书中,我试图表明,《庄子》的神话、传说、怪物、吊诡、比喻、语言难题是有策略地设计来使读者完成自我转化的目的的。

　　在这个新序中,我想考虑哪些地方可能是对中国读者特别有趣的。我决定引导中国读者注意该书哪些部分或哪些章节应该是对他们特别有趣的。我将试图简要地提到一些关键的观点,并引导读者注意在该书的哪些地方可以发现对这些关键的观点的讨论。

　　《庄子》通常被认为或者是一部出自多人之手而具有不同思想之作,或者是一部表达怀疑主义和(或)神秘主义观点之作。关于《庄子》的不同作者和关于它是一部怀疑主义之作,读者可看拙作的导言。关于对《庄子》作怀疑主义或相对主义的解释的理解,读者可看拙作的第八章,该章把这方面的解释分为不相连的、轮廓分明的几种类型。拙作的解释甚至都可以归于这些类型中的一种。这些逻辑的类型在本性上都是新的,并能引导读者看到对《庄子》可以作那么多种怀疑主义或相对主义的解释。

读者可能很想知道这些对《庄子》的怀疑主义或相对主义的解释是为何以及如何形成的。关于这方面的问题,读者可看拙作的第八章,该章提出很多原因来说明这些解释是为何以及如何产生的。例如,一个原因是:一些解释者强烈地依赖《庄子》第十七篇《秋水》的论辩,并以之作为理解《庄子》的关键。但是,该篇不被认为属于可信篇,因而不应该拥有如此大的影响。

对于为何第十七篇不应该作为可信的,因而不应该影响对《庄子》的解释,读者可看拙作的第九章。我在该章提出的论辩,不仅依赖于接受一种历史传统或事实,即庄子本人作为一个人物在故事中出现,证明该篇是非真实篇,而且建立在对该篇给出的哲学论辩的分析的基础之上。例如,在庄子安知鱼乐的故事中表达的非批判经验实在论就跟在可信篇中的以下的强烈主张相冲突:人们不能相信未经审问的感觉经验的发现,因为,他们可能正在做梦。当人们不允许以《庄子》第十七篇作为解释该书的指导时,那种认为《庄子》是相对主义文本的观点的基础便削弱了。吊诡的是,如果人们接受了《庄子》第十七篇的朴素实在论,人们便不能同时接受那种以为《庄子》拥护彻底怀疑论的观点。

拙作第九章讨论的《庄子》之篇题的误导性结果,应该也会为中国读者所感兴趣。标题的误导,是由于它们固有的模糊性。特别要注意的是,人们可以用不同的方法理解《庄子》著名的第二篇的标题的意义。对此标题的错误的理解，会对人们认为该篇是表达相对主义或为相对主义作辩护产生很大的影响。

《庄子》是相对主义或怀疑主义文本这种观点之蔓延的另一个原因，是一些学者习惯于把《庄子》第二章评论为单独存在的，或者它是与第十七篇联结起来而存在的。如果人们把《庄子》第二篇看成是第一篇显示的观点的继续和发展，就不易把《庄子》理解为拥护怀疑主义观点的著作。

读者还可能对拙作采用的方法有兴趣，这种方法显示《庄子》的文学手法在传达该书的信息的过程中所扮演的角色。拙作认为，《庄子》的信息，自我转化的信息，是不能通过直截了当的散文文本被恰当地传达的。为了正确评价文学结构对于恰当理解《庄子》的重要性，读者可看拙作的第二、第三、第四章。欲明白文学手法的确切的和全面的发展，读者尤其可看拙作的第四章。在该章中，我讨论了怪物模型的系统的、辩证的发展。请读者注意每一个怪物出现的顺序及其不同的文学描述。怪物的展开显示了《庄子》中的文学手法与它的哲学信息传达之间的独特的伙伴关系。

因为《庄子》最有趣的谜是蝴蝶梦的故事，如不考虑这个故事的意义，一本关于《庄子》的书是无法读的。对此，读者可看拙作第六章。在该章中，我将解释蝴蝶梦的可能性划分为不同的种类。本章还在检测其论辩的内在逻辑的基础上，探索了一种引起人们兴趣的可能性：蝴蝶梦的故事的内容可能没有以一种正确的或最理想的顺序来排列。在拙作第七章中，我指出，蝴蝶梦故事本身可能在《齐物论》里被误置，大圣梦（指"梦饮酒者，旦而哭泣；梦哭泣者，旦而田猎……万世之后而一遇大圣知其解者，是旦暮遇之也"——译者）才是这著名的《庄子》第二篇的最恰当的结尾。

对于我来说,大圣梦是非常关键的一段。因为,这一段提供文本的证据证明:怀疑论的观点不是《庄子》的最后思想。这一段表明,不仅知识是可能的,而且那些构成《庄子》的看似吊诡的片断在原则上是可以理解的,它们不是不可解释的神秘的话。大圣梦是在《庄子》著名的第二篇(内篇中的可信篇之一)里说到的:

> 觉而后知其梦也。且有大觉而后知此其大梦也。

总有一天,知是可能的。对于我来说,这一段清楚地和令人信服地表明,《庄子》文本的读者不必担心他或她注定停留在这样一种观点之内,根据这种观点,人们决不能将实在与梦区别开来。前引之言向我们保证:《庄子》的信息是知识,而不是怀疑论。

大圣梦那一段还暗示,不管这一段在《庄子》中原则上是多么吊诡,它是能够被解释的,它不是永远无法解释的神秘之言:

> 丘也与女皆梦也。予谓女梦,亦梦也。是其言也,其名为吊诡。万世之后而一遇大圣知其解者,是旦暮遇之也。

大圣梦强化了遍布于《庄子》的这样的段落,这些段落说到大知和小知的区分,并意味着我们不会局限于想我们今天在狭小的范围内之所想。例如,我们看《庄子》第一篇以形体之瞎类比心灵之瞎(指该篇的"瞽者无以与乎文章之观⋯⋯岂唯形骸有聋盲哉?夫知亦有之"——译者),以及对拥有大知和拥有小知的区分(指该篇的"小知不及大知"——译者)。设想我们将醒向的大知或大明是这样一种观点:我们必须保持做不知道任何东西的怀疑主义者,这种设想是自相矛盾的。确实,不能知之人怎能欣赏在《庄子》文本中所用的文学手法的精妙呢?

欲透彻地欣赏大圣梦的高水平的哲学发展和它如何在哲学视野、成熟性方面高于蝴蝶梦,读者可看拙作第七章的分析。我鼓励读者逐一而密切地领会本人在书中显示的对大圣梦和蝴蝶梦的对比和比较，以便明白前者如何以及为何在眼界的深度和精致方面高于更著名的后者。大圣梦和蝴蝶梦谈的是同样的问题：是否存在着最后的知识或最后的怀疑论？大圣梦的故事和蝴蝶梦的故事不可能同时都是正确的。如果读者同意拙作提出的解释，他们就会认为，大圣梦才是《庄子》关键性的故事。

欲知道对《庄子》中看起来好像是吊诡的东西的解释，我强烈地推荐读者看拙作第十章和第十二章。第十章是吊诡的例子，是自我转化这一中心概念的吊诡的例子。为了不致使读者太确信对《庄子》的理解可以被归结为一些过分简单化的观点，我强烈地建议读者看第十二章。该章提出一种对著名的两个雁的故事的解释，这种解释把该故事作为对一种想法的纠正，这种想法认为，《庄子》的意义可以归结为一种简单的思想法则。

对我来说，我的书翻译为中文是一件很有意义的事。我希望，我作为一名西方学者对《庄子》的理解会对中国读者有刺激作用。我想，它也会表明，像《庄子》这样的经典可以对来自另一种文化的人产生影响，并从而表明，《庄子》拥有普遍的价值。我也希望，在我的文本研究中引入的解释方法会在中国研究领域有更广泛的应用。

爱莲心

序

英语世界中的庄子研究已在质量和数量方面达到了可喜的水准。吴光明最近的两本书和《中国哲学》的一期(第13卷第4期)就是证明。现在爱莲心的这本优秀之作,建立在这些已有研究的基础之上,并开创了一个新的研究方向。

爱莲心教授的研究建立在前人的工作,尤其是吴光明的工作的基础之上。他接受了吴的解释:庄子用比喻的和省略的语言来激起一种存在主义的反应,这种反应不能通过直接命令获得,也不能通过平白的规范描述引出。爱莲心理解庄子的新的方向在于他的关于庄子倡导一种圣哲理想的全面的和详细的论辩。与很多论者宣称庄子用比喻的语言为一种相对主义作辩护不同,爱莲心令人信服地表明:庄子有一种立场,一种坚持圣哲理想的重要性的立场。

为了使他的观点有说服力,爱莲心教授不仅仔细地研究了相关的文本和评论了其他主要的解释者,而且把他的论辩路线和一种解释学的理论联系起来。在这样做的过程中,他把对庄子的讨论带向现代西方哲学的中心。并且,他对庄子的解释使这个圣人成为对西方人是完全可以理解的,这个圣人不是违反常规地使用语言的、不可理解的东方人,而是一个心灵哲学家,他更接近于奥古斯丁而不接近于制造公案的禅师。

爱莲心教授的书,像他的很多文章一样,为日益增加的文献作出了贡献,这些文献正在创造有效的中西哲学对话。这种对话不能在仅仅由中或西一方所决定的基础上进行。它必须是一个源于长期的来回解释过程的新的创造。这本书精巧地表明,这种对话已经开始,并且我们正处在一个有实质性内容的比较哲学的新时代。

一些为对欧洲思想经典欣赏力普遍下降而悲伤的西方人把比较哲学贬为局限于吸取中西双方最坏的东西。这是一种历史性的目光短浅。例如,早期基督教思想就是一种结合了犹太教、波斯教和希腊的传统的比较哲学。早期现代哲学也产生于一个经院哲学和人文科学的比较的基础。我们自己的世界的实际情况是,西方传统已遇到中国和印度的传统,并且取得了关于任何一个传统的知识都要求取得关于所有传统的知识*。爱莲心教授的书对此作出了贡献。

像他的更早的关于道家的论文一样,爱莲心的这本书把道家思想作为可以跟柏拉图和亚里士多德哲学相媲美的世界哲学。他的分析技巧主要来自从西方传统中磨练出来的思想风格。但是,他使这些技巧服从于来自道家经典本身的教导,并将这些技巧敏化于东亚思维方式之中。结果产生了一部这样的专题著作,

---

* 意指在西方、中国、印度三个传统中,要认识其中的任何一个传统,都离不开认识其他的两个传统。——译者

它既为西方哲学家根据自己的主张易于理解，又容易感受到庄子的文本和思维方式的内在活动。这是对一部经常被认为太晦涩的经典进行批判性研究的易懂的哲学分析的典范。

"成圣"是一个救世神学的主题，它也经常出现在儒、佛、道等多家中国思想中。与此相对比，现代西方哲学把分析哲学和救世神学的宗教截然分开，这种分开的根源可以追溯到中世纪，当时，那些既是哲学分析的，又关心宗教拯救的思想家强调对自然理性（哲学）和天启信仰（宗教）作区分。这种理性和信仰的区分却在中国思想中从不出现。结果，很多西方的哲学家便把庄子和其他的中国哲学家贬为纯粹的宗教思想家。

吊诡的是，庄子的独特性部分正在于，在所有人之中，唯庄子消除了信仰和理性二者的直接性（immediacy）。每一种信仰都是可变的、相对化的、可笑的。庄子甚至是比尼采还世俗的哲学家，因而他对于我们这个世俗化的时代在讨论神圣的救世神学的正当理由时更为有效。爱莲心强调非神秘化、非神话化的庄子。在这样做的过程中，他也对宗教哲学作出了重要的贡献。

我非常高兴引荐这本有高学术成就和充满高想象力论辩的书。

南乐山
于波士顿大学

自 序

  《庄子》是一座哲学智慧的宝库。同时,它又是一部最晦涩难懂的著作。其中,没有明显的线性发展的哲学论辩。另外,它内部很多段落相互之间似乎是不依据前提的推理(意指没有逻辑联系——译者)。更糟糕的是,它内部充满了这样的段落:它们是如此地晦涩难懂以至于它们抗拒任何一种理性分析。并且,整本《庄子》是铸造在这样一个文学模型里的,以至于它可以阻止读者从中搜索出任何一个哲学主题。

  在这本书中,我希望至少要达到两个目标。首先,我尽力陈述《庄子》全书关注的一个主要哲学任务:心灵转化。其次,我还尽力表明,《庄子》文本中的不连贯和十分难解的文学方式跟达到自我转化的目的技术手段有一种系统的关联。

  为了达到我所确立的这两个目标,我全力用相当多的篇幅说明《庄子》文本不是相对主义的。在我看来,那种以为它是一部相对主义之著的观点阻碍了努力看透存在于该书中的核心哲学目的,与此同时,这种观点还阻碍了对可以在书中发现的系统的方法论的分析。

总而言之,人们可以说,我努力使《庄子》文本中隐藏的逻辑显示出来。对此,我可能会被指责为把该文本逻辑化了。为了反驳这种指责,我会让我的论辩自己站出来说话。这并不是说,我认为该文本只不过是达到自我转化目的的一种系统的策略。不过,我想,在《庄子》文本的狂乱的外表下总有一种条理。

我们还有什么其他的选择?有人也许会选中间的路线,并争辩说,自我转化的主题和相对主义的主题并存;有人可能又会争辩说,其中的一个主题被强调为主要的;其他人可能又会争辩说,另外的一个主题是更为重要的。这样处理的问题是,这两个主题——如果我们要争辩说《庄子》文本包含了此二者——并不是完全相互一致的。事实上,除非我们具体说明这二者具有什么关系,它们是相互矛盾和相互勾销的。这样的话,我们就什么都没有,而不是有两个主题。

其他的主要选择是拒绝考虑文本的中心焦点,并把《庄子》文本看作不同观点的历史集合,最可能是由不同的作者所写的,因而解除我们的这种责任:断定或者有一个主题,或者能够发现相互一致的多个主题。在这种情况下,该文本就会变成在以下方面更有价值:它是一部文学短文和哲学幽默故事的集合,人们欣赏它是因为其措辞的变换和它能体现在其写作时已经存在的现存的多种哲学观点,这正如人们欣赏一种文物古玩一样。

在我看来,无论《庄子》的作品如何多种多样,无论它的文学创造力多么才华横溢地奔放,它都存在着一个可以被发现的核心意义结构,这一结构展现表面的相对主义命题和始终如一地向着自我转化奋争的一种直接关联。不管这一点是否被该书的不同作者弄得模糊不清或者被他们歪曲,它看起来不可否定地尤其在真实的内篇的框架中存在。因此,我将《庄子》作为一哲学著作,它可以凭其自身的资格和凭其自身的是非曲直去审察,而撇开其不同作者的问题和其中被阐述的观点是否属于那时历史上的不同哲学流派的问题。通过这样做,我们事实上能够发现这样一部《庄子》:它一步又一步地展示由精致的技巧组成的首尾一致的论辩结构,以引起读者觉悟的转化。本书的目的在于表明,《庄子》内篇的统一和一贯达到这种程度,以至于它值得仔细考虑为哲学著作和一流的艺术杰作,其形式和内容围绕着主题密切结合在一起,正如人们在柏拉图的《会饮》中发现的一样。希望本书能对中国哲学文本的系统研究作出贡献,使这种研究达到人们习惯于见到的对西方哲学文本所作的研究一样的水平。

另外,这里首次引入的文本解释技巧还同样适用于解释和评论西方的和中国的哲学文本。总的来说,这里引入的对神话、传说、原型、悖论等等的定义和比较定义,与文学评论和世界文学研究也是有关联的。因此,本书也可作为跨文化的哲学和文学解释学之作,它除了会对哲学家和那些对中国哲学以及庄子有兴趣的人有价值,还会对一般读者有价值。

导　言

　　《庄子》不是一本普通的书。阿瑟·韦利(Arthur Waley)，这个自学汉语出身的最有天赋的中国文献英译家，把《庄子》看成是"世界上最具消遣性同时又最具深刻性的书之一"①。但是，它的晦涩难懂、古式的引喻、看似自相矛盾的段落，以及大量的富于哲理启迪的文学调侃，又使我们不能将它解读为意义明晰的散文。尽管对《庄子》一书的主题或方法论缺乏系统的或部分系统的解释，但是，长期以来，它对知识界具有不能否认的魅力。

　　在这本关于《庄子》的参考书中，我试图要做的是唤起读者注意原文的未被挖掘的主题，那就是心灵的转化。为此，我集中研究前面七篇，也即内篇，它们被认为是可信的(意即它们的作者是庄子——译者)。倘若我还涉及了杂篇和外篇的内容，那也只是作为对内篇中已有主题的拓展。如果外篇和杂篇的材料与内篇不一致，我就会以之作为一个明显的证据，证明它是不可信的(意即它的作者不是庄子——译者)。这本关于《庄子》的书的一个主要的特点是：它十分注重材料在真实篇中和非真实篇中的区别。在我看来，真实篇与非真实篇之间缺乏严格的分界线，遮蔽了这么一个事实，那就是心灵转化这个潜在的主题是文本的核心。

　　在本书中，我打算特别注意挑出潜在的主题以及基本的方法论，从而使《庄子》内篇的主题得以阐明。而对于我将要考察的主题,我所关注的焦点将是心灵转化这一总论题,在这一总论题下,所有的主题都与这种或那种方式相适应,而且所有的方法论也都描绘了这一总论题。

下面,我试图分析《庄子》一书所用到的文学形式和惯例、关键的隐喻,以及用作一种促进和指引读者心灵转化的提升过程的手段的充满趣闻轶事的论辩。我的基本论点是:大多数看似自相矛盾的段落、不依据前提的推理、看起来转弯抹角的或纯粹幽默的文学参考,包括运用或有目的地误用历史人物以及像孔子这样的哲学上的论敌作为对话者,所有这些,目的都在于使读者的分析的习惯性思维方式沉默,并同时加强读者的直觉的或总体性的心力功能。在削弱和麻醉心灵的分析思考的习惯性思维方式的过程中,《庄子》展示了大量光辉灿烂的语言技巧和文学手法,它们揭示了读者为突破他们不断提高的知性习惯的阻力所需要的不断提高的复杂性水平,同时也对在心灵转化过程中取得的个人认识的不断提高的水平进行分类。

《庄子》想要达到的结果,在内七篇之首的标题(即《逍遥游》——译者)中已有某种程度的预示,这一标题被英译为"Happy Wandering"或者"Going Rambling Without a Destination"。虽然我也采用了这些翻译,那是为了避免使用我自己想出的拙劣的特别表达方式,但是,这样的翻译在语言学上是合适的,而在哲学上却是一种误导。"逍遥游"指的是心灵在任何一个想象的方向移动的绝对的自由,一种只有在达到了超越的境界或超验快乐的境界以后才可能的自由的水平。这种只有经过心灵转化才能得到的境界是一种心灵能够无拘无束地活动的境界,因为它不受任何特殊立场的局限性的约束。"Happy Wandering"和"Going Rambling without a Destination"在字面意义上的问题在于,它们都暗示着一种纯粹利己主义娱乐的可能性,这与我们讨论的那种自由的水平是不相符的。② 用简短而地道的、能捕获其哲学意义的英语短语来描绘有关的情形是极为困难的。请记住,《庄子》一书每篇的标题都是后来加上去的。倘若有人力求哲学上的而不仅仅是语言上的汉语的对应语(即汉语的英译——译者),那么,他考虑把"逍遥游"译为"The Transcendental Happiness Walk"较好。

心灵转化与宗教转化有什么联系,又有什么区别呢? 心灵转化并不依赖于信仰任何一种被公认为真理的系统。它并不要求信奉一种特定形式的宗教或要坚持任何一套宗教实践。它并不暗示一个至高无上的存在(上帝)或崇拜任何规定的形式,也并不暗示任何特别的天启经文的权威。如果一个人在说宗教转化时,他心里有一个宗教信仰改变的模型,而心灵转化是没有这么一个模型的。心灵转化并不要求信奉任何一套诸如神的特殊显示等的观念,也不需要信奉一套关于灵魂或来生的教义,甚至不需要信奉任何伦理实践的规则。此外,心灵转化与宗教转变的区别还在于,它基本上不是一种刻骨铭心的情感经验。

也许,最好把心灵转化比作个人觉悟水平的改变。它是一种一个人经历的改变个性和看法的经验。在转化前后,人用不同的方式看世界。这并不是某一特殊信仰或观点的改变,而是使人超越了所有的观点的改变。人的内心的态度发生了改变,所以称之为心灵的转化。

心灵转化与神秘转化有什么联系,又有什么区别呢? 心灵转化与神秘转化不同,因为它没有那种与宇宙一体的感觉。谁都不会在某种无法区分的万物统一体中失去他自身。这种所有的差别都消失的状态,就是黑格尔批评谢林的"签字转让"(黑格尔批评说,这种状态,正如在黑夜看牛,所有的牛都是黑色的)。如果一个人认为,神秘转化意味着一切差别都消失了,那么,心灵转化的情形决不是一种神秘转化的情形。

心灵转化与神秘转化之所以不同,还因为,它没有特别的、神秘的知识,这种知识是人必须学习的,或者说这种知识只是对于一个特别的和严格挑选的入门者的群体是秘密的。作为《庄子》所要传达的核心信息,心灵转化的状态对所有人都同等适用,它不依赖于对神秘真理的特殊理解,也不依赖于对一些练习的特殊实践,如呼吸或冥想的技巧。

心灵转化并不像哲学的辩解,因为它不是从一个以前公认的前提所进行的演绎。从这个意义上说,由于它不是一种合乎逻辑的演绎,可能有人会说它不是一种智力的行为。或许,我们最好把它比作顿悟,那种"啊哈"式的经验,在这种经验中,我们突然明白了一些之前无法了解的东西。然而,在这种情况下,"啊哈"式的经验并不是对一个具体的棘手问题的理解,而是人突然意识到自己原来的整个思路怎样发生了偏差。用哲学的语言说,这是从教条主义的沉睡中觉醒过来。

心灵转化不同于心理洞察,因为前者既宽于后者而又包含了后者。两者也有共通之处,就在于那种从之前的负担中摆脱出来的感觉。心灵转化与心理洞察的区别在于,前者并非指缩小人的眼界的任何自我认识的特殊片断。相反,前者是摆脱任何一个和所有的内心障碍的心灵自由。此外,心灵转化与心理洞察的区别还在于,它并不是简单地把源于情感冲突的情绪障碍移开,而是将整个内心障碍都移开,就好像一个作家可能突然间思路顺畅,不再受阻。

两者之间更进一步的区别就在于,心灵转化决不能被简化为可见的、经验性的过程。在心灵转化过程中发生的事可能会有一些身心平衡的效应。但是,跟这里的讨论相关的是由这种转化取得的观点的有效性,而不是测量伴随的脑电波模型是什么。

可能有人会说,我是在把《庄子》的文本解释为好像禅宗文献中的冗长的和延伸的公案。虽然这样的说法必然地是与历史进程相反的,因为,禅宗在历史上是很晚才出现的,但是,说我把那些组成《庄子》全书的片断解释为一个延伸的公案或多系列的公案是有几分正当性的。既然禅宗被作为道家的合法的继承人,发现孩子的某些能在父母的遗传特质中找到的特征,是一点都不意外的。③

但是,《庄子》不只是延长和扩展的公案或系列的公案,因为它也参与哲学上的论辩。此外,《庄子》从整体上可以看作是心灵提升之图。编制《庄子》文本的文学奇想和语言技巧,看来是系统地和精明地安排于既指明展现在我们前面的心灵发展的不同水平,又显示哪些语言手法恰当地被用于这些不同的和上升的水平。虽然《庄子》确实是一个文本上的公案,但是,它同时又远远不止如此。

如果我们不选择用当代卜文骨读者(oracle-literary bone reader)*的方式去接近《庄子》文本的文学之骨,从而去理解其妙语的错综复杂的特有形式以及复杂的结构,它们向我们表明,文本是一个谜,但谜本身拥有答案,那么,我们还有什么别的方法去

---

* 我曾写信给原作者爱莲心先生,请教"卜文骨读者"(oracle-literary bone reader)的具体含义。根据他的解释,该词用来指当代西方的一些学者,他们像中国古代解释甲骨文的人一样,把《庄子》看成一块或多块大甲骨。《庄子》的文字就像甲骨上的裂纹。他们像古人解读甲骨上的裂纹一样解读《庄子》。甲骨上的裂纹是谜,但本身又拥有答案。显然,这是一种神秘主义的解庄方法。——译者

解释或评论文本呢?在葛瑞汉(A. C. Graham)的《庄子内篇》(伦敦,1981),以及他的其他著作例如《中国哲学及哲学文献研究》(新加坡,1986)中,我们发现他根据不同的哲学学派就《庄子》一书的可能的不同的作者对该书进行了划分。不妨说,这种方法可以看作为代表了宗教史家对古文献的方法的精致的延伸。④这种方法,尽管具有高度的历史精确性,但却使我们很难(如果不是不可能的话)从文本中分析出一条哲学发展的单独线索,从而引出并描绘出心灵发展的不同水平。

宗教史的方法在葛瑞汉的精致的发展(它与比较宗教的共同点多于与狭义的宗教史的共同点)中存在的问题是,人们会被诱导去寻找文本中的矛盾,并以为这体现了历史上不同学派的观点,而不考虑到这么一种可能性:这些矛盾是文本中一个普遍的和系统的主题的必要组成部分。以比较为基础而不以主题为基础来把握矛盾的倾向甚至会影响人们对内篇的解读(内篇被公认为出自一人之手)。这种影响,我们在考察葛瑞汉处理"蝴蝶梦"和"大圣梦"*时就会看到。

倘若在不同篇中,或者甚至是在相同篇中,某些段落出现了自相矛盾的情况,那么,一个其评论模式是依照宗教史方法而形成的人就会轻易地把这种情况解释为不同作者创造的结果。这种做法的最终结果是,我们将会看不到文本内部的系统的连贯性,在这种连贯性之中,有些矛盾是一系列有关的策略的组成部分。

倘若我们接受了这种宗教史的分析方法,那就不仅会削弱找

---

* "大圣梦"是指《齐物论》中所说的:"梦饮酒者,旦而哭泣;梦哭泣者,旦而田猎……且有大觉而后知此其大梦也……万世之后而一遇大圣知其解者,是旦暮遇之也。"——译者

到本文总的主题的可能性,而且我们得到的只是混杂的说法的堆积,这最多只具有一些历史的价值,以及提供一个最多能满足人们美学趣味的文学路径的实例。所有留下来的东西,都会被有神秘主义倾向的读者归并进笼统的概念废纸篓——神秘主义里。这样归类会把任何难以对付的段落自动地免除概念分析,因为,它们(假设除外)的设计只是为了迷惑那些不具备必要的神秘主义知识,从而立刻知道它们所指的读者。于是,它们就会被打发为神秘主义语言,只有在其特殊意义方面受过专门训练的人才能读得懂。从宗教史学家的立场出发,在《庄子》中发现的陈述要么是出自不同人之手,要么是只具有纯粹古董的或文学的价值。所有留下来的陈述,都将构成某些有特权的神秘主义鉴赏家的私人语言。

在将《庄子》看成既是心灵转化过程的指南也是对这一过程的描述时,我在假定:原文中有一个独立的主题有待发掘,并且人们在文中找到的各种各样的陈述,均在不同方面与这一主题的发展有联系。无论全书是否出自一人之手(当然它不是),问题的关键都在于它可以被解释为属于一个哲学传统之一部分的哲学文本,而且,这种解释已有很长的历史了。当然,那种认为原文有一个独立的主题的看法,得到选出的被认为真实的和不真实的材料的有力的证明。在我看来,判断真实性的标准主要是看这些材料在形式和内容上有多少接近于反映和进一步发挥内篇勾画出的主题。因此,尽管有些材料是庄周后来的弟子编在一起的,但这并不会比下面的情况更要紧,即亚里士多德的所有的著作都是他的弟子根据他们的上课记录整理出来的。判别材料的真实性的标准在于它们与内篇中心思想的一致性,这是一个比其他任何标准都好的标准。

简言之，我们研究的起点和终结点都将立足于原文，而不是"作者所指的真正意思"。因为，我们无法接近作者的"真实意图"（而且无论如何，这充其量只是一种心理人类学），我们所拥有的以及我们所能处理的只是手头上的原文。试图去挖掘所谓的作者的"真实意图"，就好比是试图借用心理学家、文学传记作家和历史学家的方法，去断定莎士比亚在哈姆雷特的独白中的"真实意图"，而不去注意摆在我们面前的已经写成的文本。

倘若我们能发现一个主题，它看起来是文本的指导原则，那么，我们的任务就是要看原文的各部分是怎样发挥作用，从而沟通这一主题的不同方面的。《庄子》原文的主要目的在于促进和描绘心灵转化。这一主题在人们的转化之源地和转化所向往的目的地都是同等的。人们从各不相同且彼此冲突的概念信仰系统的精神枷锁中转化出来，但这并不意味着人们向怀疑论的相对主义转化。相反，心灵的开放能使人从一个更高水平的心态行动，这种心态，正如下面就要详细讨论的一样，是一种认识论意义上更高的结构。

我挑选出来在下面要作特殊论述的是文学形式和寓言式的论辩在带来一种特殊种类的转化中的独一无二的功能，这种转化然后又成了哲学上理解和讨论的对象。我想作出一点防止误解的说明。在我的论辩过程中，我会自由地使用像"大脑的右半球"这样的含有隐喻的语言。我想请读者把我所使用的语言与认知心理学家在谈论脑的时候所使用的语言区分开来。到了最后，认知心理学或许会有兴趣把人类所有心智的行为都归结为脑的功能，但这不是我的兴趣或意图所在。我所感兴趣的转化的方面是纯粹心灵的方面，并且这一方面是不涉及生理方面的。有可能查出相关联的生理的东西，但这更多的是附带现象，而不是心理变化的原因。因此,《庄子》所关心的并不是那些用纯粹物质手段(比如说,插入电极刺激大脑的不同部分)就能带来的东西。纯粹物理主义的或还原主义的假设,假定对心灵概念的理解在心灵转化的过程中并没起到特别的作用。然而从哲学的立场出发,人们感兴趣的是在转化之后取得的立场的优势,这种优势是不能用指出哪些神经元被激活来证明的。

为了说服读者把《庄子》文本仔细考虑为引起心灵转化的作品,我不得不除去一个非常具有限制性的偏见,这种偏见在使该文本在抵制作这种分析方面是非常成功的。这种偏见就是,无论我们说什么或是做什么,《庄子》解释的底线是:庄子是个相对主义者。倘若你是带着这样的偏见来阅读原文,这种偏见将会阻碍你为了清楚地说明那些组成《庄子》全书的看起来自相矛盾的片断的策略功能而深入书中材料的内部。倘若我能成功地使读者信服原文并不是一个相对主义的把戏,那么,他或她就可能倾向于贯彻我的关于《庄子》原文是怎样发挥转化作用的方案。我最感兴趣的是要透过钟表的表面,去揭露在里面它是怎样运作的。确实,如果只是为了知道时间,这种揭露并不是必需的。就算你不知道被用于带来转化的技巧,转化的工作照样进行。然而,在你准备让它作为一篇能唤起心灵转化的作品发挥作用之前,你的心至少必须向这么一种可能性开放,那就是原文并不是一个相对主义者在玩的相对主义的游戏。

我还必须要求读者明白:《庄子》中的某些专门术语(就像在《纯粹理性批判》中那样)并不总是在同一意义上使用的。中文里"化"的术语,在英文里译为"transformation",在《庄子》里有时被用来指世间事物的转化。然而,正如在下面我将要论述的那样,这并不是"化"这个术语的主要所指,而只是它的派生的、隐喻性的所指。事物在我们对它们的恰当的理解中发生转化。而世间的这种转化过程只不过是指向心的一些信号或者是象征意指的更高的转化的比喻。

本书所说的转化也不是一个哲学观众站在一个安全的距离外所看到的世间的变化。这样的解释暗示了对转化过程的漠不关心,而这种转化过程恰恰是《庄子》文本的精髓所在。倘若我们意指离开或超越喧嚣,那么,充满在《庄子》文本中的对这个世界的精致而具体的想象就没有必要了。该文本的价值不仅在于它最终所要达到的目的,而且在于用来达到这一目的的丰富的方法论。

在我看来,假如不这样认为的话,就会留下两个基本的选择:要么我们把《庄子》看作是一部可爱的神秘主义之作,它拥有毋庸置疑的文学魅力,但只作为一部为严肃的汉学家分析和享受的好奇之作而引起人们的兴趣;要么我们把它看作是次要的哲学作品,由于其极大的含糊性和不连贯性,它只是跟其写作同时代的、多种多样的和矛盾的观点的展览品。

我已试图将《庄子》排除出这样两种领域:它是具有历史价值的文学短文的集合,或者它是自相矛盾的和神秘的堆积物,这决定了它是次要的哲学作品。对于后一种选择,最令人苦恼的是:既然神秘主义者和自相矛盾的、次要的哲学家们,已签下全权委托书去犯所有的逻辑的谬误,那么,要探索那些包含在吊诡的语言形式中的可能的系统的方法论,自然就会遇到障碍。

如果拙作后面所说的是成功的,那么,《庄子》就既不会被看作是次要的哲学著作,也不会被看作是一个令人眼花缭乱的文学说法和神秘说法的混合物。它将会位于一流的哲学杰作之列。最后,庄子将不再被看作二流的哲学家,或二流的诗人,而将被看作是一个主要的哲学家。在我看来,这种看法与他的著作在多个世纪所具有的历史魅力和影响相一致。这本小书正是献予这个目的的。

注　释:

① Arthur Waley, *Three Ways of Thought in Ancient China*, London, 1939, p. 163. 阿瑟·韦利:《古代中国思想中的三教》,伦敦,1939 年,第 163 页。

② 华滋生(Watson)试图在他对《逍遥游》的英译("Free and Easy Wandering")中捕获心灵的无拘束的运动的概念,但是,这一翻译仍然可能解释为"为娱乐而游"。冯友兰的英译("The Happy Excursion")恐怕是合适性最低的,因为它容易跟"为娱乐的目的而游"搞混(B. Watson. *The Complete Works of Chuang-Tzu*, New York: Columbia University Press, 1968 and Fung Yu-lan, *Chuang-Tzu*, 2nd edition, New York: Paragon Book Reprint Corp. , 1964. 华滋生:《庄子》,纽约:哥伦比亚大学出版社,1968 年;冯友兰:《庄子》,第二版,纽约:佳作再版公司,1964 年)。

③ Mikisaburo Mori, "Chuang-Tzu and Buddhism", *The Eastern Buddhist* 5, No. 2,October 1972, pp. 44—69. 米奇萨布罗·穆里:《庄子和佛教》,《东方佛教徒》第 5 卷第 2 期,1972 年 10 月,第 44—69 页。并参看 Robert E. Allinson, "Zen in the Light of Taoism: An Exercise in Inter-Cultural Hermeneutics", *Zen Buddhism Today*, No. 6, Kyoto, November, 1988. 爱莲心:《从道家看禅宗:一个文化间解释学的尝试》,《今日禅学》第 6 期,京都,1988 年 11 月。

④ 有人可能会对为什么宗教史家对古代哲学文献的方法取得了如此高的声望感到惊讶。宗教史的历史可以说是从琼潜·华赫(Joachim Wach)的《宗教学》(*Religionswissenschaft*)(Leipzid,1924)开始的,该书包含了宗教史和比较宗教两个方面。由于被纳粹剥夺了教职,他移民到美国。1945 年,他到了芝加哥大学。宗教史这一术语源自该书的英译。在德语中,由于其语言的本性,宗教史是指单个之物。在开始的时候,只有一种宗教被研究,故无因单个之物所引起的问题。宗教史关心在一种宗教内的一种实践的起源和发展,而比较宗教则横贯各种宗教来分析一个宗教问题(例如祈祷和献祭)在各种传统中的表现。1957 年,埃里爱德(Eliade)作为华赫的继承人从巴黎来到芝加哥。不久,他创办《宗教史杂志》(对于一些传记资料,参看爱里

克·萨皮［Eric Sharpe］的《比较宗教》［*Comparative Religion*，London：Gerald Duckworth and Co.，1975］，pp. 213,238)。当然，人们也可以追到马科斯·缪勒（Max Müller)，正如萨皮所做的那样。但是，在萨皮的叙述中，华赫只是在后面才提到。

指出下面一点是很重要的：我们在远东并未发现"宗教"这一术语，它是一个在19世纪晚期首先翻译为日文然后又翻译为中文的纯粹的欧洲术语。如果被西方学者归类为宗教的文献的主体系指教义或思想方式，很多误解也许可以避免。对于"宗教"翻译为日文并适应日文的历史，参看林达夫等的《哲学事典》(东京，1971)和铃木修次的《日本汉语与中国：汉字文化圈的近代化》(东京，1981)以及 Gino K. Piovesana 的 *Recent Japanse Philosophical Thought 1862-1962：A Survey* (Tokyo，1963)(《最近日本哲学思想通论：1862—1962》[东京，1963])。对此更详细的讨论，参看 Robert E. Allinson，"An Overview of the Chinese Mind"，in Robert E. Allinson (ed.)，*Understanding the Chinese Mind：The Philosophical Roots* (New York：Oxford University Press，1989，2000，10th impression). 爱莲心：《中国人的心灵概览》，载爱莲心主编《理解中国人的心灵：哲学之根》(纽约：牛津大学出版社，1989 年初版，2000年第10 版)。

第一章　觳音

本书从头到尾要详细澄清的一个大问题是,《庄子》一书是否为相对主义的演练(exercise)。①这是一个一开始就要研究的至关重要的问题,因为有关这个问题的错误的初始假定将会严重妨碍随后的正确理解。②在开头,我敢斗胆地说,《庄子》一书绝对不是一个相对主义的演练。③虽然在《庄子》中确实为相对主义保留了一个位置,但是,我将会争辩说,这只不过是一个暂时性的位置;相对主义是特别用来打破其他观点的一种策略,而不是提出一个自身的最后观点。

我将要提出的论辩的一条主线是逻辑上的,另一条是文本上的。逻辑上的论辩是建立在以首尾一致(自我一致)为根据的论辩的基础之上的。《庄子》不可能是一个相对主义的演练,因为这样说便意味着它不能提出任何观点,包括相对主义的观点。问题是这样的:一个人不能使作为一种哲学立场提出来的相对主义有意义。如果所有的观点都只具有相对的价值,那么,一个相对主义者在什么基础上来推荐他自己的观点呢? 相对主义最后必然是自拆台脚的;正如斯宾诺莎曾经指出的,自我一致的怀疑主义者一定会始终保持沉默。

但是,我们可以假定,不管相对主义是否前后一致,《庄子》是一个相对主义的演练。如果相对主义在哲学上是前后不一致的,那么,对《庄子》来说,这实在是太坏了。这种处理的问题在于,它会把《庄子》说成为一个三流心灵的产品。虽然这在逻辑上是可能的,但是,《庄子》的丰富多彩以及中国和西方学者对它的高度敬重都强烈地反驳这种可能性。吴光明在他极好的专著《庄子:逍遥的世界哲学家》中引用冯友兰的话:"只是在庄子的书中,我们才能看到一种充分发展的道家哲学。"④他还说到顾立雅(H. G. Creel)的有名的赞扬:"根据我的评价,并且就我所知,《庄子》是在任何一种语言中的最好的哲学作品。其作者具有世界上最敏锐的心灵。"⑤

在本书的后面,我希望提供足够的逻辑和文本的根据去让读者确信,《庄子》不是一个相对主义的文本。就逻辑根据而言,我将争辩说,庄子不能用语言表达他的相对主义主题,假如不让他没有任何交流工具的话。就文本的根据而言,我将提供间接的和直接的文本的证据来支持我的主张:《庄子》不是一个相对主义的演练。

我想通过聚焦于语言的有意义和无意义问题来开始我对相对主义的讨论。如果语言对于意义来说是相对性的,那么,任何话都可以意味着任何东西,这就是说,所有语言都是无限地歧义的。在所有方向无限地延伸的歧义性无异于完全的不可理解。有些意义的存在依赖于传播媒介的稳定性。除非我们使用的语言具有某种意义,我们甚至不可能让人理解地陈述相对主义的论题。语言的意义依赖于意义的某种程度的确定性。总而言之,除非语言本身在某种程度上是非相对的,没有任何一种形式的相对主义可以被提出来。

在《庄子》著名的第二篇《齐物论》(A Discussion on the Equality of Things⑥)中,言语(不管是口头的,还是书面的)的有

意义或无意义问题,以一种非常富于诗意的方式提了出来:

> 夫言非吹也,言者有言。其所言者,特未定也。果有言邪? 其未尝有言邪? 其以为异于彀音,亦有辩乎? 其无辩乎?

华滋生对这几句是这样翻译的:

> 言说不是风,言说总是有一些东西要说。但是,如果它们要说的不确定,那么,它们确实说了什么吗? 或者它们没有说什么吗? 人们设想,言说是不同于初生之鸟的唧唧声的,但是二者有没有不同呢?⑦

被提出的问题是:在言说和彀音之间有区别,还是根本没有区别? 简单地理解,这个类比看来迫使我们在所有或一些语言是有意义的和所有的语言是无意义的之间做出选择。对语言和彀音之不同所要求的所有东西是:有些语言是有意义的,而不是所有的语言都是有意义的。

如果我们暂时预先假定《庄子》是一可理解的文本,那么,在逻辑基础上,在人类语言和彀音之间必须区别,否则,甚至就不会有《庄子》这本书。《庄子》的身份究竟是什么呢? 它不可能是一本给鸟的歌曲集,因为这样毫无用处。庄子应该确切无疑地知道,如果语言不具有意义的话,他的整本书将毫无意义。唯一的其他的选择是,庄子是反社会地反常的,并写下了整本折磨我们的书。但是,《庄子》文本之富有含义和它的历史重要性,反驳了那种认为庄子不知道相对主义主张是自相矛盾的说法,同时也反驳了那种认为庄子是反常地有意反社会的人的说法。⑧

但是,葛瑞汉在翻译庄子上述几句话时,却似乎暗示着在人类言语和彀音之间没有区别:

　　说不是吹气,说总说了些东西;唯一的麻烦是:所说的决不确定。我们确实说了什么吗? 或者我们什么也没说? 如果你认为说是不同于鷇音的,有什么证据证明这种不同吗? 或者没有证据?⑨

华滋生和葛瑞汉的翻译的差异是微细的但却是重要的。在华滋生的翻译中,被提出来的问题是:言说的意义是不是确定的? 并没有想当然地认为,它是不确定的。而只是说,如果它是不确定的,那么,我们就可以提这样的问题:言语是否说了些什么东西? 或者,言语是否没有说什么东西? 而葛瑞汉的翻译却直截了当地说,言说的意义是不确定的。在华滋生译文中假设的东西,到了葛瑞汉译文中却变成了明确断言的东西。从葛瑞汉译文中语言的无条件的不确定性,我们很容易被引导向一种可能的结论:语言是没有意义的。但是,在华滋生的译文中,结论却具有很大的未定性。另外,在葛瑞汉译文中,通过插入了"证据"一词,他创造了一种印象:为了让我们相信语言是有意义的,我们需要证据。这就加强了我们的怀疑论,并且加强了我们的一种信念:庄子诱使我们采取相对主义的态度,因为,提供证据是比仅仅提出问题更为困难的。而华滋生的译文,只是提出问题。中文原文跟这两人的译文都相容*,因而不能在严格的语言基础上来决定哪一个更好。⑩

　　从逻辑的角度看,如果说鷇音和人类语言没有区别,这实际上不可能是一个正确的解释;否则,我们甚至不能理解我们原先的窘境所在。这个问题作为一个问题存在,而不是一串无意义的音节,这就预先假定了:这个问题是可以理解的。对这个问题作

---

* 个人认为,似乎葛瑞汉的译文更符合中文的原意。——译者

有意义的陈述,或者,如果你喜欢的话,对这两个选择作有意义的陈述,要求其阐述的语言是有意义的。这排除了两者之中的一种选择在逻辑上是可能的。如果《庄子》正在说别的一些什么,正如葛瑞汉的翻译和注解所暗示的那样,那么,庄周肯定是在绝对地胡说;最起码,他的见解就会简约为像早期希腊的诡辩那样的初级的和自我驳倒的东西。⑪

有人可能会以《齐物论》中关于儒、墨之间的争辩不可解决的那一段话来作为庄子主张怀疑论的根据。但是,根据华滋生的翻译,这一段话好像是说语言不是主观地使用的,因而它支持一种看法:语言,如果恰当地使用的话,确实是有一个本旨的。无论如何,这一段话不能降低为历史参考文献(指关于儒、墨之争的历史参考文献——译者)。传统的理解模式,把《庄子》的大部分作为阐述历史上存在的哲学争论,在目前关于《庄子》的评论中已经变成"礼仪上必要的"⑫。但是,《庄子》作为历史参考文献是附带的、非主要的,因为在该书中所提出的解释,甚至以其自己的话来说,也是不切实际的,假如把这些解释仅仅作为历史参考文献的话。用庄子的话来说,如果所有语言都是相对化的,那么,把这一点设想为对儒墨之辩的无效性的描述也同样是荒谬的。人们不能把这一点理解为对论辩(不管是历史上的,还是当代的)的无效性的描述,除非说出这个问题的语言不是纯粹没有意义的东西。我们现在可以转到关于穀音那一段话的剩卜的部分:

> 道恶乎隐而有真伪?言恶乎隐而有是非?道恶乎往而不存?言恶乎存而不可?道隐于小成,言隐于荣华。故有儒墨之是非,以是其所非而非其所是。欲是其所非而非其所

是，则莫若以明。（《齐物论》）*

如果儒、墨双方都是错的，那么，为了弄懂"错"一词的意思，言语必须是有意义的。如果像葛瑞汉争辩的那样，《庄子》是在断言无是无非，那么，言说就是不可说的和不可理解的；如果人类的语言真的与嚣音没有区别，那么，"是"和"非"这两个词将会失去其所有的意义。

到目前为止，我一直都在争辩，有很强的逻辑证据证明，语言不能等同于嚣音。仍然存在的一个问题是：我们能发现文本的证据，支持我的关于庄子不认为语言与嚣音没有区别的说法吗？在本章的剩下部分，我会显示间接的和直接的证据，表明庄子是有意于区分"言"和"吹"的。

我所说的出自文本的间接证据，是建立在对这个问题的总的语言表述的基础之上的。虽然这一证据单独地看没有非常强的说服力，但是，它值得考虑。这个问题的总的表述是修辞式的。一个修辞式地表述的问题，是当我们认为答案对我们的问题是明显的和肯定的时候，我们才会常规地运用（normally employ）的问题。例如，如果我问："我是罗伯特吗？"**我期望，我对这个问题的答案是："我显然是的。"从庄子提问的总的表述来看，我们能设想，他对这个问题的答案既是明显的又是肯定的，即语言确实拥有意义。

---

* 在爱莲心的原著中，《庄子》的引文一般出自华滋生的英译本。除非有特殊说明，我对《庄子》原文的采用，直接来自中文（并在需要的时候以夹注的形式注明篇名，这样的夹注在爱氏的原文中是没有的），而不是把华译再翻译为中文。爱莲心在《庄子》原文后面作注时，一般注华译本页码。为方便和节省篇幅，译者删去了这一类的注。顺便指出，我采用的《庄子》版本是郭庆藩辑《庄子集释》（中华书局1982年版）。——译者

** 本书作者的名字是罗伯特（Robert）。——译者

我所说的出自文本的直接证据,要强于出自文本的间接证据。第一个最强的直接的文本证据是庄子无条件地说出的主张。第二个最强的直接的文本证据是我所说的总的文本一致性的要求。根据这一要求,要注意关于彀音这一段话(其中包含了表面上看起来跟前述直接的文本证据相矛盾的说法)的开头和结尾。一段话的开头被认为反映了作者的总的意图,而一段话的结尾则被认为反映了作者的总的结论。当一段话的开头和结尾在意义上相互一致的时候,文本的一致性的要求就得到了满足。当一致性既内在地适用于我们讨论的那一段话之中,又外在地适用于那一段话的前后文,《庄子》就满足了文本一致性的要求。在本书后面各章中,我们将会解释那些跟文本的一致性不相符或跟那一段话的意图或结论不相符的表面上矛盾的说法。

并不难在关于彀音的那一段中,发现直接的文本证据的例子。本段第一句话就是有力的例子:

　　夫言非吹也。(《齐物论》)

第二句话又给我们提供了直接的文本证据的第二例子:

　　言者有言。(《齐物论》)

我认为,在这里我们拥有了两个关于语言是有意义的无条件的断言。这是直接的文本证据。更加重要的是,这两个直接的文本证据的例子,同时也有资格作为间接的文本证据的例子,并且构成了总的文本一致性的证据的一部分。关于间接的文本证据,我发现,在关于彀音的那一段话中,只有两个句子是用陈述语气表达的。换句话说,事实上只有两个命题在含义单一和陈述语气这两方面的意义上是直截了当的。在那一段话中,所有其他的句子都是以疑问语气表达的。从一个以疑问形式表达的句子中，我们不能宣称对说这句话的人的看法有一种意义单一的理解。这两个直接的文本证据的例子，也有资格作为间接的文本证据的例子，因为，它们的语言表达可以作为它们的意义的证据。

另外，这两个主要句子构成了总的文本一致性的证据的一部分。我们可以把那一段的开头和结尾合起来读（把中间的部分省去）：

> 夫言非吹也，言者有言。……欲是其所非而非其所是，则莫若以明。（《齐物论》）

这里，在我们认为反映作者的总的意图的开头和我们认为反映作者的总的结论的结尾之间存在着一致性。结论又肯定了意图。如果"言者有言"，那么，"明"就会渗透到其中的意义上去。（为讨论的方便起见，我暂时把儒、墨之争和语言意义之争合并起来。）在各种版本的《庄子》的英译中，这都是真的。我们还可以引用陈荣捷对"欲是其所非而非其所是，则莫若以明"这一句话的翻译：

> 如果我们想对他们 * 的若干种肯定和否定做出决定，那么，没有比运用理性的光明更好的了。⑬

主要的观点是，这一段的开头和结尾是相互连贯的。如果言语是可以理解的，那么，就有某种依赖于理性而达到的目的。如果言语是风（"吹"），那么，转向理性之光明来试图解决看起来已出现的争论就几乎没有什么意义。

---

* 这是指儒墨之辩中的儒者和墨者。在多种对中国哲学经典的英译中，陈荣捷（Wing-tsit Chan）的译文似乎最能反映原意。——译者

为了拓展文本一致性的证明,我们可以看紧靠着关于彀音那一段话的前面的和后面的话。在前面,庄子说,人确实有师(他自己的心):

　　夫随其成心而师之,谁独且无师乎?(《齐物论》)

人能有一个老师,意味着有一些能够被教的东西,有一些能够被理解的信息。这就彻底拒绝了彻底相对主义的怀疑主义结论。显然,如果人能够以自己为师,那么,必然会有一个富有意义的内部对话。存在着富有意义的东西,这是紧靠着关于彀音那一段话的前面的话的本旨。* 这便使读者预先倾向于期待:下一段会带着可理解性的先决条件继续下去。我们从有"师"的概念直接移到关于彀音那一段开头的第一句话"夫言非吹也"和第二句话"言者有言"。接着,庄子唯一犹豫的是,如果"言"想说什么并不固定,那么,它们可以说什么,或者可以什么也不说。我们能够从庄子到目前为止的讨论中推出的只是,如果言语确实有一种固定的含义,那么,它们是否拥有意义的问题就不会提出来了。这确实是一个事实,言词是在不同的意义上使用的,这就会引起冲突。如果我们看紧接着的后一段,我们就会发现庄子的主张:圣人明白,每一种观点都有其价值所在。由此,我们推出,每一种观点都是对真理的一部分理解。不可能是每一种观点都是错的;否则,圣人就不会有上述这种看法。如果我们能够明白,在特定的场合,双方观点都可以看成是对的,或者双方观点都可以看成是错的,那么,这些观点必定拥有可理解性。这并不等于说,双方观点都是对的,或者双方观点都是错的。这只是说,依照我们所取

---

* 庄子的"夫随其成心而思之,谁独且无师乎?"这句话,用疑问的方式来表达了他对以成心为师的做法的不满。爱莲心似乎没有体会到庄子的这种不满。——译者

的观点,双方都可以看成是对的或错的。这也不暗示着像彻底的相对主义者所坚持的那样,所有的观点都是同等有效的。对于相对主义者来说,确实所有的观点都是同等有效的,因为他没有立场去推荐一种观点,或反对另一种观点。但是,圣人能够并且实际上也看到了真理。庄子在随后的一段话里阐明了圣人的这种品质:

> 因是因非,因非因是。是以圣人不由而照之于天。(《齐物论》)

适用于所有东西的相对主义不能求助于任何一类选择,因为相对主义按假设把所有的选择都相对化了。如果有某些东西能够被"照"的话,那么,根据事实本身,就有某些东西是有价值的。但是,上述庄子的论述没有包含任何种类的相对主义,这些相对主义等同并降低所有的价值。

相互认识对和错,并不等于说,所有的观点都是同样错误的。也不能由相互认识对和错推出没有正确的东西。庄子所说的只是,我们必须超越惯常的对和错的标准,但是,我们所持的是更正确的。我们不是超越到无何有之乡,在那里,所有的观点(包括超越的观点)都是在一个同等的水平上。如果确实是这样的话,就不会有超越了。天的比喻意味着:人们正在利用一种超越通常参照系的参照系。为了达到这一参照系,我认为,人们必须超越通常的思维方式。无论如何,确实有超越。不管用超越的语言,还是用"天明",这都是事实。它达到的是共同的东西。如果"天明"不够好,那么,庄子可以很容易选择"地暗"的表达。显然,庄子把圣人的方法作为更好的方法。这不是一个始终如一的相对主义者的观点。

　　紧靠着关于縠音那一段话的前面的和后面的话,都满足文本一致性的要求。前面的话主要关心的是师的概念。关于縠音那一段话主要关心的是信息的意义的概念(或为师的可能性)。后面的话主要关心的是圣人发现正确之道的模式。所有这三段话都论述正确理解的可能性:为师的可能性、被教的东西、理解之道。这三段都相互连贯,并充满着言说的意义。

　　总结本章,有强烈的间接和直接的文本的证据,支持总的结论:语言是有意义的。庄子没有直接地陈述语言不同于縠音,但是,当他断言"言非吹也"的时候,他理所当然地认为,我们能够推出:言非縠音。在后面各章中,我会详述语言与縠音的区别。在这里,我想根据逻辑和文本两方面的证据指出,庄子推向我们的意思是:语言不同于縠音。

注　释:

　　① 我遵循谈《庄子》其书,而不是谈庄子其人的一般性的习惯(当这样做不方便时除外)。我们现在看到的《庄子》文本由三十三篇组成,它是由逝于公元 312 年的郭象缩编的。最早的权威版本由五十二篇组成(《汉书·艺文志》著录《庄子》五十二篇——译者),其中的前七篇被公认为真实的,并被认为是出生于公元前 370 年左右的庄周的作品。在吴光明的关于庄子的著作中,庄子其名是写《庄子》一书的多个作者的集体之名。在我治庄而把《庄子》作为一哲学文本的过程中,我主要对该文本如何述说这个问题,而不是对关于其作者的历史问题感兴趣。我论辩的实体将取自真实篇或内篇。当要作出更大的澄清时,将会参考外篇和杂篇,或者在一些场合,根据其对《庄子》的以前的解释的历史重要性也会这样做。但是,我提出的论辩的核心,能够单独地依赖在内篇第一至第七篇发现的材料作出。《庄子》一书的不同部分是由不同的作者写的,对此,几乎不会有问题。有人因此而试图通过争辩以下的说法来解析书中的矛盾:这些矛盾源于该书是由代表不同学派的作者所作的这一事实。葛瑞汉在他关于庄子的著作中,正采取了这种做法。但是,出现于内七篇之中的表面上的矛盾要求一种解释,而这种解释是多个作者假说没有说到的。此外,在我看来,一些

矛盾有一种至关重要的功能;如果这些矛盾简单地作为不同作者的不同意图的结果而解释掉,那么,这一功能就会被失去。

关于《庄子》文本及其作者的历史问题的广泛论述,参看雷金庆(Kam Louie)的 *Inheriting Tradition*, *Interpretations of the Classical Philosophers in Communist China*, *1949 - 1966* (Oxford, 1986), pp. 110 - 129(《继承传统,共产主义中国在1949—1966对古典哲学家的解析》[牛津,1986年],第110—129页)。并参看葛瑞汉的"How much of 'Chuang-Tzu' did Chuang-Tzu write?" in *Studies in Classical Chinese Thought*, Henry Rosemont and Benjamin Schwartz (eds.)(《〈庄子〉一书有多少是由庄子写的?》,载罗思文和史华慈编的《中国古典思想研究》),见 *Journal of the American Academy of Religion*, 47/3 (Sept. 1979):pp. 459 - 502(《美国宗教研究院学报》,第47卷第3期[1979年9月],第459—502页)。

② 把庄子作为相对主义者是一个一开始就要论述的严重障碍,这一障碍可以在很多评论者那里看到,他们理所当然地认为《庄子》是陈述相对主义的文本。现仅举两个恰当的例子。葛瑞汉把庄子归类为一个相对主义者:"对于庄子来说,唯一可以肯定的是,从不同立场上争辩的道德主义者无法达到一致的结论,这促使他坚持坚定的道德相对主义。"(*Chuang Tzu*, *The Inner Chapters*[London, 1981], p. 4.《庄子内篇》[伦敦,1981年],第4页)雷金庆(Kam Louie)宣称,著名的哲学史家冯友兰把庄子作为相对主义者:"冯友兰接着又说,正在讨论的段落对于理解庄子是很关键的,因为它揭示了一种避世的和相对主义的哲学。"(*Inheriting Tradition*, p. 116.《继承传统》,第116页)

③ 在第八章,我会详细讨论以前的以《庄子》哲学为相对主义的解释。在那一章中,我会根据以下两者之一来划分这些过去对《庄子》所作的相对主义的解释:(1) 明确地认为它属于这种或那种相对主义解释或属于这种程度或那种程度的相对主义解释,或者,(2)被迫表态这样做。这些不同种类或程度的相对主义组成了不同的相对主义类型学,它们表示了这些解释者的立场的特征。详本书第八章《相对主义问题》。

④ Kuang-ming Wu, *Chuang Tzu*:*World Philosopher at Play* (New York, 1982),xiii. 吴光明:《庄子:逍遥的世界哲学家》(纽约,1982年),第13页。拙作被高度地推荐为吴著的姐妹篇。引文的原始出处,见 *Chuang-Tzu*, trans. Fung Yu-lan (Shanghai,1931),p. 3,冯友兰译:《庄子》(上海,1931年),第3页。

⑤ 同上书,第 7 页。并参见 H. G. Creel,*What is Daoism?*（Chicago,1970）, p. 55. 顾立雅:《什么是道家?》(芝加哥,1970 年),第 55 页。

⑥ 基于以后将会变得重要的理由,我跟随华滋生更喜欢将《庄子》第二篇的标题译成现在这个样子。下面,我会指出此标题的不同翻译如何影响对该篇内容的理解,而对该篇内容的理解又如何影响对标题的不同翻译。(在原来的《庄子》有没有篇或篇的标题都是无关紧要的,因为我随后的讨论主要关注解释《庄子》的历史传统。无论如何,这是一个哲学理解影响翻译和翻译影响哲学理解的好例子。)

⑦ Burton Watson,trans. ,*The Complete Works of Chuang-Tzu*(New York and Landon：1970),p. 39. 华滋生译:《庄子》(纽约和伦敦,1970 年),第 39 页。

⑧ 对于出现在《庄子》文本中的看起来自相矛盾的东西,总共大约有七种不同的回应方式。这些方式有些是假设的,有些是被评论家实际采纳的。我们可以将这些方式分成以下各类:(1)《庄子》是相对主义的文本,但是,它的作者完全不知道相对主义站不住脚;(2)该书由多个作者所写;(3)作者不知道相对主义的自我取消的本性,但是有违反常情之心意;(4)作者想要该书成为一个哲学笑话,这有点像有人所说的柏拉图在他的对话《巴门尼德》所做的那样;(5)《庄子》无意成为哲学书,而是只是诗歌或文学作品;(6)《庄子》是相对主义的著作,但它又是能辩护的——这种回应是我在第八章将要说到的很多论者所具有的,我把他们对《庄子》的解释分成不同种类和不同程度的相对主义;(7) 本书所提出的回应,在我看来,前六种回应都不能充分公平地看待深奥而光辉的庄子哲学,这正如说柏拉图在《巴门尼德》中要了一个哲学戏弄并不能公平地看待他的哲学一样。

⑨ 葛瑞汉:《庄子内篇》,第 52 页。

⑩ 译者所面对的困难是巨大的。在译《庄子》中,这个问题是如此的尖锐,以至于刘殿爵在一次跟我的私人谈话中说,他决不尝试翻译《庄子》,因为其文本因讹抄等而错误百出。

陈荣捷提出了一种解决的方法。在 1984 年于檀香山举行的亚洲和比较哲学国际研讨会上,他在大会发言中谈到,他发现,最好的方法是考虑种种英译以作为对哲学解释的一种帮助。

⑪ 在葛瑞汉的翻译中,我们必须在我们的本能行为中超越逻辑的不足。仍然存在的问题是:如果庄子是相对主义者,那么,他如何证明其赞同本能是有道理的? 无

论如何,作为《庄子》的读者,我们必定会期待弄得懂组成《庄子》的命题。如果这些命题没有意义,那么,我们甚至如何能自称懂得庄子是在告诫我们做本能行为呢? 如果我们要从《庄子》中理解任何东西,一定量的逻辑好像是必须预先设定的。但是,根据葛瑞汉的看法,"庄子把一个人有资格肯定或否定任何东西作为争论的教训"(前引书,第 53 页)。对我来说,好像是这样的:如果你所肯定的能同样容易地否定,那么,任何断言不是模棱两可的,就是没有意义的。葛瑞汉大概从以下这一点而排除了这种暗示:庄子把一种特别的明归于圣人,这种明使所有的东西有意义。作为儒、墨论断之对立面,"圣人之明是给万物带来光明的眼光"。但是,只要这样一说出来,它就变得没有意义了。如果这种看法是私下的,是不说出来交流的,那么,或许它可以免于前后一致地说的要求。但是,即使试图有意义地说"圣人之明是……",这就是一种肯定。如果所有肯定都等同于否定,这必定是纯粹无意义的说法。葛瑞汉关于庄子力劝我们向着本能的看法,见他的论文"Daoist Spontaneity and the Dichotomy of 'Is' and 'Ought,'" in Victor H. Mair, ed., *Experimental Essays on Chuang-Tzu* (Honolulu, 1983), pp. 3 - 23.《道家的本能和"是"与"应该"的二分》,载梅维恒编:《关于庄子的试验论文》(火奴鲁鲁,1983 年),第 3—23 页。

⑫ 关键是,如果语言是相对性的,那么,这一点就会适用于所有的语言断言,而不仅仅是适用于儒家和墨家的语言断言。关于"历史参考文献"的说法,只有作为一个例子才有意义,因为语言问题不限于儒家和墨家,而适应于所有运用语言的人。我在本章提出的观点是,我们甚至不能把这一例子理解为不依赖于语言整体性的历史的例子。

⑬ Wing-tsit Chan, *Sources of Chinese Tradition* (New York, 1960), p. 70. 陈荣捷:《中国传统资料》(纽约,1960 年),第 70 页。

第二章　神话和怪物：论隐喻的艺术

　　在相对主义这个话题上，还有很多可以说。为了继续我们关于庄子不是一个相对主义者的论辩，我们还会回到这个话题。但是，现在是转到问题的另一面的时候了。如果庄子不是相对主义者，我们如何讲得通他那频繁出现的相对化的论述呢？简单地讲，我们可以争辩说，庄子是在试图迫使读者破除其心灵中的概念的或分析的能力。不过，这样讲是不全面的。为了让我们的论辩更全面，我们必须特别地指出语言或文学形式的选择如何设计以用来破除心灵的概念或分析的功能，并同时保证心灵的直觉的或美学的功能。否则，我们就会留下一个不合理的跃迁，即从逻辑的不充分性，到建立在我们不知道是什么东西的基础之上的行为的充分性的跃迁。在这一章里，我希望展示庄子如何选择一定的语言或文学的形式，以便平息心灵的分析功能同时又唤醒其直觉功能。简而言之，我们将为表明以下的看法做准备：为了从坚持所有的观点都是没有价值的观点到坚持一种有价值的观点，不需要一种非认知的逻辑的量化跃迁（non cognitive logical quantum jump）。通过理解相对化的陈述的恰当的功能，我们将会理解庄子如何能表面上说那些不能说的东西，并同时又能带领着我们在一个确定的价值方向走。我将会争辩说，选择某些语意的或文学的方式，不仅仅是因为它们会停止分析的或概念的心智功能,而且还因为它们会使直觉的或审美的认知功能成为可能。

让我们稍微回到《庄子》关于籁音的那段话。它非常强烈地冲击我们的是它的以下方式:两种逻辑上的可能性平起平坐,不明确地说其中的哪一个更可取。这两种逻辑上的选择看起来是相互否定的。在前一章里,我们已经说过,从逻辑的和文本的这两种观点来看,这两种给出的答案(即这两种选择——译者)不可能是等值的。如果这是正确的话,那么,我们现在必须问的是:为什么这个问题会以这种表面上吊诡的方式提出?

我所想要说的是,在关于籁音的那段话中,我们看到《庄子》论辩结构的一个缩影。我用"论辩结构"这个短语是经过考虑的。显然,这不是想要证明某些东西或别的东西的一种论辩的直接形式。另一方面,我认为,它也不是非认知的沟通之流(stream of communication)或没有论辩设计的纯粹的文学手法。我用"论辩结构"这一短语提醒注意一个事实:某些语义的或文学的形式之所以被运用,正是因为它们具有使人确信直觉的或美学的心灵维度的能力。在这个意义上,它们起着论辩的作用。

在《庄子》中,极少直接地或意义唯一地被陈述为真的东西*。我认为这是故意的,而不是偶然的。这并不意味着,没有什么真的东西,或者没有传达被认为是真的东西的方式。所有我们能逻辑地推论的是:如果有什么真的东西,那么,它不能直接地被陈述出来。同样,如果有什么不真的东西,它也不能直接地被陈述出来。这不是因为《庄子》是神秘主义的文本,不管这样说意味着什么。语言这样运用的总的理由是一个策略上的理由。《庄

---

* 此处所说的"真的"(true),是从西方哲学的意义上说的,而不是指《庄子》中类似"真人"之"真"。——译者

子》的总的目的,是读者的自我转化。在以后多章中,我将指出一些支持这一命题的根据。此刻,我们必须先相信它。《庄子》关注的自我转化模式是主观理解的转化的模式;换一种方式说,主观理解的改变是达到主观转化的小径。如果被认定的真或假单纯地以一种文字的、直接的方式表达出来,那么,就存在这样的危险:它们很可能被理解为理智的主张。一个关于是或不是某个事实的理智的主张或陈述将会被理解为理论知识主张的一种形态,这种主张为多种试验所检验,而这些试验又是用来检验理智理论的(比如说,它们是否和公认的科学事实相一致,它们是否符合一些经验试验,等等)。庄子不希望他的哲学被理解为一种纯粹的理智理论,因而采取抵制任何明确的理论解释的语言阐述形式。

说避免意义唯一的解释以便挡住那种在严格的理论水平上去理解命题的危险是一回事,为选择用来服务于一种特殊的策略功能的准确的形式而争辩又是另一回事。下面,为了展示其策略的认知的功能,我愿意挑选出一些语言的和文学的形式。作为一个策略学的实例,我将集中讨论双头的(两面的)问题、神话、怪物和比喻这四者。

我用"双头的"这一术语指疑问词,它们以一种修辞的方式提出相反的选择。我们可以再提到关于礅音的那一段,因为到目前为止我们对该段已经很熟识。

在第一章中,我们已根据其支持哪一派(方)的间接方式,讨论过这个问题的修辞形式。虽然这是十分真实的,对两面问题的明确的或明显的方面是,它不支持任何一方。不仅它不支持任何一方,而且通过摆双方作为想象上的同等有效的可能性,两面问题不允许考虑任何一方作为一种合法的可能性。如果问题的双方穷尽了逻辑的可能性,并且每一方对于另一方都是以同等的可能性被摆出,那么,似乎这个问题便没有逻辑的答案。我之所以强调"逻辑的"一语,是因为在第一章中我竭力表明,我认为对这个问题是有明确的答案的。但是,通过以它被这样提的方式提这个问题,一个答案不同的逻辑上的可能性是相互否定的。没有逻辑上的答案并不意味着没有任何答案,并不意味着对这个问题的答案是一个说不通的答案。这只意味着,无论存在着对这个问题的什么答案,都不是逻辑地随着这个问题的提出而来的。

由双头问题而来的结果,是概念的完全无力。因为这个问题的两面是相互否定的,在概念的水平上确实没有答案,但这并不意味着没有任何答案。事实上,这个问题的方式已经使心灵倾向于某一方向。但是,与此同时,心灵的概念智能在其努力挑选一个逻辑方式的答案的过程中遭到失败。

这样,结果就不仅仅是概念的完全无力。与概念完全无力的同时,心灵的其他部分被这个问题触动了。关于这个被引起的触动的水平,更重要的是,它展示了两个预设。首先,被引起的兴趣或好奇心暗示:所有我们心灵的智能不能被认为不足以回答被提出的那个问题。其次,跟这个事实密切相关的是,如果认知的兴趣或好奇心是被引起的,这又暗示:可能存在着某种心灵维度,如它被恰当地唤醒,就不仅能回答所提出的那个问题,还能理解为什么问题会以这种如此吊诡的方式提出。

我相信,双头问题是上述四种文学形式(即神话、怪物、比喻和双头问题——译者)中最明确的一种。我将会着手分析它在唤起直觉心灵和停止分析心灵这两方面的能力。虽然所有四种形式都具有这两方面的功能,但是,只有双头问题如此明确地表现这双面功能。

这个问题的两面可以指两种不相连的认知功能:分析的或概

念的功能、直觉的或审美功能。① 如果我们喜欢，我们可以认为，这两种功能是跟流行的关于大脑分为两半的科学概念相关联的。② 审美方面在认知上是有能力的(我们在后面将会详细说这一点)，这就是为什么我们用双面问题来理解某些东西，尽管在开始的时候我们还不很知道我们理解的是什么。反面提出的问题的方面是向心灵的分析功能说话的方面；正面提出的问题的方面是向心灵的直觉功能说话的方面。整个双面问题是用修辞的方式提出的，并且，它伴随着逻辑和文本的正面回答的迹象，这暗示一个事实：答案从总体上说最终是肯定的。

这样，问题在两个方面提出，就是问题在两种水平上，即分析的和审美的水平上提出。自我否定的问题的功能在一种水平上是否定的，但在另一种水平上又是肯定的。我们可以把问题的否定功能作为分解分析功能的一种尝试。分析功能可以被一个简单的否定消除。但是，当否定伴随着一个相反的肯定的时候，分析功能就被停止了，即它被分解了。吊诡的疑问词的整体功能是：分解分析的一面，但又联合审美的一面。人心的分析功能不知道做什么。它对这个问题的通常的逻辑的把握变得软弱无力。心灵的审美功能与此同时就被激发起来了。它把握了某种东西，但是又无法用语言说出所把握的东西。在人类语言与鷇音的比较过程中，这个问题被富有诗意地说出，这便激发了审美功能，这种功能又被诗意的意象所迷住和吸引。心灵的一面被迫感到无助；心灵的另一面则被激发去行动。诗意地说出的吊诡的总体功能，就是静止心灵的一面，同时又激发其另一面。

人类语言和鷇音的比较不是富有诗意的吊诡的一个孤立的例子，《庄子》一书中充满了这样的例子。我争辩的是，这样的语言阐述不是语意上的偶然。事实上，我相信，它们代表了我所说的《庄子》论辩结构的基本组成部分。下面,我想通过检验富有诗意的手法(这些手法事实上是富有诗意的吊诡的较小的形式)的其他例子来详细地检验我这个说法。我将依次检验神话的例子、奇形怪状的动物或怪物的说法、隐喻和类比的例子。双头问题的例子事实上是语言怪物的一种形式,其意义后面将会变得更为清楚。

神话的例子

神话的运用在《庄子》中是极其明显的。事实上,《庄子》第一篇的开头便是一个神话或我们可以看作为神话似的故事。这提供了一个与柏拉图的有趣对比,它经常以神话结束他的对话,或者是在他的对话的中间引入神话。虽然神话的总体功能是相似的,以神话或神话方式开头的技巧是更为有效的。③

在我们分析这个神话的具体内容(这对于《庄子》的主题信息有关键的意义)之前,考虑一下为什么这个神话会放在全书之首是有益的。当我们在后面分析这个神话的内容时,我们将会看到在论辩结构组成的过程中,神话的意义和神话的结构性用法两者之间的趋同现象。

我认为,把这个神话放在全书的开头起码有两个策略上的理由。首先并且最明显的是,有一个对读者不言明的信息:想说的不能直接说。就此而言,这个神话具有一个跟双面问题一样的策略。此神话的第二个并且更独特的功能是:必须说的要非常清楚地理解为不是字义上真实的。虽然这一点在双面问题的例子中也是同样明显的,但是,它在现在这个神话的例子中更为明显,因为神话被理解为不真实的故事。另一方面,虽然神话在其真正的本质上不是字义上真实的,它总是被理解为在另一水平上拥有真理价值(truth value)。这个神话像双面问题一样,既肯定同时又否定。在既肯定同时又否定这一点上,神话不如双面问题那样明显,但是,两者以完全一样的方式发挥认知功能。主要的区别在于其肯定性质的力量,这种力量在神话中比在双面问题中要大得多。

每当心里意识到现在正在讲神话时,第一反应就是分析能力的松弛。就此而言,这是与双头问题(两面问题)的否定的一面相同的。但是,与双头问题的否定一面相比,它更为明确,因为在神话的本性上,神话不能被理解为字面上真实的,这一点是无疑的。心灵的概念的能力被告诉休假:它在这里不需要;不需要任何真理标准去评价对所要说的东西的真理要求。神话是完全在讲真理的范围之外的。但是,正如我们后面将要看到的,这样讲严格来说并不是真实的。

当心灵的分析功能静止时,另一种心灵出现了,那是赤子心灵。赤子心灵是最早了解到的心中的直觉或美学的认知能力。赤子心灵习惯于听神话和故事。赤子心灵被听一个故事的景象所激发。在一个哲学文本的成人读者中,赤子心灵出现了。《庄子》开头的鲲鹏神话,像双面问题一样,有双重功能:把成人的批评心(即分析心——译者)关掉,但又不是把人的整个心灵一起关掉。它打开并激发赤子之心,并且预备它以某种特殊的方式欣赏和理解随之而来的东西。

当我们是孩子的时候,我们听到一些故事,它们虽然有趣,但我们知道它们不是字面上真实的。不过,我们也知道,这些故事常常有一些正在举例说明的重要的道德。作为成人,我们让儿童故事中包含的真理特质继续保留在神话中。一个神话可以被理解为一个对于成人的儿童故事。另外,作为成人,我们习惯于认为,一个神话身上含有某种真理价值,包含为什么它作为一个神话继续存在,有被说和再说的理由。简单地说,神话对整个文明来说是成人的故事。

到目前为止,我们所说的是,心灵的批评能力在说神话期间被暂停了。但是,虽然如此,心灵并没有完全停止活动。与心甘情愿暂停批评相同时,在原生水平上有一个提醒:拥有非常重要的认知意义的东西将要被传达出来。神话的展示方式具有一个功能,即传达这样一个信息给分析心灵:不必担心将要说什么。但是,将要说的仍然会有重要的认知意义。

我们现在准备回答在本节开始时提出的问题:为什么《庄子》一开头就说神话?从一开始,我们就被告知:随后的段落不能理解为字面上真实的东西。同时,我们也被告知:将要说的会具有高度重要的真理价值。此外,关于如何把握将要说的东西的真理价值的极为重要的线索也已经给了我们。为了领悟将要说的东西的真理价值,读者必须一开始就暂停心灵的通常的批评能力。这并不意味着,在整个阅读《庄子》期间,这些批评能力始终都要保持停止,而只是意味着,在开始阅读的时候,暂停它们是很重要的。一个非常重要的要求摆在读者前面,但这个要求也带有一个含蓄的允诺:如果我们暂停我们的分析判断,我们将会被奖以带有更高真理的东西。同时,我们也会被教以领悟这种更高真理的手段。我们会被告知:如果我们保持我们的童真心灵,我们或许能够理解一些我们试图直接将我们被告知的东西转化成批评智性的范畴而不能理解的东西。

简而言之,当神话被摆在文本的开头,隐含的信息就是,理解必须在一个不同于通常的通过依赖于概念智性(即批评智性——

译者)的水平上发生。通过在书的一开始即唤醒理解的另一维度
(this other dimension of understanding)，《庄子》通过非常强烈
地支持审美理解模式的首位性而出现了。

神话的运用，像我们后面要考察的其他文学手法一样，不是
出于文学爱好的缘故。不注意内容表达的工具，将会使我们处于
不理解随后的重要东西的严重危险的境地。如果我们忽视文学
的开端，而进入"文本之肉"，我们将找不到此肉。或者，即使我们
找到了，也没有能力认识它，没有能力消化和吸收它的营养价值。

在几乎所有的重要的对《庄子》的评论中，从第二篇开始对该
书作重要讨论已经成为惯例。但是，这样做，我们就是以一只系
于我们后背的心灵之手来进入这一文本。通过理解《庄子》实际
上的开头的重要意义，我们就能理解一些极为重要的东西：我们
现在认识到，任何将要理解的东西必须以一种不同于我们试图常
规地理解的方式来理解。我们被要求如何在前概念水平上去认
识。虽然《庄子》开头的神话不能解释我们如何做这一点，但它清
楚明白地邀请去尝试。在后面，我希望把以下这点弄得很明显：
审美的或前概念的心灵如何参与是准确理解《庄子》信息的一个
先决条件。

通过暗指，当我们以鲲鹏神话开头时，我们正在被告知一些
别的东西。我们正在被告知：在我们对《庄子》的理解模式和将要
在《庄子》中发现的信息之间，有一种基本的和内在的联系。通过
明确地把这个神话摆在开头，庄子强调了文本的文学形式和内容
的联结。当我们开始阅读时，我们马上寻找内容，但我们得到的
却是形式。虽然形式也许会反映内容(正如我们后面将要讨论的
一样)，但是，关于它的安排，重要的是，它提醒我们注意它自己。
这里有一个我将要辩明为《庄子》的中心目的所作的预示：有一个

理解的条件,并且,这个条件就是我们理解模式的改变。事实上,我们理解的恰当的改变正是《庄子》的要旨。这种先决条件将会在该书的第二篇《齐物论》中明确说出。在第一篇《逍遥游》开头的文学选择中,它已被预示了。内容和形式的结合在第二篇的结尾将会变得更为明显。

在《庄子》的开头,我们被邀请去实践文本整体的理论目的(如果你喜欢这样说的话)。《庄子》的基本日的在于自我转化:我们必须最终改变我们的理解。当然,这不是马上就能做到的。这是遵循若干阶段的一个过程的结果。但是,如果该文本是成功的话,这个最终的结果是富于戏剧性的。这里,在开头之处,这个戏剧性的转化已经很好地被预见了。我们必须从成人读者的批评态度转向童真的开放,这是神话的读者和听众的特点。我们知道,我们即将被告诉的是某个东西,它在通常用这个词的意义上是不真实的,但是,我们也知道,在某种不寻常的意义上,它打算成为真实的。我们知道,我们将被告知的不会被作为完全是假的或无意义的。我们在内心准备着最终洞识所有神话都允诺的真理。

这样,起点(指鲲鹏神话——译者)作为一种教我们如何阅读随后的文本的手段,包含着极为丰富的信息。我们知道,《庄子》文本的意图是叙述那些在通常意义上不是真理的东西。我们知道,随后所说的不能在字面真实的意义上来理解。但是,我们也同样知道,正如我们的儿童故事包含着一些重要的真理功能,这个成人的故事(指鲲鹏故事——译者)也预示着一些打算对成人的赤子心灵说的重要的真理。

在专门用语中,吊诡的双头疑问词在分析意义上是分解的,而在审美意义上又是联合的。神话形式的专门指向也同样如此:

既是分解的又是联合的。但是,神话形式以一种不同的方式实现其分解和联合,并且增加了一个新的因素。它通过其解除分析功能的方式来实现分解。分析功能因此而完全分解了。与此同时,审美功能通过其与童真心灵的联结而联合起来。这里的区别是,在神话中,正面的联合要比在双头问题中的更为强烈。之所以会更为强烈,是因为,我们的心灵更有准备去吸收某种形式的真理,并且,我们知道,这种吸收会紧密地跟赤子式的领悟相连。我们可以把这新增加的因素称之为与赤子心灵取得联系的因素。这样,神话形式的全部的专门指向就是分解—联合和取得联系。

我们还可以根据神话阐述的策略加上最后一个因素。因为鲲鹏神话放在全书的开头,不仅赤子心灵活跃起来了,而且我们常规的阅读模式同时也被打断了。当我们开始去阅读一个哲学文本的时候,我们通常是带着一个批评心灵来开始的。分解这种分析倾向(这是批评心灵的倾向——译者)的另一面是在文本开头第一句话中的分解。* 这样,不仅我们的心灵与一种不同的理解模式相协调,而且,我们作为哲学读者的阅读模式被全部瓦解了。

阅读模式被瓦解这一最后因素看起来没有跟分析的离解策略有很大的区别,但是,它的意义在于其开始的安排。我们全部意识的东西都被打断了。在正式因素方面,这有特别的意义。在我们阅读所有著作时,我们习惯于以一种特定的模式阅读。我们

---

* 《庄子》开头的第一句话是:"北冥有鱼,其名为鲲。"爱莲心未解释这句话如何分解分析倾向。大胆推测一下,他的意思恐怕是:根据心灵的分析倾向,物和物之间要分得清清楚楚,一物就是一物,他物就是他物。但是,庄子在这里说,鲲和鹏不必分开,两者事实上是同一个东西。因此,庄子的这一说法便把分析倾向打破了。——译者

在阅读哲学著作时的习惯是,以一种涉及把心灵的分析力量作为我们的基本优点的模式来阅读。当神话放在开头的时候,我们不得不认识到的是,我们的典型的阅读模式被瓦解了。我们被要求以一种新的方式来读一个哲学文本。

我们典型的意识模型发生了转向。我们迷失方向了,但我们并不是没有任何模型。神话的原生模型留给了我们。整个《庄子》文本都可以理解为一种特殊类型的神话。神话模型是这么一种模型:在这种模型中,所有东西在通常意义上既不真也不假;关于真和假的争论暂时停止了。但是,这并不意味着,神话世界是一个完全不相干的世界。这是这样一个世界:在这个世界中,我们不可思议地(着魔般地)准备改变我们的意识,并且事实上,在我们准备理解这个世界时,我们已经改变了我们的意识。我们对一个改变的期待本身,就是这种改变的开始。

我们阅读模型的正式瓦解,已经改变了我们的期望。我们还不知道我们能看作为真的东西是什么,但是,我们确实知道有某种要被交流的真理。神话的开头是一种强有力的开头,因为,如果我们把握了它的意义,我们就能预期一种我们知道不能以一种非神话的方式来理解的真理水平。否则,以一个神话来开头就没有任何意义了。

在我们讨论神话、怪物和隐喻的三部曲中,神话是基本的原型。对神话功能的理解为一般地理解怪物和比喻(类比)的运用的功能作了极好的准备。由于鲲鹏神话,童真心灵被激发了。正如当听到以"从前……"开头的故事的时候,孩子的心灵被打开了,鲲鹏神话是将成人心灵打开到一种特殊交流方式的触发器。用简要的语言来说,随着神话形式的出现,心灵的接受力得到了培养。神话的运用是潜意识的或无意识的触发器,此器使成人想起他或她在作为小孩时拥有的心灵接受力。在一种哲学的上下文中,作为一种策略的神话的运用,打开哲学心灵向着一种可能性:随后出现的,在某种特殊的意义上是真的东西。

《庄子》文本所提出的作为哲学真理的东西,不是一下子就能把握的东西。该书开头的神话的运用提醒成人读者,在一个人可能希望接近和吸收被假定的真理信息之前,一些准备是必需的。当我们作为成人读一个神话的时候,我们不能忘记一个事实:我们正在读的,毕竟只是神话。但是,我们也认识到,神话这种形式对小孩心灵的成长是必不可少的。我们认识到,作为孩子,为了达到更高水平的真理,我们需要一些不真实的形式(fictional form)。在回顾中,我们认识到,一篇小说必须告诉我们这样一些东西:为了达到一种准确地说我们只有成为成年人才拥有的理解水平,我们在某种意义上把这些东西作为真的。作为成年人,我们可以把儿童故事作为神话或寓言,但当我们这样做的时候,我们也回想到它们是必不可少的认知和教育的手段。

在同样准确的意义上,我们的心灵正在为允诺的更高的信息或者《庄子》哲学做准备。毕竟,我们假定:我们正在读的是哲学,而不是逃避现实的人的文学或儿童故事。作为哲学读者,我们期望,我们正在读的形式在我们理解内容方面扮演着一个有系统的(有组织的)角色。我们作为孩子听到的神话跟在我们周围的事实相矛盾。但是,我们接受这些神话或童话,并认为它们对认识世界是重要的。对于这些矛盾的暂时的接受,要求在我们之中,甚至在小孩之中,有一种特殊的理解行动。在一部对成年人的著作中,我们再次要求在某种水平上接受某种跟我们传统的真理标准相矛盾的东西的真理价值。作为成年人,我们现在理解,我们能够抛弃儿童故事。但是,我们也理解,它们对童真心灵总是必需的。

作为阅读神话的成年人,我们是带着以下这种理解来阅读的:我们正在阅读一个将会告诉我们是真的故事,但是,在我们发展的一定阶段,我们又要抛弃它。作为《庄子》的成人读者,我们好像是作为哲学儿童来读这个文本的。我们是带着这样一个默契来读《庄子》的,即真理是发展的,并且,我们只能分阶段地达到它。因此,我们可以把《庄子》的开头作为必要的虚构。

这个必要的虚构的完全的意义只有在结局中才能理解。非常简要地期望:在读完《庄子》文本的时候,我们发现,一些目标设定了,例如,自由和超越的目标作为我们要达到的理想目的提出来了。但是,在《庄子》的后面的阶段,我们将会被告知,我们不能奋力达到这样的目的。我们在开始时被告知,有一个要达到的目的,但以后被揭明是一个虚构。不过,它也被揭明为一个必要的虚构,以便让我们准备这样一种状态:我们认识到,没有什么方法可以让我们奋力到达这样的目的。

但是,这预示着随后论辩的大部分。暂时这样说就够了:我们对我们自己发展的回忆为我们读《庄子》作了准备,而《庄子》又转过来为我们的哲学发展做准备。《庄子》以神话开头,其目的在于让我们为一个心灵旅行做准备,同时提醒我们准备理解所要说的一切只具有暂时的性质,但它包含了神话和比喻在创造哲学理解过程中的最终的东西(ultimacy)。

隐喻和类比

正如在神话的情形中一样,《庄子》里的比喻和类比的运用不是文本的懒散的文学遁词。为了把这个问题搞得更清楚,我会把类比的情形归类在比喻的情形之下。在比喻的情形中，所陈述的不是只有一个意义的东西，但也不是没有任何意义的东西。比喻没有说确切地说它想要说的：在努力将隐喻的等值物（metaphorical equivalence）降低为单义概念的时候，概念心灵（conceptual mind）陷入了困境。这是确实的事实。在另一方面，当一个人把握了隐喻的等值物的时候，一些东西就被确切地理解了。可是，这种把握不能以简化为散文的形式被表达出来。

隐喻是一个简化的神话，或者，如果你喜欢的话，是一个简化的双头疑问词（double-headed interrogative）。它不同于双头疑问词的地方在于，其挫败概念心灵的企图没有那么显眼。隐喻是分解分析心灵的更可接受的形式。它像神话的地方在于，两者都准备接受一些真理内容。它弱于神话的地方在于，我们不是很容易设想，任何隐喻都拥有一些必然的真理价值。另一方面，对于那些抵抗力强的、不愿意接受公认的神话的真理价值或其教育功能的读者来说，隐喻拥有一种神话不拥有的功效。这些抵抗力强的读者可以准备接受一种可能性，即隐喻的等值物可以拥有真理价值。那么，隐喻对于成人来说就是第二类的神话。它比双头疑问词优越的地方在于，它的形式不必然是吊诡的；它不足的地方在于，因为它比较普通，它更可能被忽略。它比神话优越的地方在于，它可以对一个更有抵抗力的读者有吸引力；它的不足在于，它对可能的价值真理的赤子式接受没有同样水平的吸引力。但是，它对愿意考虑包含于一个隐喻或类比的潜在的真理价值的知识分子读者有吸引力。正因为这个理由，隐喻和类比充斥于《庄子》文本中。

正如在神话和双头疑问词的情形中一样，如果隐喻拥有一些不能进行散文释义（普通释义）的认知意义，那么，正在运作的心灵的能力就是前概念的或审美的能力。前概念的或审美的能力的运作在隐喻的情形中要比在神话或双头问题的情形中更广泛地被接受（在那里，它毕竟还没有被理解）。在隐喻的情形中，我们经常把对内容的直接吸收描述为形象化的理解。虽然在概念的水平上，它可以不被看作为理解（正如在黑格尔的异化情形中一样），但是，它必须被看作某种形式的认知。虽然有人可以争辩说，双头问题或者神话没有牵涉到认知的理解，但是，我相信大部分人会同意，对一个隐喻的理解肯定是一种认知活动。在西方哲学中，这样一种模式的理解一般被贬低为一种低于抽象理解水平的理解。在把隐喻的理解看作低于概念的理解方面，柏拉图、康德和黑格尔的传统具有极大的影响力。

但是，这里关键的问题不是隐喻的理解和概念的理解谁高谁低。重要的是隐喻的理解行为的特性。对一个观念的审美把握的一个特征是，这个观念是作为一个整体，而不是作为一个部分来把握的。这个观念能否根据分析的概念变为首尾一致的，这是不重要的。如果能，隐喻大概就没有单一的认知功能。对于愿意分析一个隐喻的认知意义的我们来说，所有必须的是，承认某种认知水平是需要的，而不是承认需要出现这样一种认知，这种认知是在理解抽象概念时出现的认知。

根据《庄子》，隐喻运用的潜意识暗指是：所要理解的东西不是单独地被抽象的智性理解的，而是被理解为一个整体。根据黑格尔的术语，观念（理念）是这样的东西：心灵能够简易地看到一幅画。但是，在这里，要害的是，一幅画是一个整体的具体呈现，而根据定义，一个抽象概念只是一个抽出的部分。在《庄子》中运用隐喻背后的策略是，为了动用心灵的直觉的和整体的认知力量，心灵习惯于以图像式的眼光看东西。如果一个人把隐喻情形中的认知理解（cognitive apprehension）看作对《庄子》整体信息的哲学理解的缩影，比喻的运用就可以看作是为整体理解所做的准备。正如在对任何个别隐喻的理解的情形一样，认知行为是一个整体的把握；如果有人希望认识《庄子》的信息，一个整体认知的行为是必需的。

对《庄子》来说，隐喻的运用并不是独一无二的。对它来说，真正独一无二的是其运用隐喻的突出和普遍。事实上，我们能对我们称之为在《庄子》中的论辩的隐喻的程序，创造一个值得认真对待的个案。《庄子》不是以一种轮廓清晰的、线性的形式叙述的。这并不是说，《庄子》是不成系统地陈述的。这只是说，庄子不认为，哲学的理解能够通过以线性论辩为形式的交流获得。论辩的隐喻的程序的运用本身就是一种样式打断的演练。④

将我们的讨论限制在原先的隐喻的运用内，就要求我们理解：隐喻不是像解释那样起作用的。虽然不能否认，把握一个隐喻牵涉到一个理解的认知行为，但是重要的是，理解的认知水平是一种理解的水平，而不是解释。如果所理解的不能根据分析的知性（analytical understanding）来解释，这并不意味着没有任何东西被理解。如果我们能将一个隐喻直译为没有任何认知提示的散文（普通文字），那么，我们就能说，我们已经通过概念的程序或第二水平的程序来理解一个隐喻了。但是，如果我们不能将一个隐喻直译为没有留下任何不能通过概念来理解的东西的散文，并且，我们仍然能够通过这个隐喻理解某些东西，那么，我们就能说，一个隐喻就是在前概念的水平上可理解的。如果我们愿意承认，虽然一个隐喻不能完全翻译为散文，但是，它能够被理解，那么，我们就说，一个隐喻能够被一个初级的认知过程认识。

我们这里正在说的不是非常不同于前面所说的对神话的理解。在神话中,我们马上知道,所说的不是"严肃的"。在神话中,我们有一个直接进入赤子心灵过程的通道。事实上,这就是神话拥有认知通道的方式。在隐喻中,成人心灵也拥有一个进入被认识的东西的通道。但是,当成人心灵迫切要求一种对所认识的东西的解释时,并不能获得认知上的满足。在隐喻中,进入初级的认知过程的通道是形象化的,但是,这形象化的东西不能在没有任何提示的情况下翻译为概念。虽然一个隐喻要求一个认知的理解的行为,但是,不能用认知的对应词将一个隐喻的意义的这种把握,翻译为分析的概念。企图为隐喻提供一个散文直译所损失的,恰恰正是理解,这种理解是在把握隐喻的时刻作为对隐喻的意义的领悟的一个结果而出现的。对隐喻的理解(这是"对隐喻的意义的理解"的速记形式)是整体的和直觉的智能参与卷入的一个结果。当企图将这种理解降低为散文理解的时候,分析的或概念的认知智能便参与进来了。这种分析智能被那些与已知的定义或科学证据相一致的解释所满足。隐喻本身并没有独立地提供解释。但是,由此不能推出,隐喻是一种非认知的手法或者说其认知成分能被压缩为散文的形式。发生在对一个隐喻(包括形象化的隐喻)的领悟之中的理解,不是形象化的。这很容易使人误解,因为,一个隐喻的形式经常是,尽管并不总是形象化的。(例如,双关诙谐语*是声音的隐喻。)所有隐喻的理解与形象化的理解相同的地方在于,所有隐喻像一幅画一样,必须作为

---

* 英语中的双关诙谐语用同音异义词或多义词构成。试看英文句:"He made the following pun:7 days without water make one weak."此句子有两个意思:一个是"7天没水使人虚弱",另一个是"7天没水就是一周没水"。前者是直接的意思,后者是谐指。——译者

一个整体来把握。这种整体的理解，正是认识一个隐喻所需要的。

整体的理解对于《庄子》的重要性不能被过分强调。隐喻的过多使用是一个值得注意的线索，它提示在让读者吸收《庄子》的总体信息过程中整体的或直觉的理解智能的重要性。正如我们已经指出的，这个总体信息和读者的自我转化有关。这是一个我们在随后各章要详细讨论的主题。我暂时想强调的是，在发挥读者的恰当的认知能力过程中，隐喻的策略性运用的重要性。为了让《庄子》的信息得到传播，这种认知能力是必需的。

假如庄子提出了独一无二的概念构造，它们很容易在概念的水平上被讨论。通过给我们隐喻，他提出了一个含蓄的警告：《庄子》的信息是这样的东西，它不能毫无保留地翻译为分析概念。这并不意味着，《庄子》的信息是全都超常的。假如是全都超常的，我们就根本不会有《庄子》。

既然我们确实有了《庄子》，我们就必须根据它自己的话来理解它。如果我们将比喻翻译为散文，《庄子》就没有存在的必要。如果我们不能将隐喻翻译为不失去理解的基本成分的散文，那么，我们就能说，在前概念水平上，或我们能称之为初始认知过程水平的理解水平上，隐喻是可理解的。

正如我们上面指出的，进入初始认知过程的通道已经在神话的使用中被预示了。神话事实上是一个原型隐喻。我们在后面的章节中将要讨论的吊诡，也是隐喻的一种。我们下面将要讨论的是非语言的隐喻——怪物的运用。吊诡可以被看作是语言的怪物。

怪 物

我们将以对《庄子》中运用的作为比喻或作为对话者的离奇古怪的动物的简短讨论来结束本章。"怪物"之语的使用是夸张法的(hyperbolic),即很多在《庄子》中神秘的动物(例如第一篇的鲲鹏)是怪异的,因为它们不是自然的(尽管它们不可怕)。怪物的运用是比喻运用的另一种形式。但是,因为其独特的认知功能,它值得特别思考。

怪物的运用有两种形式:一种是怪物作为叙述的主题,另一种是作为叙述者。在《庄子》开头,两个怪物被用来作为在神话讲述之中的叙述主题,它们是鲲和鹏。这些怪物的一个直接的明显特征是,它们是很容易被形象化的。这种形象化的特征也是后面被运用的作为叙述者的怪物所共有的。

这种像喻(指怪物——译者)的认知功能是:它是极为逼真的。它马上被看到。一个像喻的直接形象化再现,在认知上像直接理解中的"我看见"。《庄子》一开头就已确立的线索是:理解《庄子》的内容非常像看画像,这些画像是叙述的主题。

当我们遇到作为叙述者的怪物时,我们发现一种类似双头疑问词的手法。我们常规的对一个哲学对话者的期望被粉碎了。不是一个尊敬的人物,而是老妇、跛子甚至强盗告诉我们重要的真理。现在发生的非常像在双头问题中发生的。我们分析的期待被瓦解了。将要对我们说的,不是我们要严肃看待的东西。另一方面,所说的内容又是非常严肃的,并且经常是非常深刻的——尽管它以一种幽默的方式说出。虽然我们的概念心灵不能严肃地看待它,我们的直觉心灵又不得不注意正在被说的。内容为自己说话。在取消分析期待的一瞬间,直觉的认知心灵又接受了内容。不像在双头问题中那样,我们(起码有时候)非常明确所传递的东西的意义。我们所不能确定的是,我们如何去理解这种意义。所有我们能确定的是,我们无法以惯常的方式理解这种意义。意义本身并不是含糊的;或许会存在的含糊也不是陈述的方式所固有的。在有些情况下,意义本身也许难以把握,但是,这跟意义的内容无关,也跟陈述的方式无关。从陈述的形式来说,令人困惑的方面仅仅在于信息的持有者本身。信息的持有者震动和颠覆了分析心灵,但这又为心灵恰当地吸收信息的内容作了准备。信息的内容被心灵的另一方面所理解。在取消分析心灵的过程中,心灵的这另一方面没有任何减退地被保留了下来。

但是,直觉的和整体的理解并没有不受触动;它被卷进去了。作为叙述者的怪物吸引了直觉心灵,以便它直接地为理解内容做准备。怪物是珍贵的比喻,因为,在作为一个比喻陈述自身的同时,它打开心灵去作比喻式的理解。

作为比喻的怪物既像一个期望的对话者,又不像一个期望的对话者。在叙说怪物的过程中,我们确实有了一个对话者或叙说者。由于存在着一个叙说者的功能,我们确实期望,存在一种将要传达的信息。这是怪物跟常规的叙述者相似的地方。不同之处在于,怪物是一个意想不到的叙述者。因此,对一些将要发生的东西的期望被打断了;作为叙述者的怪物的使用也是打断模型的一种形式。

怪物特别有价值的是,在正好模型被打断的那一瞬间,信息被传递出来了。心灵和信息内容的联系完成了。心灵能够把握作为一个整体的信息,因为概念的障碍(conceptual barries)被突破了。作为信息的传达者的怪物的运用是对直觉认知心灵的一个强有力的肯定。

注 释：

① 这两种不相连的认知功能在哲学上一度被认为是一种。康德肯定是第一位因区分这两种认知功能而值得称赞的哲学家,他在第一个批判(即《纯粹理性批判》——译者)中作了此区分,尽管他没有将此区分发展到最充分。虽然我在这里所指的两种不相连的功能决不等同于康德的两种知识来源,但却有值得注意的类似性。不过,我所指的直觉概念根本不同于康德的直觉概念,不应该将二者搞混。本章的分析过程将会清楚地表明,我所说的直觉有提供理解的功能,这种功能是康德的直觉概念所没有的。在康德意义上提供理解的分析的或概念的功能,在我的意义上将会提供解释功能而不是理解功能。

当然,这两种功能不是完全不相连的。(在我的意义上,)为了把握解释的意义,某种水平的理解是必需的。但是,我正在争辩的是,有一种前概念水平的理解,它属于我所说的直觉或美学领域,这是我跟康德最不相同的地方。我正在用的审美认知的概念要宽于康德的同一概念,因为我的此一概念不指在空间或时间的某些特殊意义上的认识能力。我也不指欣赏艺术经验或艺术品的能力。我用审美功能这个概念代表一种理解的前概念模型,它把其理解的恰当的对象理解为一个整体(which understands its proper object of understanding as a whole)。我也不在普通的意义(意味着知道一些不能通过经验或五官知道的东西)上来使用直觉这个概念。在我的用法中,直觉的概念像美学理解一样,是指那种历史地、整体地顿然把握被认识的东西的能力。跟康德相同的地方是,有两个不相连的知识来源,并且,一个方面的规则不适应于另一个方面。

② 虽然在哲学中有对所谓"能力心理学"的敌意,有一些科学证据表明,脑本身是可以根据其心理功能而在生理上进行划分的。不管这种分析的功过怎么样,这种划分具有比喻上的价值。大脑的右半球被发现跟想象力相关,而左半球则跟概念的形成相关。对这本书所牵涉的分析来说,这种生理上的关联还不具有关键的意义。我们不必把这两种功能作为分离的认识能力,但是,我看不出把心灵理解为拥有不相连的认识能力有什么害处。这些跟科学正在发现的是否相符不是要害的。要害的是,就已知的科学经验发现来说,不相连的认知能力的比喻不太可能被置为一种非科

学的观念。关于这个方面的科学解释，可参看 Howard Garner 的 *Frames of Mind*
（《心的结构》）(New York, 1980)。

　　③ 我认为，以神话开头，而不是在作品的中间或结尾引入神话这种手法的独特性
值得我们特别考虑。我们可以考虑这种暗示：虽然一些虚构的东西在开始的时候被
引入（我称之为必要的虚构），但是，人们可以引出的结论却是更相似于我们所认为的
现实。那么，这个过程就是从不现实到现实。相反，在柏拉图那里（我们可以想到《蒂
迈欧》），如果在结尾中留给我们一个神话，那么，总体印象可能是，哲学不向现实发
展。可以值得注意的是，在本书的大部分，我没有联系其在中国传统民间传说的可能
表现提到这个神话（指《逍遥游》开头关于鲲鹏的神话——译者）的内容。我始终关注
的是这个神话作为文学的或比喻的和认知的手法在手边文本（指《庄子》——译者）中
的功能，而不是这个神话在中国传统中表现的内容。这正如在分析柏拉图的神话用
法时，撇开他如何从传统的希腊文化中引出其神话。关于宗教史家在其著作中对神
话在中国传统中的位置的比较完整的讨论，参看下一章的注①。

　　④ 吴光明的《庄子：逍遥的世界哲学家》对《庄子》中比喻的运用作了非常广泛和
令人钦佩的论述。对比喻的运用、分解和其他的催眠术中的认知策略，可参看
Stephen R. Lankton and Carol H. Lankton, *The Answer Within*: *A Clinical
Framework Ericksonian Hypnotherapy* (New York, 1983) and Stephen G. Gilligan,
Therapeutic trances: *The Cooperation Principle in Ericksonian Hypnotherapy* (New
York, 1987). 史蒂芬·R. 兰克通和卡罗尔·H. 兰克通：《内部答案：埃里克索尼亚
催眠疗法的临床框架》（纽约，1983 年）和史蒂芬·G. 吉列：《迷睡疗法：埃里克索尼亚
催眠疗法中的合作原则》（纽约，1987 年）。

第三章　神话的内容

　　到现在为止,我们集中讨论了神话的正式的结构要素和它们在认识中扮演的角色。现在,我想谈神话的内容。[①]不可避免地,这只是从《庄子》大量神话材料中挑选出来的。我会集中讨论《庄子》第一章的开头,因为我相信,选择神话话题来在文本的开头作论述,对整个文本的信息有多种强烈的暗示。我不相信,选择鲲鹏是偶然的。我会把鲲鹏和蜩、学鸠相互紧密地结合在一起,尽管两者的境界是各不相同的。我在本章将要探索的主题是,选择鲲鹏,与该书的总体目的有关,而选择蜩、学鸠则与庄子在评价问题上所采取的看法有关。因此,这两个选择既与庄子的总体信息相关,又与正确地理解对评价的争论有关。我对《庄子》第一篇和整个文本的大量资料的选择必然会强调一些观点,而排除另外一些观点。但是,我相信,我的选择会公平地反映《庄子》意义结构的最基本的或核心的部分。

　　《庄子》的中心目标是自我转化。在本书的前面两章,我已提到这个目标。在本章中,我会陈述象征着达到这个目的的神话材料。在以后多章中,我会提出文本的证据和逻辑的证据来支持一个说法:《庄子》的中心目的是对作为主体的读者来说的自我转化。在本章中,我还会提醒注意一个事实:《庄子》一书以一个用神话方式来表达的自我转化的故事开始。这是一个值得我们特别注意的事实。

鲲和鹏

《庄子》的中心的和开始的神话,是一个关于一条鱼(鲲)发生变化而成为一只鸟(鹏)的故事。② 像《创世记》一样,这一中心神话有两种叙述。* 但是,对于我来说,第一种叙述是最重要的。这两种叙述的不同在于,第一种叙述明确说到转化(鲲转化为鹏)的主题,而第二种叙述却把鲲和鹏看成两种不同的动物。我无法解释这两者的不同,我只能认为,第二种叙述可能在某种程度上是伪的,是后来编辑的结果。③ 虽然就我所知还没有人注意这两种叙述的区别,但是,我认为,第一个叙述是更可取的,因为它体现了存在于《庄子》内核的中心主题。

让我们看一下《庄子》开头的著名神话故事:

> 北冥有鱼,其名为鲲。鲲之大,不知其几千里也。化而为鸟,其名为鹏。鹏之背,不知其几千里也。怒而飞,其翼若垂天之云。是鸟也,海运则将徙于南冥。南冥者,天池也。④
> (《逍遥游》)

从鲲的栖息地(北冥)和鹏的目的地(天池)来看,以上所说显然是一个神话。从这两种动物跟公认的科学上的可能性相矛盾的体积来说,它显然也是一个神话。从鱼会变成鸟这个与事实相反的

---

* 确实,在《逍遥游》中,关于鲲鹏的叙述有两种:第一种在开头(这是人们最熟识的),第二种在开头以后隔几段:"汤之问棘也,是已。穷发之北有冥海者,天池也。有鱼焉,其广数千里,未有知其修者,其名为鲲。有鸟焉,其名为鹏,背若太山,翼若垂天之云……"原作者爱莲心说得对,第一种叙述说到鹏是由鲲变来的,但第二种叙述却没这样讲。——译者

说法中,我们更可以明显地看到它是一个神话。

《逍遥游》开头并没有告诉我们,这是一篇哲学论文,这篇论文以转化为主题。事实上,关于这一主题的信息隐蔽得这样地难以捉摸,以至于大部分解释者都看不出来。但是,这一信息还是存在于那里。尽管如此,它与这个故事交织在一起,因而我们最多只能期望象征性地理解它。但是,这个神话不是简单地起着只传递一个象征性的信息的作用。它如此微妙地体现这个信息,恰恰正因为,作者不想让我们以分析的心灵来理解这个故事的要害之处。故事的神话内容在前概念的水平上起作用,以致它能被直觉心灵理解。

故事告诉我们,我们是从黑暗中开始的。* 开头之黑暗的存在,象征着认识论的起点。我们不开始于任何概念或前概念。如果我们开始于概念或前概念,我们就很可能无法以恰当的顺序来理解这个故事的要点。

在故事的中间,鱼把自己转化成鸟。我不认为,庄子是随意地选择这两种动物的。以鱼开始,意味深长。鱼象征着一个能被捉住的动物。由于在一开始就说到鱼,我们可以容易地把鱼看作读者的象征。鱼,跟我们一样,生活在黑暗之中,或者从认识论上说,生活在无知之中。但是,鱼拥有将自己转化为别的动物的能力。这别的动物就是鸟。选择鸟也不是文学上的偶然。鸟象征着一种我们将其跟自由和超越联系起来的动物。这里的主题信

---

* 《逍遥游》的开头是:"北冥有鱼。"华滋生对此句的英译是:"In the Northern Darkness there is a fish."他把"冥"译为"darkness"(黑色),这并无大错,尽管把"北冥"译为"Northern Sea"更好。爱莲心根据华滋生的译文而说,我们是从黑暗中开始的。顺便指出,爱莲心在本书中所引用的《庄子》英译,大部分来自华滋生的译文。他比较过几种《庄子》的英译,认为华译最好。我总体上也觉得华译不错。——译者

息(thematic massage)是：从无知向有知的转化是在我们之内的一种内在的可能性，并且，这种转化的结果就是自由的取得。这也是幸福的取得，这种幸福是以目的地(天池)来象征的。仅仅是这个神话故事的开头就已告诉我们多少关于《庄子》的整体信息！这些信息包括：捉住无知的读者，告诉我们在我们之内的自我转化的能力，自由和幸福的取得。

尽管我可能被指责为过度地解读了这个故事，但是，我认为要好好注意这一点：鱼不需要任何外在的力量来帮助它转化为鸟。它完全是靠自己的能力来转化的。一个其认识能力既被此神话停止又被它唤醒＊的读者将会在某种水平上理解包含在这个神话中的信息。当然，这个神话不是《庄子》辩说的全部。只要这样说就够了：它和下一章将要详细讨论的《庄子》的中心信息是一致的。值得注意的是，这是整个《庄子》论辩结构的一个缩影，并且，它在全书一开始就出现，这不是偶然的。任何一本书或一个故事的开头，通常都是吸引读者注意力的一个环节。

蜩与学鸠

我想转到对鲲鹏故事的反应，这是《庄子》的第二个故事。对这个故事的直接反应是由蜩和学鸠作出的。⑤它们的反应是讥笑鹏这个大鸟。它们不相信大鹏能飞那么远(据说它能飞 9 万里⑥)。蜩和学鸠是怀疑主义者。它们是庸人或缺乏想象力的人和以狭隘的心灵看世界的人的最早的标本。以狭隘的心灵看世

＊ 指上一章所说的，既停止概念的或分析的认识能力又唤醒前概念的或审美的认识能力。——译者

界的它们的第一反应是,这样讲述的神话是一串废话。庄子知道,读者的概念心灵的第一反应是怀疑主义和不相信的反应,但读者的直觉心灵却在潜意识水平上吸收了这个神话的内容。有趣的是,蜩和学鸠怀疑的是这个大鹏如何能飞那么远,而不怀疑这种动物本身的假定的存在。请看这两个小动物的说法:

> 蜩与学鸠笑之曰:"我决起而飞,枪榆枋;时则不至而控于地而已矣,奚以九万里而南为?"(《逍遥游》)

蜩和学鸠正在做的是把常识的法则和科学真理运用于这个神话。这一点,在以下说法中表现得更为明显:

> 适莽苍者,三飡而反,腹犹果焉;适百里者,宿舂粮;适千里者,三月聚粮。(《逍遥游》)

在经验事实的世界里,这个关于大鹏的故事完全是胡说。如果我们运用常识的标准,所有这些关于转化的说法也都是胡说。

但是,重要的是《庄子》关于这个问题所采取的态度。该书没有说双方的观点(神话的观点和常识的观点)具有同等的价值。《庄子》对此早就有一个明确的立场。大鹏的观点和蜩、学鸠的观点不被看成拥有同等的价值,这是非常清楚和非常明确的。《庄子》对蜩和学鸠对鲲鹏之异议的直接反应是否定性的:

> 之二虫又何知? 小知不及大知,小年不及大年。(《逍遥游》)

重要的是,庄子不仅明确地说,这两个小动物的观点反映了狭隘的心灵,并且,他对这两个小动物的选择(其中的一个是昆虫)本来已告诉我们这一点。⑦庄子没有把蜩、学鸠的观点和大鹏的观点摆在同一个价值平面上。蜩和学鸠明显地被描述为缺乏眼界。在这方面,它们正好跟大鹏相反。它们只拥有小知。另一方面,大鹏则被描述为拥有大知。显然,大鹏的观点是优先的观点。在《庄子》开头注意到这一点是很重要的,因为在该书第一篇的前面,庄子就说出了这样一个主题:某些观点比另外的一些观点更有价值。大鹏的观点与蜩、学鸠的观点没有被看作是在价值上相等的。

我们还要注意到不同理解水平被作出区分这一事实。如果我们坚持依赖看世界的传统的经验主义标准,我们就不能估量或有效地领会庄子向往的理解水平。当然,庄子没有以散文的形式表明这一点。他对在概念平面上争辩某一种理解水平的优越性没有兴趣。但是,他有效地让心灵准备认识一种可能性(仅仅是可能性):存在着一种不同于普通理解水平的理解水平。我们可以把蜩与学鸠看成是好挖苦人的人,他们讥笑有见识的人转化自己而达到天道的努力。

在前面两章,我已经论述了为什么庄子不直接陈述他的看法的问题。在这里,所有叙述的是一个关于鸟、鱼、昆虫的故事。但是,我已经指出,这不是一种纯粹的文学手法;它拥有大量的间接的内容,而不仅仅是诗意的嗜好。因为《庄子》的叙述从神话开始,然后转向更加故事化的形式,它的寓言色彩太浓,它的想象太怪诞,以至于我们无法把它看成纯粹的历史参考文献。* 对于我来说,它最明确地具有认识论的功能。

简略地复述在前两章所说的关于神话和故事的正式功能的看法,可见双重的认识论功能在起作用。一方面,适用于对判断

---

* 爱莲心在第一章中已不同意把《庄子》作为历史参考文献的说法。现在他进一步反对这个说法。——译者

的经验标准的意识心灵被神话所平静或停止下来了。分析的能力也暂停了,因为这是一个不需要检验其真理价值的故事。在这种暂停中,心灵在认识上并没有变得完全是空的。它停止了,其实在检测。毕竟,鱼实际上并没有变成鸟,鸟实际上也没有飞九万里,并且蜩和学鸠实际上也不会说话。另一方面,所呈现的材料又不加判断地被吸收了,而且在某种特殊的意义上被相信了。有谁会怀疑在神话中说了发生的,实际上在神话中发生了呢?

无法将通常的真理标准运用于这里的故事,并不意味着可以将这个故事看成为绝对没有意义的(对那些据说缺乏恰当的理解力的人除外)。在这个故事中存在着真理价值,但它不能用常规的方法检测出来。那么,它怎么被理解呢?首先,它是被吸收的。它没有被否定或除去,而是在某种水平上被心灵接受了。这样一个吸收的准备,是一个对接受一些资料或见解的预备,从通常的标准看,这些资料或见解可以将一个人的轻信延展至停止点。这些材料以后会被介绍,但它们已经被《庄子》开头的神话预示了。这些材料是将会具有魔力般的本性的见解。我称它们具有魔力的意思是:当通常的真理标准被粗俗的心灵运用的时候,它们会蔑视这些真理标准。它们也是超常的,因为它们将会转化。最后,为了回答"魔力"这个词的最高意义,我们可以这样说:正如神话的魔力对于我们最深的希望和愿望有吸引力一样,这些见解也会在某方面回答生活的最高问题,并帮助我们实现我们最隐秘的和最重要的希望和愿望。

如果我们接受这种对神话的理解(这里尤其是指转化),再把这种理解跟我们前面已经介绍过的神话的正式的方面结合起来,我们对神话的认识功能就会有一种相当完整的形象化看法。首先,当把神话理解为一种隐喻(在上一章中,我们称之为原型隐喻)的时候,神话就会在总体上利用比喻的认知可理解性。它呈现一种观念或一组观念,它们只能由一次总体的认知行动来把握。这就是说,当心灵的其他部分单独接受这种观念的时候,心灵的怀疑理解(skeptical understanding)部分不可能靠在一边,并做出评价。如果真的是这样的话,就不是心灵的整体接受这种观念。当这种观念以神话的形式或者以寓言的形式被理解的时候,它是以形象化表现的方式被认识的。形象化表现必须理解为一个整体。另外,在这里,形象化表现处于儿童故事的形式之中,而儿童故事是必须无保留地被相信的:它被全部接受,或者根本不被接受。(没有人会怀疑,特洛伊木马是否真的装得下那么多精兵*。)这种对观念的整体接受也为以后的哲学观念的传达作了心理准备,当这些哲学观念从常识的角度被评价的时候,它们看起来是荒谬可笑的。这些观念(其中一些已经体现在神话的内容中)将会是超常的、起转化作用的观念,并且,在某种意义上,它们将会对我们最重要的希望和愿望作出回答。

　　如果到目前为止我所说的是正确的话,那么,神话表象就有巨大的认知意义。现在说的不仅仅是告诉一个故事。它为读者内心对转化的心理旅程作了准备。如果我们能够接受在神话水平上的这样一种可能性(这种可能性在某种意义上还有待于被理解),那么,心灵就会准备把某些在一个更高的哲学层面上的观念接受为可能的。《庄子》神话起源于一种认知的技术,这种技术给我们一个信息,同时又告诉我们(如果我们知道从哪里看的话)这个信息是怎么给出来的,这正如一个钟表,在告诉我们时间的同

---

* 这是古希腊的一个传说:古希腊人在攻打特洛伊时,把精兵埋伏于大木马内,诱使特洛伊人将木马放入城中;夜间伏兵跳出,里应外合,攻下此城。——译者

时,里面的法条又可以打开来让眼睛检查。

到目前为止,我讨论过的出自《庄子》第一篇的例子,都是关于该书主题和关于庄子在价值问题上的立场的例子。现在,我想继续讨论出自第一篇的另外两个例子,它们也都说明《庄子》的中心主题和价值问题。其中的第一个例子说到心理上的瞎和聋:

> 瞽者无以与乎文章之观;聋者无以与乎钟鼓之声。岂独形骸有聋盲哉!夫知亦有之。(《逍遥游》)

这个例子既间接地论述了中心主题,同时又间接地论述了价值问题。对转化主题的间接论述是:这个主题是无法为那些缺乏必要的认知手段的人所认识的。正如有生理上的瞎子,也会有心理上的瞎子,他们无法看到心理上美妙的"文章"。尽管其直接所指是心理上美妙的"文章",但是,其间接所指肯定是《庄子》的中心信息。这个例子同时也是一个评价的例子,因为它含蓄地认为,心理上的瞎子是比不上那些拥有必要的眼光的人的。这也隐含着,如果一个人能够理解,或者拥有必要的认知能力,他就能马上看到思想上美妙的"文章"。这就是说,洞悉美妙的东西的能力是洞识主体的自我能力。信息已经是美的,所缺的只是恰当的理解能力。

可以把心理上瞎和聋的人比作蜩和学鸠。瞎的、聋的和目光短浅的形象,都是不让步的(intransigent)读者或顽固不化的怀疑主义者的具体例子。值得特别再次指出的是,在心理瞎子的例子中隐含着自我转化。如果读者能够看得见,信息马上就能被理解。把握不了信息的责任在读者身上。虽然恐怕这会被说成是用未经论证的假定来论辩而不予以考虑,但是,这并不是打算成为证明那个主题的真理性的论证。这只是打算用来提醒注意主体在认识这种真理的过程中所扮演的角色的重要性。同时,这是一个清楚的价值判断:一个有眼光能理解的主体是优于一个认知上的瞎子的,这正如一个有正常视力的人拥有盲人所无法拥有的优势。显然,盲人不会被看作与有视力(不管是生理上的视力,还是心理上的视力)的人在评价上是等值的。

不龟手之药的故事

我最后想讨论的故事,是《庄子》第一篇的最高点。这是一个关于油膏的故事,或者,我们也可以理解为一个关于心理膏药的故事。在我们直接讨论这个故事之前,指出它所处的位置是很重要的。它位于瞽者和聋者的故事之后。这样,人们心里已经广泛地为理解这个故事作了准备。

如果我们设法以通常的或习惯的方式来理解《庄子》中的这个故事或其他故事,我们就会好像不能在心里把握它们所说的东西。为了理解之,最低限度的转化是必需的:为了能看得见,必须睁开眼睛。在这里,所说的是否是真实的并不关键。所有我想说的是,庄子正在表明,即使我们处于神话和寓言的描述之中,某些具有认识意义的东西已经被说了出来。这一点不能被过分强调。(根据作者的意图,)这里有一些可以理解的东西,它们不处在令人愉快的虚构的水平之上。它们要求读者方面的努力,否则,认识的内容就不会被注意,或值得注意。在讲述寓言的中间,我们得到这样的提醒。

不龟手之药的故事涉及治疗心灵痛苦的心理油膏。当然,故事中说到的油膏不是心理油膏,而是生理油膏。如果将它说成心理油膏的话,它就会由比喻而变成说教——提醒心灵注意这是一个信息或主题，并且会否定它的认知功能。正如我们在本章前面已讨论过的，只有读者不是非常清楚讲故事的手法对信息的意义，这一手法的认知功能才会成功。当然，读者在某种水平上完全知道，这是一个具有足资教训的实例的有教育意义的故事，但是不能提醒读者太强烈地知道这一点。

我们都知道，或起码假定，《庄子》是一本哲学书，而不是一本医学书。显然，在故事中说到的物理油膏不要在物理药物的水平上理解。但是，这已全被读者直觉地或含糊地知道了。使用油膏例子的隐含的前提是，在某一点上读者会得到一些线索，其作用将会是减轻心灵的痛苦。读者的心灵因而熟练地和精妙地准备着接受将要来到的信息，这正如摄影的底片在照片出来之前已放在洗的溶液里一样。

简要地说，油膏的故事说的是：过去，有宋人知道如何使手不皲裂，因而整个家族都能在水上漂洗丝织品。（意思是指，有一种传统的智慧，过去用它仅仅可以糊口。这可以比作前面说的心胸狭窄的人，或者蜩。）现在，有一个人来了，要购买使手不皲裂的处方。这个家族以一笔钱把它卖掉了，因而证实了由这个家族所代表的褊狭的心理原型。处方的购买者则代表了走向更高认识的人。他把处方卖给一个国王，后者用它取得了一场水战的胜利。那个出售处方的人也因此而获得了一块封地的赏赐。

这个故事的寓意是：同样的处方（或脑子）能够以两种不同的方式被利用，或用它来漂洗丝织品，或用它来赢得一块封地。这似乎意味着，我们都拥有相同的基本装备；唯一不同的是如何用它。同样的脑子，不同的用法。

这个故事是另一种准备手法（preparation device），它让读者的心灵准备接受《庄子》将要给出的更高的信息。当然，这种信息已经预期地包含在这个故事本身了。油膏的故事是特地设计来吸引知识分子读者的,他们认为自己比普通的人更有知识。这个故事运用的是商业领域的例子,在这一领域中,一个必需的主要的强项是相互智胜的能力。除了作为特别指向知识分子读者的例子之外,这个故事还为已提出的例子*增加了一个新的因素,这就是奖励的因素。在油膏的故事中,根据脑的不同的运用,一个人能够取得一种小的利益或一种大的利益。同样,关于《庄子》的信息,一个人根据他或她希望对材料的利用,能够获得或大或小的利益。

该轮到由读者的意愿和聪明根据比直接的物质奖励更高的东西来思考了。在一种有形的意义上,这个故事中的聪明人将配方卖给了一个国王。在一个更高水平上的相应的信息是,脑子可以用于一个更高的目的。脑力是一样的,要紧的是它用于什么目的。正如在物质的水平上,脑里的秘方可以献于国王;在精神的水平上,脑里的秘密也可以用于更高尚的目的,即心灵最高水平的自我实现。或者,在另一种意义上,作为主体的读者可以将他自己等同于国王,他知道油膏秘密的最好的用途。

我选择来讨论的最后一个故事是关于转化的方式的故事,因为,它显示,一个人可以通过正确运用自己的智力来改善自己,并且,它也显示了一个人如何通过一个更开阔的智力行为来改善自己。换句话来说,它不是一个完全像鲲鹏故事一样的关于转化的故事。它更为明确得多地显示,转化是通过一个理解的行动而达到的。这是一个关于转化的故事,这种转化正如一个人极大地改变了他的状况一样(尽管这是在有形意义上的改变)。他通过他

---

* 指《逍遥游》中的鲲鹏的例子、蜩与学鸠的例子等。——译者

的认知能力转变了他自己。他利用他的认知能力转变他自己的特殊模式也在这里清楚地显示出来了。他必须以一种比那个平凡的、近视的、只想到以一笔小钱就出卖配方的家族更高的境界来思考。在这方面,那个走向明(enlightenment)的人*就在利用大鹏的"大知"。正是这种大知导向明。在一种重要的意义上,大知已经是明。

这是心灵油膏。这个故事也是有倾向的,从这个故事中,我们很清楚地看到,那个把方子卖给国王的人要优于那个为了直接的补偿而出售方子的家族。只得到了暂时的物质利益的家族跟那个最后得到了以封地为象征的永久性的东西的人,是不处在同一个价值平面上的。

我们以油膏的故事为结尾完成了对神话的形式和内容的讨论。虽然油膏的故事确切地说不是一个神话,但是,它是一个可以看成是神话的较低形式的传说。它吸引了那些知识水平更高的读者,既因为它是一个更明显具有教育意义的故事,也因为它的内容预先强调知识的重要性。同时,它对作为主体的读者的渴望也有吸引力。

油膏的故事还把纯粹的神话(这是不可能发生的)和传说(这是可能发生的)联结了起来。这个故事更多地属于传说的范畴,而不是属于神话的范畴。因此,它也吸引知识分子读者,因为它更属于可能发生的范围。虽然知识分子读者也许不相信这个故事实际上会发生,但是,他们确实知道类似这样的故事是可能会发生的。这便使他们暗地里相信,慢慢暴露在他们面前的像转化的可能性这样的事是会发生的。这确实是可能的。并且,它还会

---

* 指那个购买了不龟手之药的人。——译者

带有一个大的奖赏。

注　释：

① 我对神话材料的内容的论述,关注的是这些材料在文本内部的功能。这种方法不同于宗教史家和人类学家所采用的方法,这些人有兴趣于一般性跟踪在中国文学资料中的神话材料的内容的外表,或者有兴趣于考查神话本身在中国文化演进过程中的角色。例如,在载于《宗教百科全书》(*The Encyclopedia of Religion*)第 3 卷(纽约,1987 年)的 Norman Girardot 的文章《神话的主题》("Mythical Themes")中,在谈到中国宗教的时候,他关注的是神话在中国宗教中的一般功能问题。他所作出的一个结论是:"在某种程度上,神话总会提到'开始'或世界的基础问题。"(第 303 页)虽然这样的结论有非常广泛的适用水平,但是,它却不适用于我正在讨论的鲲鹏神话。据我所知,这一神话跟世界的基础无关。回到开始的观念强烈地反映在 Girardot 的多种著作中。在上述同一篇文章中,他又进一步说:"存在的所有形式的内部结构好像在本性上都是神秘的,因为变化基本上被理解为一个永恒的新的开始的系列或结构变更的系列,它回到创造的'第一'过程。"(第 303 页)鲲鹏神话跟创造无关,并且,更重要的是,庄子所关注的转化概念,不是一个"永恒的新的开始的系列",而是在一个进化方向的一次性的、单程的转化(鱼[鲲]自己转变为鸟[鹏]——从低级到高级)。Girardot 的著作是宗教史家的方法论的一个典型的例子(他是 Eliade 从前的学生,是 Lehigh 大学宗教研究系的主任):在这里,一个比较的主题(创造的概念)被用来作为在中国宗教中发现相同的概念的探索原则。有趣的是,Eliade(《宗教百科全书》的主编)也是一个宗教史的教授,并且是从巴黎到芝加哥大学来作为 Wach 的继承人的(参看本书《导言》注④)。因此,由于这些人物的支持,为宗教史家所采取的方法取得如此声望,这是一点也不奇怪的。

在他的《早期道家的神话和意义》(*Myth and Meaning in Early Taoism*,伯克利,1983 年),Girardot 详述了上面的看法。他的一些材料是建立在位于《庄子》第七篇结尾的关于混沌的故事的基础之上的。我赞同葛瑞汉的看法,庄子不是很在意该篇。Girardot 把混沌的故事作为神话,并且,这个故事是他注目的中心。而我注目的中心是鲲鹏神话。事实上,在他的那本书中,我发现只有一次间接提到鹏(第 91 页)。在结尾,他总结说,《庄子》的基调是无止境地转化(他从第三十三篇取出这一概念)(第

111 页)。他还把混淆假说与此结合起来。关于这两者,我在本书第六章会非常详细地讨论。

非常具有讽刺意味的是,只要我们稍为沉迷于比较宗教方法片刻,我们就能在文本之外的资料中发现对以下说法的支持:庄子用文学像喻象征高级的知识。这种高级的知识刚好是跟《淮南子》中的浮浅理解相反的。在该书中,龙凤跟泥鳅和麻雀相对比。这种对比使我们想起庄子的鲲鹏眼光与蜩、学鸠的狭窄视野的对比。

② 虽然没有人会否认这是《庄子》开头的神话,但是,以之为该书的中心神话,这是我个人的看法(参看本章注释①)。只要我们稍为沉迷于比较宗教方法片刻,我们就能发现一个关于哲学家(庄子)如何影响神话内容演进的例子。我们发现,庄子的飞九万里的鹏的神话形象重现于三国时代(公元 220—265)的盘古神话中,这一哲学家所创造的飞九万里的神话形象在影响后来的神话的内容方面扮演了一个角色。参看 David C. Yu 所作的《古典道教中的创世及其象征》("The Creation and its Symbolism in Classical Taoism"),《东西哲学》(*Philosophy East and West*)第 43 卷第 3 期(1981 年 10 月)。对于庄子的鲲鹏神话是否影响了产生于周朝晚期(公元前 403—前 222)的《山海经》的天山神鸟的形象,或者前者是否受到后者的影响,这是一个有争议的问题。

无论如何,重要的是出现于《庄子》文本之中的这一神话形象,而不是它在更早或更晚的文本中扮演的角色。如果你深入地看鲲鹏神话的话,你会看到,它是蝴蝶梦的一个最早版本,并且,它本身是没有高度地展开的。然而,鲲化鹏和蝴蝶梦都是关于转化的故事。在《庄子》中,它们不是关于创世的故事,而是关于自我转化的故事,而自我转化是《庄子》的中心问题。我后面将会指出,在《庄子》中出现的关于转化的其他说法或故事,是自我转化的比喻,而这种自我转化是我们的中心目标。但是,蝴蝶梦是从神话或传说的形式发展而来的,我们在当代看到的版本是其最高形式。这并不是说,鲲鹏神话是重要性较低的形式。这只是说,这个神话是早期的和原始的,并且,它在提高我们的意识水平的过程中起着不同的作用。你可以用鲲鹏神话来阐释蝴蝶梦,也可以反过来用蝴蝶梦来阐释鲲鹏神话。当然,两者有不同。但是,自我转化这一点,是两者共同的。在这两者之中,我们还能看到一些跟《齐物论》中的"大圣梦"(指该篇中"有大觉而后知此其大梦也"前后的那段话——译者)的共同因素。在后面正式讨论蝴蝶梦和"大圣梦"时,我们会再详论这一点。

③ 葛瑞汉根据传统的选择（把第二种叙述作为汤问棘的部分）而避免了第二种叙述重复第一个叙说的问题。通过这样处理，第二个叙述看起来就不太像是从一个不同的角度简单地重复第一种叙述。参见葛瑞汉的《〈庄子〉内篇》(*Chuang Tzu*, *The Inner Chapters*)(伦敦，1981 年)。但是，这种权宜之计还是把这个材料的内容看成是重复的，因而，我认为是可疑的。葛瑞汉看起来也意识到了某种问题，因为他把整个第二种叙述用括号括起来。无论如何，他还是没有注意到这两种叙述的重要区别（在这个问题上，他与 Girardot 一样）。这是一个关键的问题，并且，这个问题还没有被人以问题的方式予以再现。

④ 英译见华滋生译《庄子》(*The Complete Works of Chuang Tzu*，纽约，1968 年)，第 39 页。关于"南冥"的翻译是有争议的。它也可以指一个湖的名称（查郭庆藩的《庄子集释》，未见以南冥为湖者——译者）。但是，这样的争论是无关紧要的。

⑤ 为了保持叙述的连续性，我省略了一个插入的例子。

⑥ 这是在蜩和学鸠的反应之前说的。

⑦ 尽管庄子有像现在叙说的那样的说法，绝大部分评论者还是认为，以庄子为一个绝对的相对主义者是合适的。我们对此在后面会详细地讨论。现在只要指出下面这一点就够了：以庄子为一个绝对的相对主义者的习惯做法很可能应归于郭象的压倒性的影响。他除了编辑我们现在看到的《庄子》本子以外，又在其《庄子注》中发展了他自己的哲学。在他看来，小鸟、小昆虫和大鹏是等值的。请看郭象对那一段的注：

> 苟足于其性，则虽大鹏无以自贵于小鸟，小鸟无羡于天池，而荣愿有余矣。
> 故小大虽殊，逍遥一也。

关于庄子对这两个小动物本身的选择，我们可以提醒一个事实：两者都以发出持续不断的或恼人的噪声而出名。我发现，学鸠的低吟既是持续不断的，又是恼人的，而尽管蜩对我来说好像总具有镇静作用，但重要的因素是，两者都不停地发噪声或喋喋不休，因而在这方面都可以被看成"长舌妇"。这跟它们作为心胸狭窄的怀疑主义者的角色是一致的，它们否定大鹏的被指称的功绩(alleged feats)。

第四章　作为隐喻的怪物

虽然我不时地触及《庄子》中运用的怪物（monsters），尤其是在第二章中讨论了作为比喻艺术的怪物，但是，该书中出现的大量的怪物值得更广泛地讨论。* 有人恐怕会反对说，我对"怪物"这个术语的使用是误导的，因为它所带有的一些联想不是非常合适。例如，"怪物"这个术语通常带有可怕的内涵。确实，我用来作为怪物的例子的跛子和驼背是不可怕的。但是，我会坚持，他们是可怕的。他们并不对每个人都是可怕的，但是，他们在某方面唤起一些可怕的东西，并且，在这个范围内，他们在社会上是要避开的。因此，虽然他们不是科幻电影中的怪物这种意义上的怪异，但是，他们在其起作用的方式上是怪异的。在哲学意义上，他们是可怕的。在社会规范之外这个意义上，他们是怪异的。

这并不是说，在我正在用这个词的意义上，一个怪物应该是可怕的或在社会上应该避开的。恰恰相反，随着这一章论辩的展开，以下说法对读者来说会变得明显：怪物（或者对社会规范的违反）既是意识改变的指引，又是自然（spontaneity）这一要达到的主要目的的化身。尽管如此，事实是，在经验上说，怪物在大

---

* 本章所说的怪物主要是指人——跛子、残疾人等，而第二章所说的怪物主要是指动物——鲲鹏。——译者

66

众中是被看作可怕的。并且,这种感觉上的事实在我们这里运用"怪物"这个词时正是要被利用的。通过运用"怪物"这个词,得到了一种震惊的意义,并且这是一个希望达到的和必要的效果。打破我们意识的固定性,要求一个突然的和有时候是不愉快的震惊。在我们恰当的理解达到以后,更高的认识是:怪物(在我们的意义上)是最大的赐福,如果没有它们,我们就既不能在心灵的方向上有所进步,也不能有这种进步的经常性的提示和体现。但是,暂时怪物不得已扮演一下可怕的角色。

一些《庄子》中运用的怪物可以说在两种意义上确实是怪异的:一个是亚里士多德的严格定义——生而畸形的东西,另一个是身体如此地变形以至于可以描述为真的可怕。例如,考虑一下那个瘸腿、驼背且无唇的人。* 或者,再考虑一下子舆,他的体形完全像一个善作柔体表演的瑜伽杂技演员:

> 曲偻发背,上有五管,颐隐于齐,肩高于顶,句赘指天。

(《大宗师》)

无论如何,不管他是像跛子一样的简单的畸形,还是真正的复合的畸形,他确实是非常态的。《庄子》中的各式怪物只在反常的程度上有差异。如果一个单纯的跛子对我们来说没那么可怕,这仅仅是一件程度上的事。也许,我们不想遇见一群跛子。在这种情况下,我们害怕我们周围的人的社会评价。害怕确实出现了。

---

* 指《德充符》中那个"说卫灵公"的"阐跂支离无唇"。——译者

我们的行为决不可以证明为有理的或证明为正当的。* 但是,否定我们内部的感觉(尽管希望这仅仅存在于无意识之中)将会是自我欺骗,并且奇形怪状者是不能被欺骗的。只要想理解如何理解和超越害怕,我们必须承认,一种害怕的因素是存在的。一种社会生活中不受欢迎的事实必须公开摆明出来理解和处理,以便让对奇形怪状者的偏见从我们的无意识和意识中排除出来。

对于我们之中的"怪物"的完全的接受,意味着在我们经验层面的怪物范畴的消失和在哲学层面的更高水平的意识的取得。无论如何,不管我们怎么不喜欢怪物范畴,它在庄子那里是非常有意义的,这正如它在柏拉图那里有意义一样。如果否认它,这将是对《庄子》文本的熟视无睹。

所有类型的怪物都是在作为被社会所遗弃者这个意义上的怪物,这就是说,他们都确实是被憎恶的,或起码是被普通的大众避开的。如果我们确实是避开怪物的(说实在的,我们多少人有盲人朋友?),那么,我们必须承认,有一些害怕的因素存在,不管这是对怪物外表本身的害怕,还是对被那些将我们跟怪物联想起来的"正常人"的社会非难的害怕。不管《庄子》中的这些人物是不是怪物,他们是被看作怪物的。

选择怪物作为哲学代言人的哲学意义是什么?事实上,怪物给出了最好的信息。我们可以想起柏拉图用像鞋匠和驯马师这些次要人物阐明他的论辩。事实上,庄子也大量运用这样的人物,他的很多精选的故事是由屠夫和木匠来叙述的。虽然对《庄

---

* 作者的意思是:面对《庄子》中的奇形怪状的人,我们决不可以说我们(正常人)的
   行为是合理的,而他们的行为是不合理的。——译者

子》中的这些人物已有了很好的讨论,但是,对其更为怪异的人物却没有足够的研究。① 我想顺便指出,运用这些来自普通行业的人物,在其功能上是像怪物般的。* 在这一方面,并且在用法上,庄子用普通劳动者是完全跟柏拉图用他们一样的。蓝领劳动者在以下意义上起着跟不那么严重的畸形者一样的功能:在一个哲学对话中,人们期望对话者是来自高级的知识阶层。像屠夫这样的蓝领劳动者之运用具有震惊意义,这跟我们后面将要讨论的完全的形体怪物的运用一样。② 蓝领工人作为一个社会阶层只是一种不同种类的怪异者,并且,适用于更加昭彰的怪物的同样的讨论,在细节上作必要的修正后同样适用于蓝领工人。

怪物之运用有两种哲学上的功能。首先,怪物是标准(norm)的一个活生生的反例,不管这个标准是文化的或者是生物的,或者是两者兼而有之的。在特定的哲学路线上,怪物变成了哲学家。怪物型的哲学家是一种哲学原则的化身,这种原则是常人害怕的和要避开的。这个被大众避开的哲学原则是什么?

所有怪物拥有而又为那些根据规则生活的人所害怕和避开的东西,就是自然(spontaneity)。那么,怪物的第一个哲学意义就是以一种非常精妙的方式让我们知道:由怪物所代表的价值——自然——是一种为常规社会所害怕和避开的价值。以下说法是非常恰当的:在生物学意义上违反自然法则的怪物,象征着在社会意义上对社会规则的违背。如果一个人看清了被怪物所采纳的哲学立场,那么,他就会发现,自然是所有怪物所共有的一个特征。也许,这是由于以下事实:他们不怕其自然生成的样

---

* 中国读者一般不会认为庖丁之类的人和奇形怪状的人(或畸形的人)有什么相似的地方。——译者

子。如果他们已经害怕其形体的外表，那么，他们于采纳同样是可怕的观点而不得不失去的是什么呢？哲学上的怪物有点像疯子，他们可以免于说他们像什么。事实上，疯子确实是另一种形式的怪物：心理怪物。正如在西方文学中，疯子或愚人的话是受到尊敬的，在庄子这里，怪物是受到保护的。因为他们是不同的，他们可以说一些普通人不能说的话而不被处分。他们有顺其自然的自由，并且当他们是可怕的时候，这是一种可怕的哲学特质。反过来说，当我们有勇气成为怪物或者同意怪物的观点的时候，我们也能顺其自然了。以顺其自然的方式行事，我们就会非常接近能够理解真理。

除了象征自然以外，怪物的第二个哲学意义与前面对神话和比喻的讨论有密切的关系。怪物象征着一座连接纯粹虚构的动物和历史的或传说的人物之间的桥梁。庄子也用历史的或传说的人物传送哲学信息。事实上，在很多情况下，庄子将历史的或传说的人物作怪异的使用。这就是说，他们被认为坚持一些跟他们实际上的、历史上公认的哲学立场相反的理论。③怪物是栩栩如生的想象的形象，它比神话这种同样是栩栩如生的想象的形象更接近生活一步。和怪物打交道，一个人不需要依赖文学传统。他可以利用日常生活中在他周围的人：驼背、跛子、盲人和其他偏离了一般认为的规格或所羡慕的标准的人或者说畸形的人。

就怪物使用的认知功能来说，他们引导我们靠近活生生地接受由其象征的价值。在神话之中，同样的由其象征的价值可以看作是不会全部实现的或不能全部实现的。在传说之中，这样的价值可以看作是能够实现的，但只是被那些超常的人实现。在怪物之中，这样的价值是通过日常生活中在我们周围的人来体现的。非常奇特的是，这些价值看起来是格外地可以实现的，因为它们是由那些低于正常的人*实现的。这似乎意味着，它们不是由正常的人实现的——但是，与此同时，如果它们能由那些低于正常的人实现，它们就更能由正常的人实现。在怪物身上，虚构和现实合而为一了。

当然，所有这些都是吊诡的。用不理想的东西来作为理想的东西**，这本身就是吊诡。正如我们以后要说的，吊诡是一种言语怪物。怪物使人感到震惊。人们被看得见的怪物震惊的方式是与被吊诡这种言语怪物震惊的方式一样的。看得见的吊诡比言语吊诡更强有力，因为前者的震惊价值是完全在有意识的评价层面之下发生的。对于言语吊诡，相对较容易把它设想为这种或那种的智力游戏。它还可以通过取消逻辑上的选择来平抑分析的心灵（正如我们在前面关于双头疑问词的那一章指出的那样），但是，在言语吊诡中，这种取消是更为自我意识得到的。因此，它心中的诡计是更容易被识别的。在看得见的怪物中，吊诡更为隐蔽。也许会有由看得见的怪物呈献的言语吊诡，这就使问题更为复杂化了。④如果没有言语吊诡，那么，怪物吊诡就是：一个将要被赞同的观点，现在正被一个我们通常会避开的人赞同。简言之，我们被告知，既要听从同时又不听从所提倡的！

根据怪物所提出的言语陈述，我们被告知（起码是含蓄地）要遵循或赞成正在提出的观点。换言之，在大多数情况下，怪物的观点是被尊敬地坚持的，并具有所有被尊敬地坚持的观点所拥有的不言而喻地暗示的东西：我们应该坚持这些观点，并且，坚持这些观点无论如何是好的。怪物观点的特征是：我们被告诫要接受

---

　*指驼背、跛子、盲人等。——译者

　**不理想的东西是指不正常的人，理想的东西是指由他们体现的价值，如前述的自
　　然。——译者

它们。

但是，怪物同时又告诉我们要停止一些东西。要遵循这些身体残废的人、这些令人厌恶的人、这些老的和丑的人、这些驼背的人的引导，这需要极大的社会的和哲学的勇气。如果我们能够认同他们，那么，我们要停止的东西将是我们自己传统的价值判断。如果怪物的比喻起作用，我们将会中止我们有意识地学到的先入之见，以便接受正在告诉我们的价值，这正如我们要克服我们的不适和抵制的厌恶，以便接受他们所说的。这使概念系统震惊至瘫痪，使我们根据其内在价值接近和吸收正在提供的观点。因为这些观点本身经常是具有撞击性的，我们最好把怪物作为止痛剂，以便忍受这些被提出的观点的撞击性。*

从认知的立场来看，牵涉到吸收怪物的关键观点的认知过程就是有意识地评价的中断。因为一个人不能非常有效（或一贯）且明确（或有意识）地被命令停止有意识的评价，他只能被阈下的、无意识的或前意识的手段来引导去停止作这种评价。怪物正是这样的手段。一个人在接受怪物为价值的真正的持有者时，他就已停止了有意识的评判。这确实正是一个人在严肃地对待从怪物口中说出的话时所要做的。这是怪物之言的美：它起码在部分地脱离有意识的、分析的判断时能够被全部地欣赏（并且事实上它只能被欣赏）。怪物的效力在于其自身的丑和其提供的信息的美和真之间的对立。其自身的丑，如果有效的话，是如此地震

---

* 原作者爱莲心在给我的信上用了一个比喻来解释这句话：当我们去看牙医并让他钻牙时，肯定会感到很痛。他会用止痛剂给我们止痛。与此类似，怪物提出的观点具有震惊性，也会令我们感到很痛。怪物本身就相当于止痛剂。正如牙医用的止痛剂让我们更容易接受他钻牙，怪物本身也让我们更容易接受他的观点。——译者

惊着我们,以致我们中止有意识的心灵。因为它的震惊作用,它在所有手法之中最有效地弱化分析的、意识的功能。因为它的相反的特质,由于同样的原因,它也最为有效地提供机会让审美功能出现。在内容和形式(怪物与真言)的清楚的区分之中,有一个最大的机会来取消分析判断,同时又让感受的、审美的功能出现。虽然有了线条最鲜明的轮廓,其成功的运作还得依赖于最大地运用哲学上的勇气。把怪物接受为兄弟,需要社会的和哲学的勇气。在哲学意义上,这样一种接受意味着人们愿意将传统的价值判断摆在一边。如果一个人能这样做,他能理解正在说的东西的真理价值的机会就会非常大。由于同样的原因,能这样做的困难程度也会非常大。正如斯宾诺莎在《伦理学》的最后所说的:"所有高尚的东西既是稀少的又是困难的。"⑤

恐怕有人会反驳说,我一直都在用的话语需要心灵的分析功能。确实,这是正确的。但是,这种正确性并没有减损我一直都在说的怪物这种比喻模式的功效的独特性。谈论这种功效牵涉到反思思维的运作,并因此牵涉到概念和抽象判断的运用。但是,我所谈论的东西牵涉到一种认知水平,在这种水平上,抽象的功能还没有发挥作用。事实上,如果怪物的比喻发挥认知作用的话,抽象的功能是不能起作用的。

怪物作为一种哲学声音,在作用上无异于取消分析功能的其他手法;唯一不同的是,它是非常生动的。在理解怪物说出的被公认的真理的一刹那,这是怪物所说的这一事实要求中止习惯的价值判断。分析能力的中止让所说的真理更直接地被直觉的和审美的心灵吸收,因为分析的功能在这同一时刻被解除了。

可以说,心灵不能同时做两件事。为了吸收(appropriate)怪物,传统的标准必须被瓦解。这反过来又有两层意思。一方面,它让信息和主题无妨碍地进入而被认识。另一方面,它带有一个隐蔽的假设:如果我们试图吸收这些被提出的观点,我们必须打破传统的评价标准。这种相消的双向过程既调定现在的步伐,也调定未来的步伐。为了在一听到这个信息时就理解它,我们必须取消或中止有意识的评价。同时,仅仅是我们这样做这一事实就带有一种意思:为了在未来理解这样有价值的信息,我们必须准备取消或中止我们的常规的或通常的评价标准。

现在,让我们讨论怪物的辩证过程,然后提供几个出自我们一直都在谈论的《庄子》文本的例子。到现在为止,我们表明的是,一个从神话中的巨大的怪物(指鲲鹏——译者)到跛子、残疾人、社会上被遗弃的人等日常生活中的怪物的运动过程。如果我们从辩证的视野来看这个过程,我们可以说,庄子从事实上是人类创造的表面的实在(神话)开始,然后转到真正的实在(精选的经验例证)。在他们被描述为历史上的实有的人物这种意义上,后者确实是真实的。在鲲鹏神话中,这两种动物不是被描述为幻想的,而是被描述为实在的。只是我们对于事实的认识妨碍我们把他们看作是实在的。但是,我们对于事实的认识不妨碍我们把跛子看作起码可能是实在的。庄子最后选择的人物——非历史地运用的历史人物*,则是前面两类的融合或综合。在这第三类人物中,我们再次看到用于表面实在情景中的真实人物。综上所述,首先,我们看到的是被作为事实的虚构(神话);其次,我们看到的是一种描绘实在理想的实在;再次,我们看到的是被非历史地用作神话的过去历史上真实存在的人物(神话的过去特质和历

---

* 例如,《庄子》中的孔子、颜回等是历史人物,但庄子又不是在历史意义上叙述这些人物的,他通过他们表达他自己的观点。——译者

史的现实特质的混合,而后一种特质借用传说,大于借用这些历史人物的生活真实)。转化的过程是从纯粹的虚构,到精选的实在,再到准虚构。这种看起来古怪的过程,或者如果你喜欢的话,角色铸造的辩证过程,将具有下面要说到的更有意义的维度。

当我们看《庄子》中怪物的运用的时候,我们也要考虑作为比喻的怪物从神话中借用的因素:不可思议的气氛。怪物带有神话动物和传说人物的富有教育意义的故事特质。正如由神秘动物体现的对标准的偏离在某种心照不宣的意义上可以理解为不可思议的(magical),由怪物体现的对标准的偏离也具有不可思议的特质。驼背对我们来说几乎好像是一个虚构的动物。偏离得越严重,这种转化(transformation)就越显得具有不可思议性。由体形外表体现的不可思议的因素加强了怪物叙述者说出的话的权威性。这又增加了某种吊诡的特性。虽然我们在前面讨论过,人们心里不愿意把一个怪物可能会说的看作是严肃的,但是在这里,我们又认为,怪物从神话那里借用了某种权威性。

两者都是真的。分析心灵不愿意严肃地考虑一个不理想者(指怪物——译者)可能会说出的任何东西。但是,直觉心灵又会被怪物的不可思议的功能迷住。可以这么说,直觉心灵因期望遇见现实生活中的怪物而兴奋,并准备赋予怪物说的话以不可思议的特性。可以心照不宣地理解:正如怪物的体形特性显示怪物是对常态的变态,怪物要说的也带有变态的或不可思议的特性。

怪物确实是复杂的。冒着解决这种复杂性的危险,我想讨论怪物借用神话的更进一步的方式。在神话中,我们被引导期盼着内容上的一些奇怪的东西,同时又认知到,在神话的方式之中接受这种内容是不错的。怪物的教育手段在更加通常的神话的教育手段那里借用了这一点。从跛子的口中,我们期望听到一些奇怪的信息;经过首先在认知吸收的命令中接触神话以后,我们已经习惯于期待:无论这种信息显得多么奇怪,它在其上下文中是没有问题的。非常自然,所有这些学到的认知的东西都是在前意识的水平上发生的,因为关于教育技巧的东西,不是公开地表达出来的,而是只包含在这些陈述方式的辩证过程之中。

我们从我们接受为人性教育故事的神话,转到在我们周围的身体上和社会上的奇形怪状的人,他们扮演社会教育代理人的角色。虽然这一点有点难以相信,但是,这反过来只是一个对最终用圣人这个最高的神话人物作为信息的最后持有者的准备。我们后面将要讨论的圣人,是最高地混合神话、传说、实在这三者的人物。但是,在一种意义上,哪有圣人那么好的人? 并且,虽然圣人是最高的教育本原,但并不一定是最好的教育本原。有理由这样说,我们更可能从怪物这种更加未必可能的信息持有者身上学到东西。

没有必要将《庄子》中的所有怪物列成一个完整的目录,因为选择几个例子就可以作为识别读者在全书中发现的其他怪物的一个手段。我们可以根据其显示的畸形将这些怪物分为四类:

1. 跛子。他们又可以分为多种多样的跛,例如单腿或没有脚趾。

2. 各种各样的变形,如驼背、无唇、形体上的扭曲等。

3. 纯粹的丑陋,包括那些其怪异的唯一特质是在不美方面偏离了正常标准的人。

4. 心理上变形的疯子、强盗(他们也是疯子的一种)、社会越轨者。

我把传说上的古圣、圣人排除在怪物之列。我认为传说上的古圣更适合归于神话,而圣人则是神话、传说和实在的混合。

所有以上这些种类都体现了对正常发展过程的偏离,不管是在生物意义上的,还是在社会意义上的。以怪物作为教育者,不是一种偶然的文学手法。这是很显然的。这种显然性不仅可以从我前面指出的几类形象的辩证过程看出来,也可以从怪物运用的次数和各种各样怪物所扮演的角色看出来。不用说,在以上四种怪物中会有重叠,因为有很多把不同种类怪物混合起来的例子。

在《庄子》中最早出现的怪物是跛子。它之所以最早用跛子,可能是因为在所有怪物中,跛子最容易接近。该书最早的一个跛子的例子是一个只有一条腿的单纯跛子。庄子在介绍他的时候非常好心,因为他将我们对这个跛子的自然同情心加在这样一个事实——他是一位前军事指挥员之上。我们因而相信,他的独腿可能是在战争中受伤的结果。另外,他在军中的高位也给他说的话以更高的权威。

> 公文轩见右师而惊曰:"是何人也? 恶乎介也? 天舆,其人舆?"曰:"天也,非人也。"天之生是使独也,人之貌有舆也。以是知其天也,非人也。泽雉十步一啄,百步一饮,不蕲畜乎藩中。神虽王,不善也。(《养生主》)

虽然上文好像显示,这个人的独腿是先天的("天之生是使独也"),但这是不太可能的,因为如果他生来就缺少一条腿的话,就不可能参军,并且提升为指挥官。"天之生是使独也"可能是指对他来说必将发生的天命。⑥

我们特别有兴趣指出的是,庄子对其众多怪物的第一个的关心。首先,这位跛子是前军事指挥官,这使其畸形产生一种尊严感。其次，他的畸形被追溯到天命，这就抬高了其畸形的档次，并促使我们以一种尊敬的眼光来看他。好像庄子已意识到，人们天然地不愿意面对一个残疾人，所以他用军位和天命来缓和他的第一个跛子的畸形*。必须注意到，首先介绍给我们的怪物是跛子，而不是驼背。我们对跛子的天然同情不同于由驼背引起的直接的厌恶、恐惧和由疯子引起的极大的害怕。驼背是在跛子之后介绍的，而疯子是在非常后的地方介绍的。

在庄子对残疾人世界的温和和缓和的介绍之中，他就像一个使人不疼痛的牙医，首先给我们注入止痛剂——一个值得尊敬的残疾人，以致当他用疯子给我们钻牙的时候，我们完全愿意将出自疯子之口的话接受为在哲学上是有效的。⑦并且，请注意，前面说到的那位跛子，其思想与其外表非常精妙地结合起来。好像他的自我描述和他要表达的哲学观点结合得天衣无缝。泽雉之乐的故事，不是根据以独腿为天命的描述的前提而推出的结论。当然，我们可以把它们联结起来，因为对在泽雉之乐中的自由的需求也是我们所固有的。在他的自我描述和随后的观点之间没有明显的分裂。这是一个无缺点的怪物比喻起作用的例子。几乎与这一信息进入直觉心灵的同时，概念心灵就寂静下来了。而直觉心灵的兴趣是由对那跛子的审美意象的吸引而引起的。

《庄子》中的第二类怪物可以支离疏为代表。我们在前面曾把他描述为完全像一个善作柔体表演的瑜伽杂技演员。在这里，庄子肯定是将怪物的畸形度提高了，因为他把支离疏描述为无法挽救的残疾人。他的残疾既非天命，他也不像前面的跛子那样有

---

* 人们见到残疾人时，心里害怕。庄子以这位跛子为前军事指挥官，并认为他的残疾是天命所致，这便减缓了我们的恐惧。——译者

身份。他看起来像村中的傻子,一个因其残疾而不被理会,甚至因其残疾而得益的人:

> 上征武士,则支离攘臂而游于其间;上有大役,则支离以有常疾不受功;上与病者粟,则受三钟与十束薪。夫支离其形者,犹足以养其身,终其天年,又况支离其德者乎?(《人间世》)

注意在《庄子》中出现的上下文是有几分重要的。支离疏的故事紧接于该书第四次讲关于树的著名的故事之后。[8] 树的故事已在文学上讨论得很多,虽然这只是作为一个故事,而不是作为一个原型本身来讨论的。[9] 因此,在这里,没有必要对《庄子》中的这个著名故事再作延长的讨论。但是,把这个故事跟作为比喻的怪物联系起来是很重要的,因为,树之所以没有被砍是因为它无价值和无用,而树之所以无价值和无用,恰恰正是因为它的怪。请考虑最早出现的无用的怪树:

> 惠子谓庄子曰:"吾有大树,人谓之樗。其大本臃肿而不中绳墨,其小枝卷曲而不中规矩。立之途,匠者不顾。"(《逍遥游》)

在分类整理怪物角色的时候,我们把树和人都包括进去。但是,树没有信息要读。在支离疏的故事中,他很像树,因为,他也没有信息要说。支离疏好的地方在关于他所说的,而不是他自己说的。支离疏的德性通过他的行动,或准确地说,通过他的缺少的行动,但不是通过他的话而闪耀着光芒。

在第四次出现的关于树的故事中,正常的树在全盛期被砍下来作棺木。[10] 在此之后而又在引入支离疏之前,有一个对怪异的一般性评论,它跟我们对怪物的一般之用的讨论密切相关。这是

对几种对祭祀无用的动物的总结性的评论。让我们看一下其全部论述:

> 故解之以牛之白颡者与豚之亢鼻者,与人有痔病者不可以适河。此皆巫祝以知之矣,所以为不祥也。此乃神人之所以为大祥也。(《人间世》)

顺便指出,我们在这里要注意,动物中的怪物也因为这个理由而理解为,或者是无价值的,或者是有价值的。我们感到有兴趣的是,根据价值的来源,相反的解释都可以用在同样的怪物身上(无价值或有价值)。从有兴趣于以动物(显然,有痔病的人是被看作与怪异的动物处于同样的水平的)为祭品的巫祝的观点来看,这些畸形的动物是没有价值的,因为它们(或他们)不能作为祭品。从神人的观点(由此称呼,我们把它看作尊敬的观点)来看,同样的畸形却使这些动物(包括那个不幸的有痔病的人)有价值。根据神人的看法,这些动物的价值恰恰正在于它们(或他们)拥有保全生命的特质。其怪异是值得珍视的,因为怪异使它们(或他们)保全了生命。从上引这一段可明显看出,庄子重视怪物到了这么一个地步,以至于他让一个权威的和尊敬的人物来给它们(或他们)以一个确定无疑的称许。相反,那些心灵狭窄的人,只看到眼前利益,因其无用而以之为无价值。巫祝是跟我们前面遇见过的蜩与学鸠同样的东西。虽然普通人看不起怪物,但是那些有眼光的人却知道怪物拥有特殊的价值。

支离疏的故事是一个很好地起着分离和联合作用的故事。庄子不费力地以一种文雅的和尊敬的方式引我们接近支离疏,这正如他以同样的方式引我们接近跂子右师一样。他是在紧靠着"豚之亢鼻者,与人有痔病者"之后将我们引到支离疏。对支离疏的描述,足以让我们知道这不是具有次要身份(minor status)的怪物。显然,到了文本的这一阶段,庄子已对不再弱化怪物的震惊力也感到有信心了。支离疏外表的震惊特质旨在给我们的概念系统以一种强大的冲击,当我们考虑到其上下文时,尤其如此。这样,从一种认知的观点看,所有概念上的障碍都被有点令人震惊的支离疏的外表、畸形的猪和其他动物甚至人,轻快地扫掉了。在这种意识麻木的状态中,我们没有听到指令性的说法,而是看到了支离疏由于其久病(invalidism)而得到的好处(在这里,英语为"久病"和"不合逻辑的论辩"[illogical argument]提供了绝妙的双关诙谐语*)。对好处的这种描述能被理解的直觉模式吸收,以至于在阈下水平我们被留下一个明确的印象:怪异有点好处。正是在这种印象的基础之上,一个并且是唯一的指令出现了:

> 夫支离其形者,犹足以养其身,终其天年,又况支离其德者乎?(《人间世》)

在我们准备彻底地接受形体的畸形以后,以下这种意见向我们灌输进来:如果支离疏支离其思想,那会更好。作为这个故事的要点,这个结论是在我们最不期望它的时候,以一种几乎是随便的方式作出的。这恰好是在防卫被磨薄和最不期望面对一个新的、正面的支离疏的面貌时作出的。正是因为这个理由,如果支离疏换一种不同的思想方式会更好的观点便有了它最大的效果。

支离疏是一个杰出的怪物的例子。因为它是一个驼背者,他可以作为人类怪物的原型形式(与传统的模型相一致)。我们在

---

* 英文"invalidism"指"久病"或"伤残",同时又可以谐指"无效主义,不合逻辑主义"。——译者

这里可以想一下西方的经典例子:巴黎圣母院的驼背者。他无须说什么(在加西莫多*的例子中,他是一个聋哑人),并且事实上他也没有说话。他的外表为他说了,而且由于同样的原因,生活带给他的报偿也为他说了。虽然读者可能会被留下一种印象:这些报偿仍然未使一个驼背者的生活成为值得想望的,但是,在另一个方面,读者知道,这并不是这个故事的关键。这个故事的最后观点是:我们应该考虑能够在一个不同的方向上思考。这种思考一开始就和扭转传统的价值判断有关。

我再讲另外两个例子。有一个特别有趣的例子是混合型的怪物,他有三方面的畸形。他就是我们在本章开头说过的那个无唇的人(指《德充符》中那个"说卫灵公"的"闉跂支离无唇"——译者)。他是一个跛子,又是一个驼背者,并且,最有趣的是,他没有嘴唇。由其无唇,我们似乎可以推断:这个怪物在通常的意义上是不能说话的,并且事实上他也没有说话。** 在我看来,我们当然可以认为,这个怪物——毫无疑问,这确实是一个怪物——在通常的意义上是不能说话的。否则,我就无法肯定,无唇意味着什么。完全没有说话能力,假如由一个无舌的人,而不是无唇的人来象征,那会更好。事实上,《庄子》文本确实说到,他跟卫灵公说话。但是,《庄子》没有记录任何他的说话。这就加强了一个印象:无唇的话是在通常的意义之外的。当然,由其产生的潜意识印象是:《庄子》的思想是如此的超常,以至于它只能通过特殊的语言来理解。在现在的例子中,这种语言是听不到的。这种语言

---

* 电影《巴黎圣母院》中外表丑陋的男主角。——译者

** 根据《德充符》中的原文:"闉跂支离无唇说卫灵公,灵公说之。"他似乎是能说话的。当然,他也可以只用行为,而不用语言"说"卫灵公。究竟他如何"说",这是一个谜。——译者

确实出现了（与无舌的人的无言不同），因为他跟卫灵公说了，但是，非常神秘的是，我们没有被告知他说了什么。这增加了他无唇的效果：他所说的拥有一些神秘的气氛，以至于它在一般的话之上。这并不是说，那些要知道的东西根本不能在语言中发现。假如是那样的话，他就应该是一个哑巴，而不是一个没有通常的形成语言机制的人。事实上，我们所要看待的人是一个这样的人，他为了沟通必须用一种非常特殊的方式构造语言。在《庄子》中，我们还能找到比这更好的形象吗？如果我们要理解该书的信息，我们就必须认识到，语言及其形式不是以一种通常的方式被运用的，而是以一种非常特殊的方式被运用的，这种方式事实上组成了本身非常特殊的语言。这个无唇的人给了我们多少信息！

那个无唇之人的听不到的话的神秘性，被其离奇的无唇而加强，而无唇是这个不持有信息的人所拥有的三种畸形之一。其他的畸形，比如说驼背、足畸形，是相对地标准的畸形，但是，无唇却具有一种高度的离奇，它对我们感觉的震惊比其他任何畸形都要大。这种大的震惊和高度的离奇适应于为了领悟不是由无唇先生表达的高级的、无声的信息而要达到的高度的理解。以其畸形的具体表现来命名一个残疾人，这种无情的做法似乎是残酷的和粗野的，但是，这却与《庄子》的文风一致。在这里，没有任何装腔作势。畸形脚就是畸形脚。这种命名方式震惊和有意冒犯我们的感觉，而这正是庄子的本意。这样的命名在很大程度上是带有最大的震惊价值的策略，因为简单地提到这些畸形（并且用常规的方式命名有这些畸形的人）会掩盖和掩饰这些冒犯和震惊。为了关上我们的分析心灵和瓦解我们先设的价值方案以便让《庄子》传递的信息真正地被吸收，我们一定会感觉到这些冒犯和震惊。

这个无唇之怪物应该不能说话，这是合适的。如果有什么话被转述了，这将会减损以下说法的已经形成的含义：为了传递《庄子》的信息，需要一种特殊的语言。但是，在说到"闉跂支离无唇"先生时，庄子确实设法想说一些关于"诚忘"的本性的东西。虽然这不是由无唇说出的信息，但是，它是如此地靠近无唇，以至于它肯定与他有关。庄子关于"诚忘"的话是以一种非常吊诡的方式说出的：

> 人不忘其所忘而忘其所不忘，此谓诚忘。（《德充符》）

虽然深入地解释这话为时尚早，但是，我们肯定可以作出结论：某些形式的忘被认为是有价值的。如果我们把这个命题与无唇先生联系起来，我们可以用这种方式来理解它。我们肯定不能忘记这样一个事实：那个怪物是无唇的。但是，如果在某种意义上我们忘记了这个事实，我们也就忘记了不能被忘记的东西。只能通过完全地中止心灵的遵守规则的那个方面，我们才能忘记这一点。当心灵的这一面不起作用的时候，我们就不会看见一个无唇的人；正好在这个时刻，我们就会被告知有一种被称之为"诚忘"的东西，并且，这种诚忘是跟无唇先生有关的。如果我们期待《庄子》文本稍后所能解释的，我们就只能说，只有我们原来的本性是不能被忘记的。它是不能被忘记的，因为，它不是我们原先学到的东西。但是，当我们自然地行动而又没有意识到这一点的时候，我们就可以说是真正地忘了。被假定为对自己的三方面畸形没有自我意识的无唇先生，为我们树立了一个实在的榜样。我们可以说，他对自己的畸形没有自我意识（能够忘了），因为他可以自由地跟卫灵公说话。如果他能够忘记自己的畸形（这确实是不能被忘的），那么，对我们来说，能忘记我们自己的真正的本性是多么的容易。但是,诚忘意味着能够忘记本性而行动,正如无唇先生忘记自己的畸形一样。简单的东西可以被忘记,但这不是庄子正在谈的忘记。他正在谈的忘记确实是不会被忘记的,因为它是我们行动的主要动力。

纯粹的丑陋的典型例子在《庄子》第五篇中被引入。虽然他丑,或者因为他丑,哀骀它既吸引了男人,又吸引了女人。特别是很多位女人被他吸引:

> 妇人见之,请于父母曰"与为人妻,宁为夫子妾"者,十数而未止也……又以恶骇天下。(《德充符》)

很容易解释这个例子:这是因为他的内在品质就有吸引力(这正如苏格拉底的出名的体形丑陋一样)。但是,对于庄子来说(正如对利用苏格拉底的丑陋的柏拉图来说一样),这并不是事情的全部。其部分的吸引魅力,是其体形丑陋作为排斥性吸引力的直接结果。不规则的特性在使我们反感的同时又吸引着我们。当然,内在的魅力的特质必须存在。但是,内在的魅力可以和外表的吸引力共存。在这里,两者的结合有着特别的重要性。体形的排斥性特征起着吸引观众的作用。他们惊人地与标准不一致这一事实,恰恰正是其吸引力的重要部分。虽然我们对这样丑的人被认为对异性有吸引力感到惊讶和表示怀疑,但是,这个故事的全部要害是震惊我们,打翻我们标准的价值尺度,允许童真心灵吸收信息的内在意义。

可以争辩说,纯粹的丑作为一种最温和的怪物应该放在驼背之前。这需要在《庄子》文本中重新安排这一小段。事实上,这一小段在文本的辩证次序中是很后才出现的,它在关于疯子那一段之后。在我看来,虽然这一段肯定应该放在关于疯子的故事之前，但是，并不是很清楚它是否应该放在关于驼背的故事之前。一方面，作为那些怪物中最简单的一种和偏离标准最弱的一种，他应该最早出现。正因为他非常简单，他作为比喻才会起着如此强有力的作用。但是，其简单是容易使人误解的。事实上，这是一种比较高级的形式，尽管没有疯子那么高级。这很可能应该处于最简单的畸形和多重畸形之间。但是，对我们的目的来说，如把他放在多重畸形的怪物之后和疯子之前，那会对我们论辩的主线更少分散注意力。他不应该放在开头，因为他重要。正如我在前面说过的，庄子以一个可尊敬的怪物（指那个只有一条腿的跛子——译者）开头，其目的在于让怪物成为理想的类型。一个丑陋而吸引女人的男人，不如那个跛子那样值得同情和可信赖。

作为一种类型的纯粹的丑，其简单是容易使人误解的，因为这一类型由于以下三个理由所起的作用非常的大。首先，其简单是令人惊讶的，因为我们没有预料到丑是一种怪异，依靠这种惊讶的因素便能打破我们的概念防卫。其次，在上述四类怪物中，丑这一类恐怕是仅次于疯子这一类的单纯极性相反（simple polar opposition）的最好例子。丑和美，正如黑和白一样，对于我们看起来是两个相反的极端。但是，在这里，与美极端相反的丑有一种吸引力。这种与期待相反的强有力的一面对我们概念的分界线是一种强大的冲击，并且搞混了概念的价值模式。再次，当它跟这个例子的内容是一个审美的内容（美和丑）这个事实结合起来的时候，评价之概念的和审美的这两方面的标准就混在一块了。这就是丑的例子的意义所在和力量所在。选择这个例子暗示着以审美的框架来代替概念的框架，并且，传统的审美价值又翻转了过来。一个常规的价值尺度的简单倒转：丑，因为其自身——再加上恰当的内在价值——而比美更有吸引力（对异性的更有吸引力），创造了一种强有力的对我们概念的和审美的价值的推拉，并同时通过扰乱心灵的这两者的范围而创造了最大可能的混乱。这就是为什么这个例子的简单性是容易使人误解的。用审美的理解模式来代替我们的概念化是不够的。我们的美学本身必须寻找一种理论来重新定位。美学必须同时在两条战线上进行斗争，即既要对概念体系进行斗争，又要对其自身进行内战。这就是简单的丑的容易使人误解性，它将自身展现为在所有类型的怪物之中最复杂的一个。

《庄子》内篇中一个很后的故事，把残疾、老（可以说到了丑的程度）和外表上的美结合起来。一个没有名字的女驼背者有孩子般的神色。* 这种结合，不太有效。但是，这显示了庄子的多面性，因为他把丑和美结合在一个人身上。不过，这种结合尽管不太怪，却是不成功的，故在此只一笔带过。

我们要讨论的最后一个例子是疯子。从哲学分类的立场而不是从传统的、可见的分类立场来看，疯子是最后的原型怪物，因为这种畸变是内在的心理畸变。显然，所有疯子所说的或被认为是他所说的，都是内在地自相矛盾的。一个被界定为疯的人，是不能说一些神志正常的东西的。这是冲击我们智性的最怪异的东西。我们被告知要评价一些本质上完全是在评价范围之外的东西。

作为心理怪物的疯子，其起作用的方式是完全跟生理怪物一样的，只是以下这点除外：前者所呈现的矛盾更容易接近知识分子读者。所需要的心灵技巧是更明显地需要的心灵技巧。因此，

---

* 《庄子》原文是："南伯子葵问乎女偊：'子之年长矣，而色若孺子，何也？'"（《大宗师》)事实上，她的名字就是女偊。《庄子》的命名方式都是很独特、很怪的。注意到庄子之怪的爱莲心，未能看到女偊即其名，真有点小小的遗憾。——译者

虽然疯子体现了怪物的最高形式——心理怪物,但是,它在《庄子》中被运用的频率低于生理怪物。我们好像几乎不敢相信这里会有一个这样的例子。在疯子的案例中,对概念心灵的冲击是如此的严重,以至于这是一个过分的案例。可能正是对这一点的认识,使庄子没有在很显要的程度上运用它。

疯子是对我们最具有威胁性的形象。因为这个原因,我们也许倾向于通过将这样的人物关在秘密的和远离我们的机构(指疯人院——译者)中而将他们瞒着社会的其余部分。这样的机构实际上是公众无法接近的。这些机构要远离我们,不是其中的居民(指疯子——译者)的缘故,也不是正常人口的安全的缘故,而更多的是出于这样的愿望:让这些机构和其中的居民在我们的意识之外。

疯子使人害怕的理由是和所有怪物使人害怕的理由一样的,只是使人害怕这一特质在疯子身上比在其他怪物身上更明显地内在固有。这一特质是天然的。疯子之所以使人害怕是因为他有特许说他想要说的任何东西。疯子所具有的思想自由是我们所发现的最可怕的东西。如果不是这样的话,为什么我们不对这些所谓危险的疯子用纯粹有形的管束,而不是实际上割断这个世界和他们的交往以及他们和这个世界的交往?

在哲学的语境中,疯子之所以可怕,是因为他不受逻辑规则的约束。在疯子身上覆盖着这么一种东西:在考虑他的信息的假定的真理的时候,普通的逻辑规则不能适用。从《庄子》的立场看,这无疑是真的,也是有点显而易见的。运用疯子的一个明显的特性是:不要让他太有效。另一方面,当庄子确实用疯子作比喻的时候,他给予疯子的信息又确实是有很强效果的。请看《庄子》中最早出现的疯子的原型,他紧靠在支离疏的故事之后。

　　我们在前面关于支离疏的故事中已对疯子的故事有很好的准备。事实上,关于支离疏最后一句话是:"夫支离其形者,犹足以养其身,终其天年,又况支离其德者乎?"(《人间世》)然后,我们就看到一个就定义上说有一个反常的参照系的人。疯子在其心的控制之外,故他所说的一切都不能用正常的标准去衡量。另一方面,我们已对此作了很好的准备。正常的标准已多次被发现缺失。我们已有准备去接受一个疯子的信息。并且,这个疯子所说的惊人地清醒。

　　这个疯子是以孔子的批评者的角色进入《庄子》文本的。由于孔子在那时所受到的尊敬和所具有的权威性,批评孔子这种行为本身,就被看成是疯的。人们不得不认为,庄子是以玩笑的方式说的;他将自己的立场以疯子之口说出。⑪这位疯子大声说出了对孔子的批评(整个情节强有力地使人想起尼采于《查拉图斯特拉如是说》中的疯子在市场大声说话)。我只引其中的一部分:

　　　　孔子适楚,楚狂接舆游其门曰:"凤兮,凤兮,何如德之衰也? 来世不可待,往世不可追也……福轻乎羽,莫知之载;祸重乎地,莫知之避。已乎,已乎,临人以德!"(《人间世》)

　　这个疯子既然批评孔子之德,也批评他企图教人以德。在其批评中,内含着他自己的正面观点。显然,当他责备孔子待来世,追往世时,剩下的选择是:体今世,就是正确而可取的。"福轻乎羽,莫知之载",这是《庄子》最难忘的话。楚狂说出这样的话,表明他是富于哲学智慧的。没有人想过福之难载。但是,这个疯子哲学家指出,没有人能长期守福。他的锋利的评论是如此的令人震惊,以至于它完全公平地表明了他的心态。这让我们联想起德赖顿(Dryden*)的诗:"大知确疯而近合,小分割界又再分。"

这个疯子是自然的化身。跟驼背相比,他能随意说他想说的话而不被责备,因为他在心智上是不用负责任的。因此,他可以说最大胆的话,并且,他确实说了。在批评孔子中,它是大胆的。只有疯子才敢劝告孔子停止教人以德。只有疯子才敢告诉我们,没有人真正知道载福。

疯子是《庄子》的最后一类怪物。通过怪物和后来的强盗,庄子的话猛烈而毫不留情。⑫对疯子之怪言,我们已有了充分的准备,因为,如果其言不怪,他就不会是疯子了。由于疯子是孔子的批评者,我们在哲学上已为孔子挨批作了准备,并且,为了成功地批评他,我们必须接受一种与疯子相近似的看法。

既然疯子被给予了一些强烈的持有真理的信息,我们就知道在发疯和能够看到、说出真理之间有一些联系。我们在前面已说了这种联系。这种联系跟不受判断的传统标准的影响的能力有关。发疯和智慧还有关联。不受传统标准的限制的行为授予疯子以一些智慧的品质。也许,智慧来自这样的事实:不受传统影响使疯子的真正本性显露出来。并且,我们中所有的人的内在本性都充满了智慧和善良。但是,有一些东西我们必须以后再说。

注 释:

① 庖丁的故事是一个关于厨师的而不是屠夫的故事。但是,这个厨师所做的事,我们可以理解为是屠夫所做的。例如,他切整个牛。无论如何,庖丁的故事完全是关于屠宰和切肉的,它像柏拉图的一个著名的故事。他是一个厨师这个事实对于这个故事来说是次要的,因为在整个故事中,没有一个字是关于烹调的。由于已经有了非常多的关于它的极好的讨论,我不再讨论它。我想让读者参考其中一个极好

---

* 英国 18 世纪诗人。——译者

的讨论,那是在吴光明的《庄子:逍遥的世界哲学家》(*Chuang Tzu*:*World Philosopher at Play*)第 73 页。(我非常高兴地发现,吴光明跟我对这个故事的分析一致,例如,他把庖丁翻译为 Butcher Ting[屠夫丁]。)葛瑞汉跟通常的学者一样,把庖丁翻译为 Cook Ting(厨师丁)。他对这个故事的要点的讨论,见他的论文《道家的本能和"是"与"应该"的二分》("Daoist Spontaneity and the Dichotomy of 'Is' and 'Ought'"),载梅维恒编:《关于庄子的试验论文》(*Experimental Essays on Chuang-Tzu*,火奴鲁鲁,1983 年),第 8 页。我不完全同意葛瑞汉的分析,但我会在下一章再讨论它。关于庖丁的故事,吴光明说得最中肯。

② 在柏拉图那里,他更可能提到鞋匠和固执的人,而不是让他们成为他的对话中的说话的角色。但是,这仅仅是文学手法上的不同,其认知功能是非常一致的。

③ 吴光明提到,庄子用历史人物作为跟他们自己的立场不同甚至相反的哲学的代言人(见其著第 19 页)。

④ 吊诡将会在后面一章分开讨论。吊诡的观点,当它们由一个怪异的人物表达出来的时候,会增加其吊诡的份额。我在后面将会讨论这一点。

⑤ 斯宾诺莎:《伦理学》第五部分,命题四十二注。

⑥ 华滋生猜测,这个前指挥官可能是因为受刑罚而被砍去一腿。这种说法与天命之受刑一致。参看华译本第 52 页,注⑤。译者按:华滋生这一说法符合中国注本通常的解释。

⑦ 逐渐地软化(progressive softening)是《庄子》哲学方法的特征。如果《庄子》一开始就让一个疯子大喊大叫,那就不会有高的可信度。像这样的简单的留意即有助于理解内容和形式的一体化是该书的鲜明特征。

⑧ 对在《庄子》中从头到尾重复出现的关于树的故事,以前的论者已有了详细的讨论。树的故事的著名性与庖丁故事的差不多。事实上,树的故事几乎不需要更多的解释,因为它本身已讲得很清楚。也许以前还没有讨论的是它重复的次数。树的故事最早出现于《庄子》第一篇《逍遥游》。其第二次出现是在第四篇《人间世》,它最为吸引论者注意,但事实上这只是多次中的普通一次。第三次事实上是第二次的木匠之梦。第四次紧接着这个梦,与第一次非常相似。第五次就正好在支离疏故事的前面,这是关于多棵树的。因为这些树是有用的,它们在严格的意义上不该算作前几次说到的树;除非是在负面的意义上讲。(译者按:确实,在前四次中,树都是只有一

棵,并且都是说无用的树的用处。但第五次的树有多棵,而说的是有用的树的无用处。所以,这一次不算是说得过去的。)因此,我们可以说,在支离疏的故事的前面,关于树的著名的故事出现了四次。

⑨ 树的故事的基本要点是无用之大用。但是,还没有足够地注意到的是,树的怪异,或者说明显地偏离标准是其无用的原因。另外,作为原型的树的概念还没有提出来。作为基本原型的例证的故事的反复表达,其重要性在于,它强化了以文学手法服务于渐进的认知功能的观念。

⑩ 这个关于树的用处的特别悲伤的说法是对以下事实的一个很好的说法:我们中最有用的人无疑会早牺牲自己的生命。我们可以把这个作为 A 型人格(译者按:指侵略型或进攻型的人格)的人因其充满紧张的生活方式而死的一个较早的说法。

⑪ 这是一种非常有效的间接方法。如果庄子以他自己之口说出他提倡的观点,人们自然的反应就是想到反对它。因为,如果一种主张作为他自己的一套价值而提出来,这总是存在着一种可能性:读者的意志和作者的意志的竞争。面对一套指令,分析的、批评的心灵自然会设想替换它们的东西。以疯子之口来断定一套宝贵的价值,马上就让分析心灵闲了下来。显然,没有人必须听一个疯子的话。因此,疯子的话就被直觉的、整体的、前意识的心灵没有妨碍地吸收了。找不到比这更好的文学手法来发挥认知的功能了。

人们马上就会想到在西方与此相似的东西,例如,莎士比亚作品中的愚人和尼采的疯子之大言。比如说,谁读过尼采不会记得大声说"上帝死了"的疯子的话呢? 也许,不是《查拉图斯特拉如是说》中的很多话都能记得住,但是,这一句话是不会记不得的(它在《快乐的智慧》中的"格言"部分重复出现)。如果是一个无神论哲学家在论辩过程中的一句平凡的话,例如说,"上帝不存在",你会特别记住它吗? 多少哲学家说过这样的话,但谁记住了它们? 但是,谁会忘记尼采说的"上帝死了"?

事实上,为了将这一点弄得更清楚,我们要指出,虽然尼采因说这句话而出名,但是,他不是第一个这样说的人。荣誉属于黑格尔,他更早说过这样的话(参看黑格尔《精神现象学》,J. B. Baillie 译,伦敦,1964 年,第 753 页)。具有讽刺意味的是,他自己是从路德的一个颂歌中得到这句话的(参看同上书,第 753 页,黑格尔自己的注释)。但是,问题在于,黑格尔是在哲学意义上用这句话的。因此,没有多少人记得他说过这样的话。这便进一步证明了我的看法:不是仅仅靠话的古怪内容使之引人注目,而是话出现的形式能解释其力量。

　　⑫ 我省去讨论盗跖,部分因为他出现在后面的可能是伪篇(译者按:《盗跖》属于杂篇)之中,部分因为强盗作为社会的越轨者在我的分类系统中属于疯子这一大类。他违反社会法律。当然,跟疯子不同,强盗故意这样做。就此而言,强盗的话没有像疯子的话那样可取消心灵的分析维度。但是,必须记住,疯子在他说的话中有一定的逻辑。疯子和强盗在以下这一点上都是共同的:对遵照和接受对社会耻辱的同等的衡量标准采取不妥协的态度。

第五章 作为隐喻之美：变形的象征

倘若我们留给读者这么一种观点——庄子偏爱用丑陋的事物作为表达的手段，那么，这就会给出一个关于《庄子》的不真实的印象。尽管丑陋而奇形怪状的东西在大量的比喻中非常之多，但在《庄子》中却存在着这么一个核心的比喻：蝴蝶，它是美丽的同时又象征着转化。事实上，蝴蝶可被视为异常卓越的转化形象。关于蝴蝶的故事大概是《庄子》全书中最为有名的一个故事，同时它也可能是迄今为止在解读《庄子》方面最有影响的。因此，认真研究这个故事本身以及它的上下文就显得十分重要了，因为，正确理解蝴蝶的故事，对于从总体上理解《庄子》将会带来深远的后果。

在本章中，我只想集中探讨蝴蝶形象作为变形之象征的用法。在我看来，选择蝴蝶作为转化的比喻并非偶然。因此，研究那些属于蝴蝶的特性就显得大有用途了。倘若我在前面几章中所阐述的是正确的，并且隐喻方式的运用有认知的内涵，那么，对隐喻形象的选择就会带来某些后果。倘若蝴蝶这个形象在整部《庄子》中是最受人赞美的形象，那么，把大量的思考花在对这一特殊形象的选择上就可能是好的。

对于蝴蝶这一形象，我想至少有四个突出的特点是值得注意的。《庄子》的作者是否考虑过其中之一个或所有这些特点是一个无法证实的假设。但从一般意义上说,我强烈地主张,选择蝴蝶作为一个中心比喻并不是简单地随意的。而这种选择的非随意性已由充满于《庄子》中的其他隐喻的特质的重要性所表明。倘若对其他隐喻的选择(例如,怪物的运用)都并非是随意的,那么,对蝴蝶比喻的运用为什么就是随意的呢? 此外,既然这个隐喻的功能代表了原文的一个如此基本的观点,那么,我们对它的选择的重要性就要仔细考虑。《庄子》的作者也大概不会随便选择一个在他的文本中扮演如此重要的角色的比喻。最后,即使我们假定这个选择是无心的,我们还是有根据主张:这个选择在文本中毕竟扮演了认知的角色。从这一点上看,我们可以说庄子除此以外已别无更好的选择了。而这种选择的恰当性则又有力地证明,它是有意的。

蝴蝶的第一个突出的特点是,它毫无疑问是美的象征。要把蝴蝶想象成是丑陋的,就算并非是不可能的,也是挺困难的。比如说,我们可以想象出丑陋的马,却很难想象出丑陋的蝴蝶。美是蝴蝶这一形象与生俱来的特质。事实上,我想不出还有什么别的生物仅仅因为美而被捕捉和保留下来。

作为隐喻的美的观念具有跟作为怪物的隐喻的观念一样的引人注目的特质。人们会被美的观念所迷住。从这个角度说,蝴蝶作为一个比喻的运用,与其说像怪物的运用,倒不如说更像是神话的运用。使用怪物,最显著的特质在于拒斥人心。而在这里(指蝴蝶——译者),最显著特质却是要吸引人。作为隐喻之美的运用,利用了所有以美作为理想所拥有的历史联想。美有着一种系于其身上的非常高的价值。它象征着我们认为既好又重要的事物。在柏拉图那里,美被看作为最高的价值(如果我们读过《会饮》)。我们所有人都珍视这种品质,无论是在我们选择自己配偶时,还是在对艺术品进行评判时,甚至是在对诸如房子、小车和轮船等功利性东西进行评判时,都是如此。无论如何,这种对美的隐喻的选择,对于阅读高度正面的东西的人而言,还是有着强烈的具有历史意义的内涵的。无论蝴蝶这一形象有什么样的功能,它最终都会归结到那种具有高度正面的、内在的评价的功能上来。

蝴蝶的第二个突出的特点是,它是一种变形的形象化比喻。事实上,它不仅是变形的形象化比喻,也是变形的原型。它作为一种形象化的比喻而具有威力的一个原因就在于,它本身就是变形的原型,并且,从这个方面说,在《庄子》一书的所有形象化比喻中,它是独一无二的。无论何时,当一种原型被用作其自身的形象化比喻时,其效果都会独一无二地强烈,因为其对我们心灵中的审美纬度的含义是更为强有力的东西。正像使用神话那样,使用原型总在它身上带有一个形象化比喻在一种文明中的各种形式的使用的历史,因为一个原型总是在它身上带有它的以第二联想(secondary associations)来表达的所有例证(exemplars)。因此,蝴蝶这一形象化比喻之所以能运用得如此成功,主要应归功于这么一个事实:蝴蝶本身既是原型同时又是例证。

严格地说,把蝴蝶称作变形的形象化比喻,并不如把它称作变形的一种表现恰当。在那一方面,蝴蝶是变形的象征。但既然它也是一种形象化比喻,我们不妨这样来称它。不管怎样,它意味着变形同时它本身又是变形的一个例子。与变形的这一双重关系,是这一形象化比喻所具的有威力的另一理由。

没人会否定这么一种观点:变形是蝴蝶的一种特质。蝴蝶是一种变形的结果,这一事实是它的一个主要的定义性的特征。没人可以在想起蝴蝶的同时,又忘却它是由起初的毛毛虫经过转化而来的。蝴蝶之美的奇妙，部分在于这一事实：它是从一个丑的阶段而戏剧性地转变来的。

选择蝴蝶作为形象化比喻不可能不认识到它的作为变形的原型这一功能性意义。倘若说选择蝴蝶是随意的，或者说把它作为转化的形象化比喻是纯粹的巧合，则是完全忽视了它在蝴蝶梦故事中显现的前后文和在整章《齐物论》中的前后文，以及整本因这个故事而著名的《庄子》的前后文。既然整个故事、整章甚至全书都宣传转化这么一个主题，那么，说选择转化的形象化比喻和转化的原型性比喻来在一个关于转化的故事中扮演一个重要的角色是一个文学上的偶然，那就未免太抬举了偶然性的力量了。

蝴蝶是转化的形象化化身。今天之蝴蝶曾经是毛毛虫。变形是一个经历了由丑至美的过程，这使得变形多了一种巨大的力量要素，因为这种改变并不只是一种交换，而是一种提升。这种由丑到美改变的完成是一种神话式理想的实现，这就像青蛙变成了王子，丑小鸭变成了天鹅，灰姑娘变成了皇后。

蝴蝶象征着由下级的向上级的转化，由陈旧的向新生的转化，由低级的向高级的转化，由爬行的向飞行的转化，由不甚发达的向更发达的转化。事实上，蝴蝶是生的象征，是美之生的象征。它象征着这么一种运动：通过上升，通过告别过去的存在和现在的存在而从爬行到超越，从婴孩到成年。

这一形象化比喻所具有的这种力量决定了作者对它的运用不可能是无意的。确实，作者显然已注意到这一比喻对它的目的来说是极度地恰当的。选择蝴蝶作为转化的象征实际上进一步强化了这么一个假设，那就是《庄子》一书是论述转化的，而且，尤其是论述一种非常特殊的种类的转化的。

蝴蝶的第三个突出的特点是，从蛹到蝶的转化特别有趣。为了化成蝶,蛹必须蜕去原有的皮。这表明只有当旧的东西向新的东西让道时,转化才能实现,而且,旧事物的这种让道以及新事物的取而代之,都是一种内在的转变。向蝴蝶的转化是不需要任何外在的中介的。这并不是一种外在的转化,而是一种发生自内部的而且也只能是发生自内部的转化。再深入一步说,它也不仅仅是一种交换或物理变化,而是一种由低级向高级的转化。它不是一种改变,而是一种转化,一种非常富于戏剧性的,从丑陋、低级的内部向美丽、高级的内部的转化。最后,这并不是一个无止境的或是循环的改变,而是一种一次性的改变。蝴蝶不会再重新转变为毛毛虫。这种转变是在特定的方向上的单向转变,是一种不可更改的转变。转化一旦完成,它就不会再重复自身。这种不可逆性的重要性在本书后面多章中将会变得更明显。现在,还有很重要的一点值得注意的,那就是蝴蝶所象征的转化是非对称的,在这种转化中,由价值较少的一方向价值较高的一方改变。这是一种只发生一次的转化。在这种一次性的转化中,有着一个明确的目标。毛毛虫的目标就是要变成蝴蝶。这个方向是很清晰的。我们都明白,这是一种非常富于戏剧性的转化。而且,这种转化是一种完全内在的转化。

我们可以稍为详细讲一讲蜕皮这个概念。这个概念用于说明改变的内在要素的重要性。只有当旧事物向新事物让路,而且这种让路必须是发生在新事物出现之前时,转化才能实现。这并不只是一种物理变化的事件,而确切无疑是一个提升的事件。这种提升牵涉到对早些时候出现的东西,也就是旧的自我的抛弃。可以说,你必须蜕去你自己的皮,才能让超然的美出现。这是一个强有力的形象化比喻,因为它预示着《庄子》的中心思想。你必须脱去陈旧的自我的观念,然后你才能获得一个新的自我。事实上,脱去旧的自我的过程,也正是取得新的自我的过程。当然,在后面的多章中我们可望会进一步讨论这一点。但是,由毛毛虫变形为蝴蝶,这是一个如此绝妙的自我改变的例子,以至于我们在此不能不提到它。

改变是内在的,并且是发生在内部的这一事实,强烈地提醒我们,《庄子》最终所谈及的改变,是一种自我改变。《庄子》所指的转化是一种自我转化。尽管这一点在现阶段的论述中尚未能完全地被确立,但是,蝴蝶作为隐喻的运用,就已是这一点的有力论据。

蝴蝶的最后一个显著的特点是,它是一种短暂易逝的生物。在生物学的意义上,它是短暂易逝的,因为它的寿命是用周,或者有些时候是用月来计算的。它从蛹中出现是其生之始,而又会在很短的时间内结束。请我们回想庄子对不仅理解万物并且能够向我们解释万物的"大圣"的突然出现的描述吧:

> 万世之后而一遇大圣知其解者,是旦暮遇之也。(《齐物论》)[①]

蝴蝶这种生物学意义上的生命的短暂,是它的美的又一证明。尽管短暂,并且或许正因为这种短暂,它才是美的,而且象征着转化。当一个人想起寓言中的日本的樱花时,他既会鉴赏樱花之美,也会鉴赏它的短暂的生命。而蝴蝶的短暂易逝并不只反映在它的寿命上。人们还觉得它是一种相当脆弱的生物,由于脆弱它很容易受到伤害。[②]而这种脆弱的特质则是它的短暂性的又一要素。这种脆弱的特质也暗示:蝴蝶所象征的自我转化是相当脆弱的,是易伤的,或易坏的。

当然,我们可以说,这不过是一个关于蝴蝶的故事,它不拥有自身之外的意义。但是,当这样的说法必须直面与此相反的逻辑的和文本的压倒性的大量证据时,它就会不攻自破了。我认为,选择蝴蝶作为自我转化的形象化比喻不是文学上的偶然。我想,原文剩下的内容也将证实这么一个说法:对蝴蝶这一形象化比喻的选择是具有战略意义的,因为它是美丽的,并且象征着转化,象征着自我转化,象征着短暂。

蝴蝶还有另外一种我们所应考虑到的特质:它是好玩的。蝴蝶是一种无忧无虑的生物。我之所以把它的这一特质与其他四个特质区别开来,是因为我觉得,与其他四个特质相比,这一特质在隐喻上有稍微不同的目的。蝴蝶的好玩是蝴蝶的姿态,而不是对它的物质性描述的一部分。可以说,蝴蝶的好玩反映了转化的结果。这种转化的结果既是蝴蝶的某种自得其乐,也是一种自由的感觉。虽然这可以被看作是我个人的一种想象性推测,但是,我们确实跟读者一样把这些特质与蝴蝶联系起来,并且,这是所有要紧的东西。在转化之后,尽管蝴蝶之生命十分短暂,但它非常好玩,并且看上去是一种快乐的生物。我们确实把它看作是好玩的或无忧无虑的,并且,我们把这种无忧无虑的好玩跟自由联系起来。那么,我们可以说转化的结果便是快乐、自由和某种程度上的好玩。③当然,因为这个蝴蝶的故事并非只是一个简单的关于蝴蝶的故事,这些特质都是有目的地指那些经历了自我转化的个人的、作为结果而产生的价值的。尽管这一点并没有很明显地说出——至少在讲蝴蝶梦的时候是如此——但是,对这一隐喻形象的选择已暗示了这一点。如果正如我们说过的那样,对蝴蝶这一形象化比喻的选择不是随意的,那么,我们的孩子般的心灵就会为蝴蝶而兴高采烈,同时也会得到强有力的直觉的信息。而在《庄子》随后的一些论述中,作者均以圣人或其他人之口对这些信息予以了明确的说明。在蝴蝶梦中,这些信息只是作为所选择的形象比喻的意义结构的一部分而含蓄地出现。但是,这正是使用隐喻作为认知传递的工具的关键点。

我怀疑我已把我们作出的与蝴蝶相关的一切可能的联想都做了详尽的述说。④这并非我的本意。但是,这些意思起码看起来内在地包含在蝴蝶观念之中。虽然可能有人会争辩说,并没有证据可以证明庄子心里有任何这些意思,但是,我同样可以争辩说,如果不接受这些意思,就很难读懂《庄子》。就作者实际的意图来说,庄子可以选择梦为母牛而不是梦为蝴蝶;但他没有这样做,这不是正证明了我们认为他选择蝴蝶有深长的意味是有道理的吗?

综上所述,在蝴蝶梦的故事中,最令我们关注的是醒来的庄周,而不是蝴蝶的心态。但是,蝴蝶的形象化比喻仍保留有它的认知功能。关于蝴蝶的故事我们将留待后面的几章再来详细分析。此刻只说下面一点就足够了:蝴蝶的形象化比喻预示庄周为了醒来而一定要经历的事。就庄周来说,这种转化是精神上的,而不是身体上的。但是,这一比喻不会由于这个原因而被完全抛弃。正如蝴蝶是身体转化的原型象征,庄周经历的在意识方面的转变,也一定代表着精神转化的原型象征。

这种正在被预示的转变是一种哲学意义上的改变,一种完全的改变,一种形态的改变。它是在存在上的一种彻底的改变,一种身份上的完全改变。这种改变是由平凡的、低等的、世俗的向非凡的、卓越的转变,是由丑陋向美的真正的化身的转变。这是一种内在的改变,并且,它发生于蜕皮和摆脱旧的身份的过程之中;整个转变,当它发生的时候,是在一天内完成的。

最后,这种转变一旦完成,就又存在着一种态度上的转变,这种转变真的是最重要的。这种态度上的转变是一种与对自由、无忧无虑和幽默的看法相关的转变。这种转化是这些价值得以出现的必要条件,而这些价值又是一种转化已经完成的标志。我们可以说,这些价值是使我们辨认出一个已发生转化的或者已获得启蒙的个人的标准。这样的人是自由的和无忧无虑的。这种无忧无虑事实上是获得真正的自由的标志。而无忧无虑又会在某种幽默之心中得到显示。⑤

注　释:

① 这一引文的复杂性值得特别提及。虽然"大圣"在万年后才出现,但是,这漫长的时间就好像一天。这指明了它所解开的谜的困难性,同时也戏剧性地表现了他解开它的极大技巧。这个困难是如此之大,以至于需要经过万年才出现一个能向我们解释此谜的圣人。但是,一旦他出现,他的解释技巧是如此之大,以至于他的解释力量使时间的过去黯然失色。他的解释力量是如此之大,以至于他使得万年的过去显得就像一天。这个问题的难度又是如此之大,以至于在万年之中只有一人能解决它。但是,当他解决它时,这只是一眨眼的工夫。

② 事实上,蝴蝶可能比我们认为的强壮。根据奇乃理(Chinery)的《英国和北欧昆虫实地指南》(*A Field Guide to the Insects of Britain and Northern Europe*,伦敦:科林斯,1976 年),蝴蝶甚至能够在冬天生活(p. 7)。但是,蝴蝶毕竟被人们看作脆弱的和短暂的,并且,没有理由相信庄子会有任何与此不同的想法。

③ 不可否认,庄子是非常幽默的哲学家。他的幽默的重要性在吴光明的关于庄子的模范著作的标题《庄子:逍遥的世界哲学家》(*Chuang Tzu: World Philosopher at Play*,纽约,1982 年)中得到明示。

④ 例如,人们会想起古希腊文,在那里,关于心灵(psyche)的词是与关于蝴蝶的词同义的。严格地说,蝴蝶被作为心灵的化身;或者更准确地说,蝴蝶之翼被作为心灵的形象化比喻。但是,这种联想现在还继续存在。令人惊讶的是,庄子选择蝴蝶作为他的意识的对应物。或者也可以说,这并不太令人惊讶。也许,这进一步指明了此形象化比喻的恰当性——它在跨文化意义上具有同步性,而不是稀奇古怪的巧合。

这又进一步加强了我的论点：这一形象化比喻不是随意选择的。人们可以发现在东方的其他的跨文化的类似。例如，在缅甸语中，蝴蝶（Hlepa）一词意味着死者的灵魂。当英国殖民主义者在他们的蝴蝶网上捕捉这些死者的灵魂时，缅甸人感到很震惊。

⑤ 选择蝴蝶作为庄周的改变了的自我，再加上蝴蝶的其他特性，也反映了某种幽默。

第六章　蝴蝶梦：文本内的调整

　　在上一章中,我们已对蝴蝶形象作了大量的赞美。我认为,在现行的版本中,整个蝴蝶梦的故事还是极为难以理解的。虽然蝴蝶梦是整本《庄子》中最著名的故事,但是,它还缺乏使人非相信不可的解释。部分问题在于这个梦的故事的高度隐喻的和意义不明确的表达。但是,在我看来,部分问题又在于组成这个故事的片段的先后次序。我想表明:为了理解蝴蝶梦的真正意义,我们必须认真准备考虑在蝴蝶梦内部重新排列起码部分片段的先后次序的可能性,并认真考虑联系大圣梦＊来调整蝴蝶梦。在考虑支持文本调整的证据的同时,我们还必须考虑蝴蝶梦本身只有参考大圣梦才能得到完全的理解。

　　为了完全理解以上情况,我们需要分开两章来讨论。在本章中,我会试图表明,现行公认的组成蝴蝶梦的片段的先后排列次序,如果不是没有根据的话,起码在逻辑上是成问题的。在现行的先后排列次序中,这个故事在逻辑上是前后不一致的。我把现行的先后次序看作是蝴蝶梦的未成熟(raw)的版本。因为没有理由去相信现行的次序是神圣的——事实上有很强的理由去怀

　　＊ "大圣梦"是指《齐物论》中所说的:"梦饮酒者,旦而哭泣;梦哭泣者,旦而田猎……且有大觉而后知此其大梦也……万世之后而一遇大圣知其解者,是旦暮遇之也。"——译者

疑现行的次序的真实性——我将提出一些论据,来推荐一个逻辑上更合理的次序,这些论据与一个充分确认的文本的次序是不冲突的。①

　　我的论辩的第二部分包含在下一章之中。在那一章中,我认为,如果我们仍然希望保留现存的不成熟的蝴蝶梦版本的话,那么,我们可以考虑,这个版本只不过是大圣梦的一个笨拙的、不完整的和暂时的形式。大圣梦能恰当地完成和解释蝴蝶梦。在这里说的任何一种情况之下,蝴蝶梦都免不了要作文本上的调整。我们要么保留现行的次序,并把蝴蝶梦作为大圣梦的稿本,而大圣梦能以更充分的方式实现蝴蝶梦的意图,要么修改组成蝴蝶梦的片断的先后次序。理想地说,我们可以做这两者。我们可以修改组成蝴蝶梦的片断的先后次序,然后通过考虑大圣梦来重新安排蝴蝶梦。即使跟重新安排的蝴蝶梦相比,大圣梦还是更高级的。或者,我们可以保留具有悠久历史传统的现行蝴蝶梦,然后通过把它看作大圣梦的最初稿本而简单地解释它的不足。这仍然要求在故事的顺序上有一个转变:蝴蝶梦是在大圣梦之前,而不是在它之后。为了情感上的原因,我们可以保留蝴蝶梦现有的顺序不变,但是在这一章中,我会强烈主张将组成蝴蝶梦故事的片断的先后次序重新调整。

　　在对蝴蝶梦故事文本内的调整进行论述(这是本章主要关心的问题)之前,我愿把支撑我的说法的预先假设讲清楚。正如在上一章指出的,我把蝴蝶梦作为类似于启蒙经验(enlightenment experience)的东西。启蒙经验,或者说光明的经验(the experience of illumination),是自我转化的现象学的相关物,我把自我转化看作《庄子》的中心目的。它不仅仅是自我转化的现象学的相关物,而且是自我转化的必要前提。虽然现在这只能是预先假设,但是我希望到这两章结束时,这个假设会得到有力的支持。在以上的假设之下,蝴蝶梦主要就是一个关于从梦中醒来的故事。生理上的从梦中醒来,象征着对更高水平的意识的觉醒,这是一种正确的哲学理解的水平。"物化",这一据说是《庄子》第二章结尾的说法,在我的论辩中,就是指从无知到明的转化。

在传统的对蝴蝶梦故事的解释中,好像有两个基本的学派。第一个并且也是最普遍的学派,遵循我称之为混淆假设的东西。虽然这是一个贬义的说法,但是,它证实是对这个学派的假设的如实的描述。第二个并且是次要的学派,遵循我称之为外在的无止境转化假设(简称"无止境转化假设")的东西。我只提醒注意这种转化的外在性质,从而保证这种关于转化的说法不会与我提出来的关于自我转化(读者主体的转化)的说法相混淆。唯一可能混淆的是,在这两种说法中,都有同样的一个词:"转化"。但是,在我看来,《庄子》的主题非常确定地是与自我转化相联系的。虽然事物的外在转化在《庄子》的很多地方都被明确地讨论过,但是,在我看来,它不是该书的中心议题。我认为,这些外在转化进一步支持对自我转化的论证。不过,我必须留到后面才能具体讨论这一点。

经过分析,遵循无止境转化假设的第二个学派,在某些情况下,可以被看作会陷进混淆假设之中。一些解释者吸取这两个解释之一的部分观点,或者在无止境转化假设和混淆假设之间来回改变。这恐怕是因为,无止境转化假设,当它推出逻辑结论的时候,就会变为混淆假设。还有一种集无止境转化假设和混淆假设于一身的说法,它利用自我转化假设去创立一种认识状况,这种状况不同于我认为是自我认识的主体所具有的状况。

在这一章中,我会遵循以下的论辩顺序。第一,我会表明我所认为的蝴蝶梦的正面意义（positive meaning）。第二，我将检视现存的不成熟的蝴蝶梦版本，以便使它固有的非逻辑性清楚地显现出来。第三，我会阐明蝴蝶梦的修改的版本，并展示其更强的逻辑性。第四，我将试图表明传统的对蝴蝶梦的解释是如何从现存的不成熟的蝴蝶梦版本中产生出来的。我还会试图指出通常的解释的基本弱点。最后，第五，我会再次提到我自己的解释，它源于组成蝴蝶梦的片段的先后排列次序的重新调整。

在修改过的或新的蝴蝶梦先后顺序中，其意义被理解为试图表明达到一种内在转化的目的。即使在新的秩序中，其论辩还有一些不完整，并且不能从总体上被欣赏，除非将它与下一章要讨论的大圣梦联系起来。即使如此，它仍然能被看作是表明达到内在转化目的的最初尝试。

严格地说，蝴蝶梦当然没有构成任何种类的论辩。它只是类比，而不是一个正规的论辩。在最基本的水平上，它只是一个高度想象的生理之梦的简单描述。但是，在描述梦的过程中，庄子指出了醒来的经历。我认为，这里的类比是：正如我们能够并且确实做到从一个生理上的梦中清醒过来，我们也能够在心理上清醒，以达到意识的更高的水平。虽然庄子没有明确这样讲，但是，我想，蝴蝶梦肯定是想要表明一些东西的。正确理解这个梦的意义，对于正确理解《庄子》的中心思想是很重要的。

按照我的解释，蝴蝶梦是从我们自己熟悉的内在生活中引出来的，而这种生活是关于认知过程所牵涉到的自我转化过程的。通过提供一个心灵转化或我们非常熟悉的从梦中醒来的经历的例子，这可以作为理解整本《庄子》是关于什么的关键。

牵涉到选择从梦中醒来作为比喻的要点有两个。首先，我们被提供了一个醒的例子，尽管这是在生理层面上的。其次，我们被提供了一个关于醒的状态的证明方式的例子。从梦中醒来的经历是一种自我证明的经历。这是一种只能从内部认识的经验。不管一个人在经验上对醒是否会弄错,对一个虚假的醒的纠正性理解只能从内部作出。从梦中醒来的经历是自我认识和自我纠正的。记住以下一点是很重要的:任何一个和所有的对蝴蝶梦的解释都必须利用这个故事的认识维度。虽然所有对蝴蝶梦的解释都利用了人之认识力的自我发现本性(这是梦—觉模式固有的),但是,这些解释都没有充分重视其中的暗示。一旦注意到这种认知模式的独一无二的认识方面,就可以看到:所有解释最终都是建立在一个自我转化模式的基础之上的。

让我们对现存的不成熟的蝴蝶梦版本进行审查,以便注意到它固有的逻辑上的模糊性。正是这种固有的模糊性将大多数解释者引入歧途:

> 昔者庄周梦为胡蝶,栩栩然胡蝶也。自喻适志与!不知周也。俄然觉,则蘧蘧然周也。不知周之梦为胡蝶与,胡蝶之梦为周与?周与胡蝶则必有分矣。此之谓物化。(《齐物论》)

在以上传统的顺序中,有两种基本的模糊性。首先,不知道他自己是庄周还是蝴蝶的这种状态,是作为醒后的现象而引入的。这就很奇怪了,因为它与醒来并发现他自己是庄周的结果不太相符。其次,尽管有以上这种不知道的状态,但是,庄子仍然说,"周与胡蝶,则必有分矣",并且还说"物化",这是极端没有理由的和难以理解的。如果庄子是处于这种不知道的状态之中,他怎能肯定"必有分"呢?"此之谓物化"中的"此"是指什么呢?因为这几种模糊性妨碍了对蝴蝶梦作令人信服的解释,我把上引蝴蝶梦作为不成熟的版本。

如果我们调整蝴蝶梦的上述先后顺序，以便取得一个逻辑上更一致的版本，那么，我们就可以得到一个新的顺序：

> 昔者庄周梦为胡蝶，栩栩然胡蝶也。自喻适志与！不知周也。不知周之梦为胡蝶与，胡蝶之梦为周与？俄然觉，则蘧蘧然周也。周与胡蝶则必有分矣。此之谓物化。[②]

在经过调整或修改的版本和现行的不成熟的版本之间，有什么相似，又有什么不同呢？相似的地方在于，两个版本都是以这个梦的主体（做梦者）庄子开始的。关于这一点是没有疑问的，也是两个版本的不容置疑的出发点。在故事中，也许后面会对这一点提出疑问，但是一开始，它被接受为故事的起点。从字面的顺序来看，一个可以作出的没有疑问的提示是：庄周是被作为做梦者，不管后来对此有什么混淆被引进来。

关于两个版本的不同点，它们只有一个明显的区别：在修改后的版本中，只是在他变得无法肯定他是不是庄子以后，他事实上可能是一只蝴蝶的想法才会产生。只有在他怀疑他的身份以后，他才考虑他是一只蝴蝶的可能性。在不成熟的版本中，他可能是一只蝴蝶的想法出现在他是庄周的陈述之后。这是一个不根据前提的推理，或者至少处于在介绍这种怀疑的论辩的过程中的一个不可能的位置。在两个版本中，庄周在醒后明白：他确实是庄周。蝴蝶在醒后不会认识到：它是蝴蝶。是庄周之醒而不是蝴蝶之醒与整段话开头的最初的陈述（"昔者庄周梦为胡蝶"）相一致。做梦者可能是一只蝴蝶的想法的逻辑位置是在醒来之前的梦的内容之中。在醒来之后，在确定他是庄周之后，上述怀疑不可能再出现。确实，它能发生。但是，不太可能在这样的地方发生。事实上,如果这种怀疑是在醒后发生的话,那么,紧靠其后的说法"周与胡蝶,则必有分矣"则没有什么意义了。③但是,这样的说法在修改后的版本中却完全合乎逻辑。

如果我们试图沿着现行版本的逻辑走下去的话,其论辩就会如下:在醒来以后,他不知道是他梦为蝴蝶,还是蝴蝶梦为他。但是,清楚的陈述是:庄周醒来了(并且,他刚才在做梦)。决没有说:是蝴蝶醒来了。因此,认为他毕竟可能是一只蝴蝶在故事的这个时刻没有太大的意义。如果他知道他是庄周,他怎能成为一个在做梦的蝴蝶呢? 伤害之外又加侮辱:如果他在醒来后不知道他是庄周还是蝴蝶,他怎能知道他是庄周呢? 我认为,这个版本讲不通,这就是为什么它缺乏一个非常满意的解释。如果他不知道他是庄周还是蝴蝶,他肯定不能知道他是庄周。最后,在醒来后,他应该没有疑问了。显然,根据现行的不成熟的版本,庄周醒来了。他不可能是正在做梦变为庄周的蝴蝶。对此是不能怀疑的,否则,说庄周知道他已经醒来就没有意义。

在修改过的版本中,这个梦有非常可理解的和意味深长的(significatory)意义。在一个人提出什么是真实,什么是错觉的问题之前,他处于无知的状态之中。在这样的状态之下(正如在梦中一样),一个人不知道什么是真实,什么是错觉。在突然的醒悟之后,一个人就能明白真实和不真实的区别。这构成了视野的转化。这是一种在意识中的转化:从不知道真实与幻觉的区别到知道并确定这种在清醒状态中的区别的转化。我认为这是蝴蝶梦的信息,不管这种信息是怎样地含蓄和初步。毕竟,我们从常识中知道:人不能真的变为蝴蝶,蝴蝶也不能真的变为人。因此,这个故事的要害好像是某些东西的类比。并且,这个类比的变化暗示着在清醒状态下的变化。

如果不进行文本上的调整，又会怎么样呢？如果不进行任何哲学上的加工的话，那么，现行不成熟版本的蝴蝶梦显然是意义不明确的。前面提到的两种主要学派的解释就是建立在不成熟版本的基础之上。作为解释不成熟文本的直接结果，两派的解释本身也是意义不明确的。让我们依次审视这两种解释学派。

在种种对蝴蝶梦的解释之中，首先且最重要的是我所说的混淆假说。简单地说，这种解释是：我们确实不清醒，因而我们实际上什么也不能确定。其所指的转化是一种外在的转化。但是，这种交替的转化是一种反向的精神转化。我们认为自己醒了，但事实上没有。这种混淆假说好像是由冯友兰阐述的：

> 这（蝴蝶梦）显示，虽然在通常的现象中，物与物之间存在不同，但是，在错觉中或者在梦中，一物可以是另一物。"物化"表明，不同事物之间的区别不是绝对的。④

这种说法好像是从现行不成熟版本的蝴蝶梦的结尾而来的，它具有两个弱点。第一，因为它好像是从现行不成熟版本的蝴蝶梦的结尾而来的，它具有这个版本的所有可疑之处。既然它对不成熟版本的先后顺序不提出疑问，它必须承受这个版本固有的所有的逻辑模糊性。第二，它使我们处于一种混乱的状态之中。它不仅在认识上不能令人满意，而且还天生地（inherently）不能自我证明。没有区别或差别的混乱状态的问题是，这种混乱状态是系统的、绝对的、不可纠正的。梦境的状态是一种虚幻的状态。在一种虚幻的状态之下，我们可能对我们认为是事实的东西完全搞错。在这种完全混乱的状态中，我们有什么理由确信我们对它的解释（这也许是在梦中作出的）是真的呢？

著名的葛瑞汉跟随冯友兰而接受混淆假说。在关于这个问题的一篇早期论文中,葛瑞汉采取了跟冯友兰一样的观点。在讨论蝴蝶梦的过程中,他告诉我们:"它提醒我们,在梦时我们认为我们知道的东西与在醒时我们认为我们知道的东西是相矛盾。它还认为,像哲学家的对立的观点一样,这两方面相矛盾的东西具有相等的地位。(蝴蝶梦的)最后一句话表明,庄子与他在梦中变成的蝴蝶的区分,与我们认为在清醒的世界中我们知道的区分,并没有什么不同。"⑤

这种解释跟以下这种看法是相符合的:《庄子》第二篇的整体(扩而充之,全书的整体)是相对主义的。对《庄子》作相对主义的解释,这值得单独讨论。我会在另外一章里讨论这种解释。暂时,我们可以看到,这是与我在本书中提出的对《庄子》的一般解释不相符的。

虽然我们可以这样解释:现行不成熟版本的蝴蝶梦说到,梦和醒相互之间没有区别,但是,这要求我们掩饰在这个故事中的某些逻辑上的不可能。另外,混淆假说向我们指明相对主义的方向。正如我在下一章中要指出的,把《庄子》第二篇解释为相对主义之文是极端困难的,当我们考虑到大圣梦的时候,尤其如此。论者可以争辩说(正如葛瑞汉所做的那样),大圣梦表达一种观点,而蝴蝶梦表达另一种观点。如果这两种观点不相互矛盾的话,这样说没有什么大的害处。但是,如果蝴蝶梦表达的观点像葛瑞汉所说的那样,那么,它就否定了大圣梦的观点。这样的否定使大圣梦变得完全没有意义。同样,大圣梦的观点也和蝴蝶梦的观点相矛盾并否定了它。根据我正在提出的解释,两个梦都能保留它们的意义并相互支持。

如果我们审视葛瑞汉最近的著作,我们能看到:他仍然坚持混淆解说。他比较了大圣梦和蝴蝶梦,并作出了它们表达不同观点的结论：

> 我们对一个多重世界的虚幻心象可以跟大圣从中醒过来的梦相比。但是，著名的庄周梦蝶的故事却表明了不同的观点：梦与醒的区分是另一个错误的二分法。如果我能够区分它们，那么，我怎能断定我现在是在梦中，还是醒着呢？⑥

我们在下一章才详细地分析和比较这两个梦。在这里，只要指出葛瑞汉最近对蝴蝶梦的解释仍然是混淆假设就够了，即我们不能肯定我们是醒着，还是在梦中。在这种情况下，整个醒的概念就没有任何意义。至少，它失去了其所有的力量。至多，它让我们相信：我们认为我们知道的任何东西，缺乏所有的真实性和所有的证明的可能性。知的不可能在原则上也同样适用于混淆假说本身。如果我们处于一种不可纠正的混淆状态之下，那么，关于混淆假说的正确性，我们也可能被骗。

有迹象表明，葛瑞汉自己对混淆假说也不全部满意，因为，在同一本书中，他后来附带地作了一个评论，这使他的解释更多地与无止境转化假说相一致。他没有考虑到他的这些看法并不完全前后一贯。但是，在他对这个故事的翻译的一个注脚中，他看起来暗示着：人与蝴蝶的身份实际上正在改变，这不是一个简单的认识论的混淆，而实际上是一个正在发生的本体论的转化。另外，在适应这个转化的过程中，人能有效地将他自己意味（signify）为或者是人，或者是蝴蝶。无止境转化假说暗示着认知的真实性。我会在后面考察无止境转化假说。在这里，我们有趣地注意到葛瑞汉正在向这种假说摆动。对葛瑞汉来说，问题是：如果我们处在混淆的状态之下，我们怎能知道自己确实是正在从一个变成另一个呢？我们怎能有效地把合适的名称运用到合适的状态中呢? 葛瑞汉似乎没有意识到这些困难,因为在他的注脚中,他把他刚刚翻译完的蝴蝶梦解释为一种持续不断的转化的例子,这种持续不断的转化要求其恰当的名称也持续不断地变化:

> 关键是:这位道家不能永久地相信自己是一个人或一只蝴蝶,而是自然地从适应一个到适应另一个。⑦

虽然从以上引文中还不完全清楚这是一个本体论的变化,但是从上下文来看,似乎葛瑞汉心里正是这样认为的。否则,这位"道家"(他既不是人,也不是蝴蝶?)会不管存在的恰当形态而任意选择一个名字。这似乎是不可能的,因为如果没有关于身份问题的困惑,就决不会有蝴蝶问题。并且,如果无止境转化假说是真实的,正如葛瑞汉似乎在这里认为的那样,那么,一个人怎能知道他处于哪一种状态,适合哪一个名字呢? 如果混淆假说是正确的,那么,这方面的知道似乎就会被否定。事实上,如果混淆假说是正确的话,就很难知道一个人如何意识到最初的转化。如果一个人能意识到他的存在的一个独特的状态,他就不会处于混乱之中。代表混淆主义者的人可能会辩解道,变化的状态是显而易见的(并且命名是一种无意义的游戏),但还不是很清楚一个人如何能以任何确定度或真实度知道这一点。混淆假说不允许有效的认知,这一事实有力地取消了混淆假说及其伴随的附属物:无止境转化假说。

在伊懋可(Mark Elvin)的著作中,我们发现了完完全全的无止境转化说的最高表达。伊懋可自己把蝴蝶梦称为持续不断转化的自我的一个实例。我已经提供了无止境转化的概念,因为它好像在被理解的观点中暗示了。伊懋可提供了他自己对蝴蝶梦的翻译:

114

Once Juang dreamt he was a butterfly, a butterfly delighted with itself, doing whatever it felt like doing, and unaware it was Juang Jou. Suddenly, he woke up and realized with a shock that he was Juang Jou. He had no idea if he was the Juang Jou who had dreamt he was a butterfly, or the butterfly dreaming he was Juang Jou. There was assuredly a difference between Juang and butterfly. This is what is meant by 'the transformation of thins'. ⑧

伊懋可在下面的段落中最简要和最清楚地描述了无止境转化说：

> （《庄子》中的）梦提供证据证明：物在不断地转化为他物。他（庄子）将这种转化过程比喻为熔化的青铜，它在手艺高明的铁匠师傅手里先变为一种形状，后又变为另一种形状。他对处于持续不断的转化之流的自我的想象力在著名的蝴蝶梦中得到体现。⑨

虽然严格说来，葛瑞汉不是转化说的拥护者，但是，在分析无止境转化概念的过程中，对照他的译文，可以推断他实际上是此说的拥护者。他对蝴蝶梦的译文是这样的：

Last night Chuang Chou dreamed he was a butterfly, spirits soaring he was a butterfly (is it that in showing what he was he suited his own fancy?), and did not know about Chou. When all of a sudden he awoke, he was Chou with all his wits about him. He does not know whether he is Chou who dreams he is a butterfly or a butterfly who dreams he is Chou. Between Chou and butterfly there was necessarily a dividing; just this is what is meant by the transformations of things. ⑩

在所有蝴蝶梦的英译中,正如在其中文原文中一样,都没有明确地说到最后一句"此之谓物化"中的"此"指什么。这个"此"的糊不清,是对蝴蝶梦有多种多样的解释的原因之一。根据我自己的看法,这个"此"没有什么语言上的含糊性,它是指在清醒状态下的一种变化:从看起来是蝴蝶的意识到庄子的意识的变化。我的说法是建立在这种解释的更高的逻辑性的基础之上的。已表明的庄蝶之分是在转化之后看到的。在理智的和认识的方面的转化是由确实认识到庄子与蝴蝶的区别组成的。如果我们仔细考虑用词的选择,我相信有更多逻辑上的理由支持我的解释。例如,在伊懋可的译文中,当说到庄蝶之分时,他机敏地选择了"assuredly"(确定地,无疑问地)这个词。在我的解释中,这个"assuredly"一定来自认识的内心状态(由醒来表示),这种状态是自我证明的现象,而这种现象又只能是对庄蝶之分的内在认识的结果。在理智方面认识到的,是意识的变化或转化,而这是由醒之类比来预示或阐明的。伊懋可的用词选择很灵巧地捕捉到了转化的理智方面。在我看来,这种转化是从梦的混沌世界到分得明晰的现实世界的转化。

用单数的"transformation"而不是像葛瑞汉那样用复数的"transformations",这是对我以下看法的支持:转化是意识的转化,蝴蝶梦的故事只是这种转化的一个比喻。复数的"transformations"只能指事物的外在改变。在这方面,葛瑞汉的翻译比伊懋可的更适合于外在转化说。(在我为之辩护的自我转化说中)意识只有一种。但是,物却是多种。在这方面,伊懋可的翻译更好。正如我们后面就要看到的,由于伊懋可除了提供外在转化的概念以外,又提供了超越的概念,说他的翻译与某种形式的自我转化相一致,是不会使人感到意外的。

外在无止境的转化说本身的情况又怎么样呢?冒着显露学究化的危险,我感到有五种对无止境转化说的反驳。虽然它们确实是重叠的,但是每一种反驳都足以具有独一无二的特征,以至于值得单独考虑。所有五种反驳都由一条共同的线连在一起。这条共同的线就是:这种或那种形式的无止境转化假说,都没有足够地考虑到梦之喻的独有的特征。

对无止境转化说的第一个反驳是:这一企图从蝴蝶梦的故事中引出的结论是非常无力的。我们不必借助于梦之喻来到达这样的认识:事物在不断地从一个变到另一个。如果我们关心的是短暂和无常,那么,我们就不需要任何种类的醒去认识这种短暂和无常。我们首先不必走进牵涉到混淆现实与梦幻的谜之中。对存在的短暂,我们只需要哲学家的伤感。我们不会误是以为非。蝴蝶梦作为抗议这个世界上事物的永恒延续性的比喻,是一个不恰当的比喻。对此,《庄子》后面有一个好得多的比喻:人生被比作透过窗口裂缝瞥见的飞奔的马。⑪

假如蝴蝶梦的意义仅仅在于象征生命的短暂,那么,这会是一个非常无力的结论。对于此结论来说,这个比喻好像是一个不好的选择。在我看来,蝴蝶梦根本不是外在变化的象征。如果在蝴蝶梦中,庄子是在指出一个事实,即世界上万物都是短暂的、易于转化为他物的,那为什么还要提出谁是谁的问题?只有存在关于实在与幻觉的层面的迷惑,提这样的问题才有意义。如果关注的只是存在的消散性,那么,提这样的问题就没有意义。如果从梦中醒来所确立的只是这类东西,那么,蝶梦之喻就是旨在达到一个平庸的结论的比喻。

即使我们采取这种解释——没有从梦中醒来,以上反驳仍然适用。如果没有从梦中醒来,并且,结论是万物皆变,那么,这个结论是不经过睡也可以得出的。很多有才干的哲学家不依赖梦之喻也得出了这个结论。不论是仍在梦中,还是已从梦中醒来,如所有已确立的是万物在不断地变化,这似乎是从蝴蝶梦的故事中得出的无力的结论。如果从梦中醒来了,并且我们由此而知的是物不断地转化为他物,而我们迷惑的是(在梦中)一物和另一物的区别,那么,从梦中醒来后所得的就很小。如果梦与醒的结果没有太大的差别,那么,存在于醒之后的必要的区分(用葛瑞汉的话来说)的概念,其力量又何在?我认为,利用蝶梦之喻而得出转瞬即逝的结论,实在是太缺乏想象力了。如果醒后取得的结论,与梦中的一样,那么,原先的睡就没有什么用了。如果我们根本没有从梦中醒来,并且我们取得一个我们醒时也能取得的结论,那么,我们就几乎没有利用这个梦之喻。

第二个反驳是:无止境转化假说,当追问其逻辑内涵时,会变为混淆假说。影响混淆假说的同样的问题,也适用于这里。如果万物最终都转化为他物,那就没有稳定性可言。一个不断变化的世界是一个无法认识的世界。无止境转化也适用于区别(distinction)。将要知道的一切也在变。我们宣称知道的东西没有持久性。这与完全成熟的混淆假设只有一步之差,这种假说认为,没有任何东西能确切地被认识。

第三个对无止境转化说的反驳是:它没有得到蝴蝶梦的证据的很好的支持。外在无止境转化说没有对世界的转化作区分,我们可以把这些转化看成既是在世界之内的(从这个世界的一种外在的东西到另外一种外在的东西),又是在世界之间的(在世界的层面和在解释的层面之间）。如果有人把蝴蝶梦作为在世界之内的变化的一个例证,这是与事实相反的。发生在梦中的变化,是一种非生理的变化,是与世界相对的,而不是简单地作为物理世界一部分的意识的变化。确实,把蝴蝶梦作为在世界之内的变化的一个例证,会提供进一步的混乱,因为梦打破了世界有秩序变化的过程,甚至将这些进程抛向公开的疑问之中。无止境转化说没有得到蝴蝶梦的证据的很好的支持,其理由是:物理世界的无止境转化没有充分考虑心理世界。

第四个对无止境转化说的反驳是:此说不仅没有被梦的论辩所证明,反而与它相矛盾,因为梦的一个主要特征是其认识内容的不可靠。如果有人以任何一种方式从梦中得知,世界处于一种永恒转化的状态,那么,这种知很可能是梦的幻觉的一部分。物的无尽的转化在梦知之中并没有特权。确实,在一个梦中,无止境的转化并没有任何真实的地位。如果一切皆梦,我们就无从知道,无尽的循环只不过是现实世界的瞬间片断。

第五个并且也是最后一个对无止境转化说的反驳是:此说没有充分考虑到由梦到醒的单向性。而这种单向性正是我对蝴蝶梦故事修改的一部分。在我看来,这个梦含有一种最后的可能性:从梦中醒来。它不仅是一个梦的故事,而且也是一个从梦中醒来的故事。如果正如我所认为的那样,醒的结果是取得一种不同水平的见识,这似乎暗示着:存在某种水平的已得到的认知真实性,这就是醒前的和醒后的意识的区别。

就我能理解的最大限度而言,外在无止境转化说可以归结如下。在梦中,人与蝴蝶相混。醒的结果是看到人与蝴蝶的区别,并注意到,万物尽管不同,最后确实都会相互转化。梦的叙述的插入,利用了两种不同的认知水平或认知层面。我认为,这两者肯定是存在的。在认知的可校正的层面(在梦境中)，人们无法分辨庄周与蝴蝶。在认知的真实性层面，人们既可以区分二者，又看到二者无止境地从一个转化为另一个。或者，人们还可以争辩说，无法区分此二者，因为，正如我在第二个反驳中所说的那样，二者来回地变来变去。但是，这也需要一种认识或见识水平，它应该不同于梦的水平，并依赖于双层的可校正性/真实性。唯一的区别是：在知(醒)的状态中我们知道我们不能知，而在梦的状态中我们纯粹不知道。在后一种情况下，无止境转化说陷进混淆假说。在前一种情况下，无止境转化说变成一种复杂的我们后面将要审视的混淆假说。

总结一下我的五个反驳。第一个反驳是：由无止境转化说所得出的结论似乎太无力了。如果这是一个因为人们从梦中未醒而得出的结论，那么，这是一个人们在醒时也能够得出的结论。如果这个结论是醒后认知的结果，并且它被证明与人们在做梦时所知道的或多或少相同，那么，这个人们在醒后认知的更高层面上所得出的结论，就既同于人们在做梦时能得出的结论，也同于人们在通常醒时也能得出的结论。第二个反驳是：一种无穷变化的状态等于一种无穷混乱的状态，在这种状态下，人们不能断定对无止境转化说本身的真理性有任何把握。第三个反驳是：物的无止境转化说没有得到梦的证据的很好的支持，这个梦是一种内在的、心灵的转化。第四个反驳是：如果梦的现象用来引出一种无止境转化说，那么，这个现象本身就是可疑的，因为一个梦的所有内容都容易被指责为虚幻的。第五个反驳是：无止境转化说没有考虑到蝴蝶梦故事中牵涉到从梦中醒来的这一部分。如果醒后的结果与醒前是一样的，这似乎抹煞了梦和醒的差别。任何转化所牵涉到的都不是无止境的。即使对无止境的认识被认为是真实的,转化也只有一个方向(从蝴蝶到人),否则,这种认识就没有什么特别之处。甚至为了能够认识宇宙变化的无穷性,作为单向觉醒的意识的转化好像也是必需的。

即使在伊懋可的无止境转化说中,也仍然存在一个超越概念,它意味着,我们必须超出物质的转化(变化)。⑫通过算进这一因素,再加上单纯的物质转化说,伊懋可的观点就非常接近我所提出的意识的转化。有一种次要的区别,它牵涉到超越的本性。对于伊懋可来说,这种超越是由不在乎、不计较组成的,因为超越的意识不受转化影响。为了证实他的结论"最终的目的是包括一切的不在乎"⑬,他引用了《庄子》第十七篇一句确实很好地支持他的结论的话：

故遥而不闷,掇而不跂,知时无止。(《秋水》)

这话使庄子成为复杂的斯多葛主义者,他们知道巴门尼德和赫拉克利特的观点,但又从更高的和大概是不变的观点来看这两家的观点。

虽然这个结论确实符合《庄子》以上的话,并且极好地体现在"包括一切的不在乎"这一短语中,但是,这却和该书内篇确立的价值等级相冲突。因此,我认为,以上出自著名的、有影响的第十七篇的话与内篇的观点是相矛盾的。在我看来,第十七篇的一个问题是：其超越假说不是建立在觉醒的概念的基础之上的。事实上,如果转化本身是指物的无止境的转化,那么,从内在的意识到超越的意识的转化就没有意义。但是,我认为,如果一个人要从一种意识水平变到另一种意识水平,某种自我转化一定要发生。而这正是蝴蝶梦故事的价值所在。但是,如果一个人关于超越的看法被限制在第十七篇的话,伊懋可之说就是忠实而敏锐的。在我看来,如果要坚持保留第十七篇,伊懋可之说是一个人治庄所能做到之最好的。伊懋可的结论无懈可击地符合上述出自第十七篇的话。如果不考虑这句话,我和伊懋可之间关于超越的看法的差异很可能会消失。⑭

还有一种形式的混淆假设,因为它是用精致的术语来表达的,我想对它单独讨论。在吴光明的著作《庄子:逍遥的世界哲学家》之中,他以从无知到知的觉醒来理解蝴蝶梦。⑮ 因此,他把蝴蝶梦作为向往更高的知识的比喻。但是,他所认识到的,又全是不知是周还是蝶的混淆假说。⑯ 在我看来,虽然吴很完美地把握了一种观念,把蝴蝶梦作为象征一个人在醒后获得的更高层次的知识,但是,其觉醒至迷惑的观念又不能令人满意。吴说非常忠实地遵从现行的不成熟的蝴蝶梦版本,但是,正如我已指出的,这一版本在逻辑上是站不住脚的。

吴于最近的一篇文章里,在值得注意的一段中表达了精致的混淆假说:

> 通过反思他的梦,庄子获得了一种觉醒之知:我们不能知道我们不变的身份。正是这种知,使做梦者(我们自己)从被客观实在论缠住的专横中解放出来。这是一种元知识,一种对自己无知的觉醒。这一觉醒的无知导致在本体论转化之流中的逍遥游。⑰

在这里,混淆假设处于一种对无知之知的精致的形式之中,与本体论转化说结合起来。

我相信,如果保留蝴蝶梦现行不成熟版本,吴说是研究它所能做到之最佳者。但是,我认为,当我们把蝴蝶梦和下一章将要分析的大圣梦结合起来时,我们可以得出一个更加强有力的结论。如果我们真的能够觉醒,这一点是我修改过的蝴蝶梦和大圣梦都坚持的,那么,我们就可以把梦和随梦而来的混淆(confusion)抛在后面。也许我们必须留到下一章才进一步讨论这一点,但是,现在必须注意到一个事实:吴把认知的真实性归于故事中的做梦者;如果蝴蝶梦被看成为一个我们能从中醒来之梦,那么,就没有确实的理由一定要将我们之知限制在对无知的知之中。另一方面,如果我们还是无法肯定我们是否醒来,那么,我们就根本不清楚我们如何能相信以下这种见解:所有我们知道的是,我们不能知。蝴蝶梦现行不成熟版本的问题是:在结束梦后,我们依然不知道我们是否还在做梦。并且,在一个梦中,没有任何见解是有特权的;所有见解都是可纠正的(corrigible)。如果我们还在梦中,那么,甚至吴的高明的分析如何得到证明,这也是不清楚的。但是,在现行不成熟版本之下,要提出一个比吴的解释更好的解释是很难的。

　　一个梦的基本意义要求:在梦中发生的是不真实的。让一个梦显得有意义的唯一方式就是从梦中醒来。蝴蝶是一种符号,它象征着这样的东西:曾经被认为是真实的,而现在知道是庄子想象力的虚构物。从字面上看,没有从蝶到周的体形上的变化;蝴蝶不会变为人,人也不会变为蝴蝶。如果人能从梦中醒来——这是我的修改过版本的关键——那么,一旦人醒来后,梦的内容就会分解(disintegrate)。这就是转化:曾经被认为是(现在不再是)的东西确实是别的东西。庄子始终是庄子。梦的意象终究是他的意象。这就是庄子所说的"物化",就是他在他的故事最后所说的"物化"。尽管"此之谓物化"中的"此"不清楚,对蝴蝶梦的正确理解要求:所变的不是从一种实在的东西变到另一种实在的东西,而是从虚幻变到实在。或者,既然这只不过是一个比喻,转化本身就是从梦的意识到一种认识到实在的意识的转化。

还有最后一点。如果蝴蝶梦所表明的是在内在意识方面的变化,从一个带有梦一般的意识的做梦者到一个有醒悟意识的觉醒主体的变化,那么,在大多数译本中,对蝴蝶梦最后一句"此之谓物化"的英译"this is the transformation of things"⑱又是怎么一回事呢?如果是意识本身在转化,"物"应该是单数,而不是复数。

我认为,这里用复数可由以下事实来解释:当一个人从梦中醒来时,其视野也发生了转化。当然,在一个人的内在视野转化的过程之中,他对实在(指外在的实在——译者)的视野也发生了转化。在突然间醒来的一刹那,世界上的所有事物都发生了转化。就在醒来的这一刻,他可以清楚地区分不实在的东西(蝴蝶)和实在的东西(庄周)。这一认知行为也拓展到一个人对外部世界的视野。作为复数的世界,将以复数的方式来观之。觉醒的过程,是以万物的本来面目看待万物的关键。这就是真正的"物化",是在我们对之恰当地理解之中的"物化"。

注　释:

① 我们不应该把《庄子》传统的原文次序看作是神圣不可侵犯的,这种说法起码有两个独立的理由。第一,庄子自己也许没有对其文字片断确定一个先后次序。因此,任何重新排列是和遵从更强的逻辑有关,而不是和精神传记的小事件有关。葛瑞汉写道:《内篇》中各段的次序"不是神圣的,因为没有理由设想庄子曾经把他的简短的笔记安排在一个确定的次序里。打断公认的连续性的偶然的段落也许可以被移到更合适的前后文中"(葛瑞汉:《庄子内篇》[伦敦,1981年],第32页)。

第二,我们现在看到的《庄子》文本是经生活在大概在庄子之后 600 年的郭象之手编辑而成的。葛瑞汉在上述之著中指出,我们现在的《庄子》是一个节本,它原来有 52 篇,郭象将它删为 33 篇。葛瑞汉说:"郭象被怀疑将他删掉的篇中的比较有趣的部分转到他保留下来的篇中。"(同上书,第 26 页)因为这两个理由,不能反对这样的可能性:我引入的修改,更符合文本的真义。

②传统上,《齐物论》终于蝴蝶梦。可能要注意的是,我有时把蝴蝶梦作为一个故事,有时作为轶事,有时作为比喻(故事本身起着醒的比喻的作用,并且,蝴蝶也用作比喻),有时作为隐喻,有时作为类比,有时作为论辩(类比性论辩的简短形式)。究竟它是哪一个呢? 这依以下两者而定:其出现的前后文和原先可能的多重指示者的用法的功能。关于前者,我可能希望向读者指出蝴蝶的隐喻/故事/类比/论辩中的一种或另一种功能。关于后者,读者之心要从一名一指的思维方式进到一名多指的思维方式。这不要跟赖尔(Ryle)的"菲多-菲多问题"搞混。(译者按:赖尔是在20世纪中期很有影响的英国分析哲学家。"菲多"是狗的名称,它用来指狗的实体。赖尔指出,某些意义理论便由此类推而声称:每个有意义的表达式都指称了语言之外的实体,包括抽象实体,并由它所指示的东西派生出意义。他所说"菲多-菲多问题"是给这种理论贴的贬义标签)赖尔关心的是:如果有一个"名",我们就会想一个"实"存在,它作为该名的所指。但是,在我这里,多重指示者的功能不是将心引出(或引向)存在的所指,而是让心认识到:一物(蝴蝶)可以有很多指示者,根据前后文和功能,每一个指示者都是有效的。心灵因而预先倾向于使命名、想象、类比、论辩等认知功能相互交流。在这样做的过程中,心灵就在学习更整体的认识。多重指示者使语言移出其严格的指示功能,而更接近其认知的解放功能。多重指示者的功能是让读者心灵从以下企图中解放出来,即企图将蝴蝶的故事固定为纯粹一个故事或纯粹一个包含比喻的故事。它确实是这样的故事,但同时又不仅仅是这样的故事。它是一个在故事中起作用的比喻,和在类比论证中起作用的故事比喻。这种解读《庄子》的一个目的是拓展论辩的观念,让它超出为意识之心而设计的明确的分析推论的观念。虽然蝴蝶梦的故事不是在三段论意义上的论辩本身,但是,它在作为劝说的手段和帮助心灵运动的手段的意义上是一种论辩。它是一种叙述的手段,一种进入整体的转化策略的修辞手法。结果,在更宽广的意义上,它能合理地作为一种论辩。我们不断地改变论说模式,以便跟《庄子》的精神相一致,这是一种推动在我们的认知能力和吸收以及这两者的概念中改变和适应的精神。在《庄子》的总的意义结构的上下文中,一个故事是一个有效的论辩。蝴蝶梦同时是比喻、故事、轶事和论辩。它不限于这几个中的任何一个。并且,在《庄子》的运作策略方面,如果它不是作为所有这几个,就不能作为其中的任何一个。(参看拙作第二、第三章)

③ 即使这全被当作一个笑话,还不清楚它如何作为一个笑话,甚至作为一个坏的笑话起作用。即使笑话也必须拥有一定的逻辑上的一致性,这样才能起笑话的作用。如果这个故事是设计来开玩笑的,那么,为什么它会在结尾中出现"周与胡蝶,则必有分矣"这样的并非没有意义的结论呢? 所有混淆假设(包括笑话假设,这是混淆假设的一种)都忽视了"周与胡蝶,则必有分矣"这样的强有力的论述。

④ Fung Yu-lan, *Chuang-Tzu* (New York, 1964), p. 64. 冯友兰:《庄子》(纽约,1964 年),第 64 页。顺便指出,可以看到,意识的催眠状态(在这种状态中,虽然人在生理上是醒的,但现实与梦想的界限却没有清楚地划出),就其所有意图和目的来说,是梦的状态的一部分。即使它可以被看作是一种醒的状态,它最确定地也不过被看作混淆假设的一种。

⑤ A. C. Graham, "Chuang Tzu's Essay on Seeing Things as Equal," *History of Religions* (Chicago, 1969 - 1970), 9:2 - 3, p. 149. 葛瑞汉:《庄子的〈齐物论〉》,《宗教史》(芝加哥,1969—1970 年),第 9 卷,第 2—3 期,第 149 页。

⑥ 葛瑞汉:《庄子内篇》,第 21—22 页。

⑦ 同上书,第 61 页。

⑧ Mark Elvin, "Between the Earth and Heaven: Conceptions of the Self in China," in M. Carrithers, S. Collins, and S. Lukes, eds., *The Category of the Person* (New York, 1986), p. 166. 伊懋可:《在天和地之间:中国的自我概念》,载 M. 卡丽迭、S. 科林斯、S. 卢卡斯编,《人的概念》(纽约,1986 年),第 166 页。华滋生的翻译也抓住了伊懋可的"assuredly a difference"(确切无疑的一种区别)之威力。这可由他的翻译看出来:"Suddenly he woke up and there he was, solid and *unmistakably* Chuang Chou ... Between Chuang Chou and a butterfly there must be *some* distinction!"(第一个着重号是我的,第二个着重号是华滋生的[此处排作斜体——译者])Burton Watson, *The Complete Works of Chuang Tzu* (New York, 1970), p. 4. 华滋生:《庄子》(纽约,1970 年),第 4 页。假如转化是无止境的和持续不断的话,强调区别和意识到这种区别的确定性好像没有那么重要,但是,如果转化只是单向的和一次的,这就很重要了。

⑨ 见伊懋可上文同一页。

⑩ 葛瑞汉:《庄子内篇》,第 61 页。

⑪ 见《庄子》第二十二篇。（译者按：有关的中文原文是："人生天地之间，若白驹之过郤，忽然而已。"[《知北游》]）

⑫ 虽然伊懋可没有特别提到超越，但是，在他取得大知或真知的观念中，似乎已隐含着超越。我的推论如下：如果正如伊懋可所说，在大知的状态下，我们不受无止境转化的影响，那么，我相信，在普通之知的状态下，我们是受它影响的。在这个意义上，如果我正确地解读了伊懋可的精妙而博学的文章，那么，为了达到高层次之知，我们必须超越日常或平淡之知。

⑬ 同注⑧，第 167 页。

⑭ 考虑到这些困难，我们可能会感到惊讶：为什么会有人拥护无止境转化假说？其中的一个理由可能是对不真实的第三十三篇（译者按：即《天下》篇）的不幸的信赖。例如，Girardot 赞许地提到"蝴蝶方式"。这是一种"无限的、无边的、无形的、转化的、改变的、不定的"生活。他在此是引用华滋生对第三十三篇的翻译（见华译第 373 页）。他还再次把第三十三篇的模型运用到第二篇的蝴蝶梦中："《庄子》蝶喻的灵魂是：梦想与现实的界限在物的大变中不断地模糊。"参看 N. J. Girardot, *Myth and Meaning in Early Taoism* (Berkeley：University of California Press, 1983), pp. 111, 163. 吉里多提：《早期道家的神话和意义》（伯克利：加州大学出版社，1983 年），第 111、163 页。（这又给混淆假说增加了一点内容）

⑮ Kuang-ming Wu, *Chuang Tzu：World Philosopher at Play* （New York, 1982). 吴光明：《庄子：逍遥的世界哲学家》（纽约，1982 年），第 7 页。

⑯ 同上书，第 20 页。

⑰ Kuang-ming Wu, "Dream in Nietzsche and Chuang Tzu," *Journal of Chinese Philosophy* （Honolulu）13：4(1986), p. 379. 吴光明：《尼采和庄子之梦》，《中国哲学季刊》（火奴鲁鲁）第 13 卷第 4 期（1986 年），第 379 页。

⑱ 这并非是英译特有的问题，因为在中文原文中，从其上下文来看，"此之谓物化"中的"物"显然是复数。在汉语中，复数没有后缀（如英文中的"s"），名词（也称为"集体名词"）没有单、复数的变化。但是，考虑英译以作为一个理解的向导是有用的。在此，我遵循陈荣捷在实践中的一个解释原则（在 1984 年于檀香山举行的亚洲和比较哲学国际研讨会上，他在大会发言中谈到这一原则）。

第七章 蝴蝶梦：文本外的调整

　　在这一章中,我将论述一种选择:保持构成蝴蝶梦的现有片段的先后顺序不变。如果有人接受蝴蝶梦故事的不成熟的版本,那么,有没有什么途径使这个故事能讲得通呢? 我的看法是:如果有人认为蝴蝶梦故事的不成熟的版本是可信的,那么,能够讲得通这个故事的唯一途径是,把它看作证明这么一种观点的早期的、暂时的、不完美的一种尝试,这种观点在大圣梦或大醒梦的故事中得到更完整、更完美的阐述。这需要对蝴蝶梦的故事进行文本外的调整,以便使它先于而不是后于大圣梦。大圣梦故事将作为《庄子》第二篇的结尾,并被看作该篇的结论。对于《庄子》第二篇的最紧密结合在一起的和最连贯的翻译,将要整合内在的和外在的变化。然而,如果出于情感上的理由,强烈地反对改变蝴蝶梦故事本身,那么,可以通过将蝴蝶梦的故事理解为对大圣梦的故事的观点的暂时表达,由此而不触动蝴蝶梦的现有先后顺序,并保留在第二篇之内的一种逻辑上的连贯性。

　　如果我们宁愿选择保留蝴蝶梦的不成熟的版本,我们可以把它理解为提出一种论辩的初步的、不完美的尝试,这种论辩在大圣梦中以更完整和更令人满意的方式出现,这样就能使蝴蝶梦说得通。在开始我的论证之前,我要说明一项重要的限定。只有我们假定一个前提:蝴蝶梦和大圣梦都是为了说明相似的观点,为相同的因素而比较那两个故事的全部策略才有意义。如果它们是为心里不同的目的而设计出来的，那么，比较二者就变得无力了。然而，我的看法是，设计这两个故事是为了表达相似的观点。

假如我们认为，设计蝴蝶梦和大圣梦是为了表达不同的观点，弄清楚以下这一点是很重要的：这两个故事不在表达相矛盾的观点。为了弄清楚这两个故事在表达相似的观点还是不同的观点，我们首先需要知道每个故事所表达的观点。大圣梦表达的观点是相当易懂的，并且，正如我们下面将看到的，关于其意义没有什么问题。而另一方面，正如我在前一章中指明的，蝴蝶梦是明显地模糊不清的，在其现有的形式和现有的文本安排中难以解释它。

在前一章中，我考察了两种主要的关于不成熟版本的蝴蝶梦的可能的解释（我说的"可能"，指的是符合蝴蝶梦故事的内在逻辑）：(1) 它的要旨是这样的结论：我们不能确定我们是做梦还是醒着的（混淆的假设）；(2) 它的要旨是这样的结论：任何事物都处于无穷的外形转化的状态之中。既然(2)在很大程度上陷进(1)，其原因我在前一章中已经说了，我将混淆假设看成是我的假设的唯一合法的替换物，我的假设是：(3) 蝴蝶梦的要旨在于得出与在更完整的、更令人满意的大圣梦中所得出的观点一样的观点。简单地说，我的假设的理由是，这种没有最后的醒的无穷的转化，意味着我们不能确定我们是醒还是睡。如果我们不能确定我们是醒还是睡，那么，我们拟作为解释的假设，和任何梦的内容一样，都是可疑的。

如果我们把(1)看作蝴蝶梦的意义，那么，这个意义直接地与大圣梦的意义是相矛盾。即使我们坚持，(2)可能是合理的，它也与大圣梦相抵触，因为(2)不能提供一个最后的醒。如果蝴蝶梦是与大圣梦相矛盾的，那么，甚至蝴蝶梦也失去了它的价值，因为我们不知道该相信两个故事中的哪一个。在这点上，文本就失去了完整性。我们要么假定这是一个自相矛盾的文本，要么不得不把两个故事中的一个看作是不重要的或是假的，或者两者兼而有之。我的看法是，通过把这两个故事理解成表达相似的观点（假如不是相同的话），我们就能保留这两个故事，并保持文本的完整性及其价值。

正如我在前一章中所论述的，像葛瑞汉那样说，这两个故事提出了不同的观点，并对之存而不论，这是不够的。[①] 我们必须弄清楚：那两个故事所提出的观点不是互相矛盾的。如果关于蝴蝶梦的唯一可能的解释是混淆假设，这便直接被大圣梦所否定。正如我们下面将看到的，大圣梦明确指出有"大觉"，并且在此"大觉"之后，区分梦的状态和醒的状态是可能的。更重要的是，区分一个作为真实的状态（醒的状态）和另一个作为幻觉的状态（梦的状态）也是可能的。[②] 这个结论与混淆假设的结论是直接矛盾的。如果混淆假设是正确的话，大圣梦的意义便被否定了。如果我们对于我们自己是醒着，还是在梦中处于无止境的混乱的状态，那么，我们便永远无法摆脱这种状态。如果大圣梦被看作是有意义的，混淆假设就不可能是正确的，除非把此假设看作提出一种观点的初步尝试，这种观点在大圣梦中被更好地提出来。更重要的是，如果混淆假设是正确的，那么，蝴蝶梦故事本身就变得难理解，因为我们不能确定，在一种可能的幻觉状态之中得出的结论是否正确。这样，在此说之下对蝴蝶梦的唯一可能的解释，好像使该梦表达一种与大圣梦不同的观点，并在事实上与大圣梦相矛盾，从而留给我们一个截断过的或自相矛盾的和难理解的文本。

我将提出根据来支持我的看法：蝴蝶梦是大圣梦的早期版

本,它试图表达在大圣梦中才更完全地表达的观点。如果我们把现有不成熟的蝴蝶梦版本看作是最后的版本,那么,我的判断是:它是大圣梦的一个不清楚的版本,它试图说大圣梦要说的东西,但说得更不完整、更不完美。我的论辩将按原文比较这两个故事,以表明它们都展现了一条相似的发展路线。通过这样做,我希望表明,大圣梦怎样获得了比蝴蝶梦明显地试图要获得的更多的东西。这个方法的长处是使这两个关于梦的故事讲得通,并消除在它们两者之间产生矛盾的任何可能性。消除这种矛盾的可能性,大有助于保持出现这两个梦的《齐物论》这一篇以至《庄子》全书的完整性及其价值。在后面,无论我何时使用“蝴蝶梦”这个词,我都是指该梦的故事的现存不成熟版本。这将使这一章的论辩能够建立在它们自己的基础之上,而与前一章提出的论辩无关。

我的理由有两个方面:(甲)来自陈述的顺序;(乙)来自解释的顺序。虽然这两方面有重叠,但它们有一些重要的区别,值得分开考虑。把来自陈述的理由和来自解释的理由结合起来,它们构成了说明蝴蝶梦故事的预备的或暂时的身份的全部理由。

(甲)来自陈述或写作顺序的理由是以这样的假设为基础的:越早提出的论辩,越不完善。随着一个论辩逐渐展开,它变得越来越完善。因此,越不完善的论辩,越归于文本的前面,因为它越早提出。如果一个早的论辩出现在文本的后面,并且有理由相信原义对论辩的安排是可以讨论的③,那么,这将是说明一个论辩被误置或误编的理由。来自写作顺序的理由是,越不完善的论辩,越早被阐述,因而,在文本顺序上它应该属于前面。这个理由是建立在解释心理学的基础之上的,这就是说,一个论辩提出来以后,它会逐步发展,并且,其后来的阐述比其前面的阐述,体现了这个论辩的更真实的情形(正如康德的《纯粹理性批判》的第一版和第二版的情形一样)。一个论辩的版本越发展,它就越成熟。因此,如果我们能显示,大圣梦故事是蝴蝶梦故事的更精致、更完整、更自觉、更明晰、更首尾一致的版本,那么,这将是一个证据,证明前者是在后面的时间写的,因而应归于文本的后面。

(乙)来自解释顺序的理由非常接近甲,因为它假定:一个更精致的论辩版本是后于没那么精致的论辩版本的。它把以下这一点加到来自写作顺序的理由之上:如果一个论辩同时解释了自身和另一个版本,那么,它在逻辑上就是后面的,并且根据逻辑上的理由,在文本中应该放在后面。就恰当的解释顺序而言,一个欠充分的叙述跟在一个更充分的叙述之后,这在逻辑上讲不大通。解释应该在待解释的事物后面。一个解释不充分的、为了完全和足够的解释需要附加的说明的论辩,在逻辑上先于更完整的论辩,应该放在它的前面。

来自写作顺序的理由

与来自解释顺序的理由比较起来,来自写作顺序的理由更难提出,但它更值得考虑。从写作的心理学角度来看,在写一个论辩时,含糊的论辩在时间上是先于清晰的论辩的。随着一个人展开其论辩,对于他试图得出的结论,他会越来越清晰。尝试接触第一手哲学的人都会熟识这种现象。因此,就写作的时间的和空间的顺序而言,一个论辩越完整、越全面,则一定处于越后的阶段。与大圣梦故事相比,蝴蝶梦故事处于一个更不完整、更不清晰的论辩阶段,因而很可能产生于写作的前面阶段,在文本中归属于比大圣梦故事更前的地方。

我们可以先考虑大圣梦。显然,它比蝴蝶梦更完整和更精致。它在叙述中不存在逻辑上的矛盾,也没有留下任何超出这个叙述之外的步骤。大圣梦故事的基本结构如下:首先,所有的人都存在于梦之中;其次,甚至当哲学家阐述他们的理论时,他们也处在梦中;最后,作者作为一个哲学家,他也是在梦中阐述自己的理论的。这三个步骤是以完全首尾一致的形式提出的,并且在论辩中没有任何省略。

表1 大圣梦的叙述

我对论辩的浓缩	文本
1. 所有的人都存在于梦中	愚者自以为觉
2. 甚至当哲学家阐述其理论时,他们也在梦中	丘也与女,皆梦也
3. 当我阐述我的哲学时,我也在梦中(既然是这样,你阐述你的哲学,也是在梦中)	予谓女梦,亦梦也
4. 在原则上,我们可能达到一个认识的阶段,在这个阶段上,我们能区分什么是梦,什么不是梦	觉而后知其梦也,且有大觉而后知此其大梦也

《庄子》的作者还说到一个新的前提:有一天,我们将有一个大觉,在其中我们将能认识到,所有到那时为止所经历的,实际上都是一个梦的一部分。如果我们能在这里预期到我们的结论,而这个预期又是出现在蝴蝶梦的故事之前,那么,这个结论将是很棘手的,因为,显然,在蝴蝶梦的故事中,我们到最后都不知道我们是醒着的,还是在梦中。

另一方面,如果我们审视蝴蝶梦,我们将会发现,它(至少是在其现存的版本中)得出一个范围窄得多的、更为不明确的结论。假如事实上蝴蝶梦在时间上是后创作的,或者假如它将出现在大圣梦之后,那么,它在逻辑上根本就是不连续的或不相继的。

请看:

> 昔者庄周梦为胡蝶,栩栩然胡蝶也。自喻适志与! 不知周也。俄然觉,则蘧蘧然周也。不知周之梦为胡蝶与,胡蝶之梦为周与? 周与胡蝶则必有分矣。此之谓物化。(《齐物论》)

如果我们把大圣梦和现有的版本的蝴蝶梦相比较,那么,蝴蝶梦在对比之下显得根本上是不完整的。蝴蝶梦的故事告诉我们:我们不能确定是庄周在做梦,还是蝴蝶在做梦。紧接下面的一句则尝试提出庄周与蝴蝶必定有区别。(在大圣梦中,大圣被作为是可能认识到这样的区别而提出来的。)然而,在蝴蝶梦的故事中,虽然认识到必然存在这样的区别,但是,根本不清楚谁可能认识到这个区别。显然,不可能是庄周,他也许梦到这个可能性,因而可能弄错了。我不会推测一种可能性:这个区别是由蝴蝶做出的。这个区别被显著地提了出来,但是,在蝴蝶梦故事的范围内,尚未给出做出这个区别的可能性的条件。

最后,蝴蝶梦的故事告诉我们,这个区别可以称之为"物化"。在蝴蝶梦故事的上下文中,这几乎讲不通。"物化"被一个认识主体说出来,可是,这个认识主体没有真实的立场。像"物化"这样的结论是根本不能被证实的或可证明为正当的。如果"物化"这样的结论是单独从蝴蝶梦中作出的,这个结论看起来是一个没有很好的保证的结论。显然,这个结论不是蝴蝶梦的一个逻辑的结果。单独地看,这个结论没有逻辑上的根据,也没有文本上的根据。

然而,如果我们认为蝴蝶梦故事是陈述一个论辩的早期尝试,这一论辩预期或预示一个在大圣梦中以完整的形式提出的论辩，那么，蝴蝶梦的结论就具有完美的逻辑上的意义。首先，我们被告知，庄周可能在梦中（这或多或少是原先出现在这个故事中的蝴蝶的意义）。如果把它放在大圣梦之前，这是十分合适的。例如，在整个大圣梦中，这个故事是以梦饮酒开始的。在这种语境中，当那些做梦的人梦见喝酒时（因而他们在梦中醉了，这削弱了他们对愿望的判断力），他们不知道他们是否在做梦。对于"物化"是什么，他们很难确定，尽管当他们从喝酒的梦中醒来时，他们知道自己根本没有喝酒。现在把蝴蝶梦和喝酒打猎梦放在同一层面上。唯一的不同点在于，前者存在一个省略的三段论。在大圣梦中，虚拟的喝酒者知道有一个转化，但没有考虑他们是怎样知道这一点的。这方面的信息是由那"大圣"提供的，他在后面出现并向他们解释了一切。* （为了使我的观点尽量明白表达，我暂时将这两个故事合并起来。）是庄周梦蝶，还是蝶梦庄周？为了彻底理解这一点，他需要醒来。只有在最终的觉醒之后，才能清晰而确实地对庄周和蝴蝶做出区别。在蝴蝶梦故事中说到的庄周和蝴蝶之分必定是小醒或非最后之醒的结果。我这样说不仅是因为这里没有提到大觉，而且是因为，当他一意识到自己是庄周时，他又不知道，自己是否是庄周了。他经历的醒不是一个完全的或真正的或最终的醒，因为这个醒一产生，庄周就不能确定它是否是梦的一部分。如果把蝴蝶梦看作自身内的一个完整的论辩，并以该故事的内在逻辑为基础，庄周和蝴蝶"必有分"的结论，是不合逻辑的。只有当我们把蝴蝶梦理解为大圣梦的一个预兆（前驱），这个结论才讲得通。在大圣梦中，蝴蝶梦认知主张的真实性的可能性的条件给了出来。作为一个对更完整的论辩

---

* 这是指《齐物论》中的"万世之后而一遇大圣知其解者，是旦暮遇之也。"——译者

的预知,蝴蝶梦在一定程度上讲得通。独自由蝴蝶梦作出的庄周和蝴蝶"必有分"的结论,如果单独作为一个论辩的结论,这是一个不合理的结论。

如果蝴蝶梦是先于大圣梦,它则能讲得通。庄周和蝴蝶的最终、永久的区分只有在"大觉"之后才能作出。在蝴蝶梦故事中的庄周和蝴蝶之分是过早的和不确定的。这样一个尝试性的和可改正的区分,只能是暂时、非最终的醒的结果。

在蝴蝶梦的故事中,通过让庄周在作出区别之前惊醒,试图获得与大圣梦同样的结论(只有在醒后我们才能懂得实在)。但是,问题在于,在醒来之后,他还不能确定他是否是庄周。这样,醒的概念仍没有完全起作用。醒来之后,他对自己的身份还困惑,好像自己还是在梦中一样。更糟糕的是,在这种困惑的状态之下,他开始知道庄周和蝴蝶必定是"有分"的。通过这样的分析,似乎很明显:蝴蝶梦一定是大圣梦的原始的或初步的版本,在写作顺序上可能是在先的。

来自解释顺序的论辩

来自解释顺序的论辩与来自写作顺序的论辩是非常相似的,然而,前者不同于后者的地方在于:它不对哪一个论辩在时间上必定在先进行争论。它从一个完整的(一致的、紧密结合在一起的和紧凑的)解释角度论证:一个更有理解力的、更自觉的论辩(它能同时解释另一个论辩和它自己)应跟在更少理解力的、更不一致的、更少自觉的论辩之后,因为解释应跟在被解释的事物的后面,而不应相反。这样会更有逻辑意义。来自解释顺序的论辩是建立在构成最满意的解释是什么的基础之上,它独立于作者的实际意图。因此，为了使来自解释顺序的论辩有效，没有必要承认由后来的编辑而带来的不真实的、误导的编排。

在我们现存的《庄子》文本中，大圣梦靠近蝴蝶梦，两者之间隔了三段话。为了帮助读者，我把大圣梦全引于后：

> 梦饮酒者，旦而哭泣；梦哭泣者，旦而田猎。方其梦也，不知其梦也。梦之中又占其梦焉，觉而后知其梦也，且有大觉而后知此其大梦也。而愚者自以为觉，窃窃然知之。君乎，牧乎，固哉！丘也与女皆梦也；予谓女梦，亦梦也。是其言也，其名为吊诡。万世之后而一遇大圣知其解者，是旦暮遇之也。（《齐物论》）

当然，有人会争辩说，我们可以为蝴蝶梦提出的见解辩护，这样，大圣梦就没有什么意义，应该置之不顾。我发现，这种说法很难让人接受，因为，大圣梦的精致和敏锐与蝴蝶梦的相对原始、不完整、不合逻辑、对吊诡的不自觉，形成了鲜明的对比。

我认为，对这两个故事进行仔细审查，可以发现它们的意图的相似性，并且，大圣梦表达了蝴蝶梦试图想说而没能说的东西。后面的哲学要素的浓缩将尝试表明这一点。虽然在我看来，来自写作顺序的论辩和来自解释顺序的论辩是相互支持的，但是，仅以前者为基础，就可以说，如果大圣梦放在蝴蝶梦之后，并作为全章的总结，庄子的论辩就会连贯得多。

从逻辑上说，如果我们把大圣梦看作是后面的论辩，它对蝴蝶梦就具有解释力；但反之则不然。一旦某个人完全醒来，他可以区分什么是梦，什么是实在。在一个人完全醒来之前，作出这样的区分在经验上是不可能的。如果我们把蝴蝶梦看作是跟在大圣梦之后,这看上去好像是论辩的倒退。我们已经完全醒了,然而我们却再一次处于不能分辨出我们是醒着,还是在做梦的状态。这是根本说不通的。除了指出庄周和蝴蝶"必有分"这一点外,蝴蝶梦可以被看作是对大圣梦的反驳。这样,蝴蝶梦就不能被认为只是说了一些与大圣梦不同的东西。另一方面,如果在醒之后,我们还不能作出这种区分,尽管这种区分必定存在,那么,这将会取消大圣梦中的那个见解:在大觉之后,这样的区分是可能的。如果我们在大觉之后还不能作出这样的区分,那么,这或者使大圣梦成为废话(这不可能是蝴蝶梦的所指,因为它明言必定有某种区分),或者对置蝴蝶梦于大圣梦之后形成了有效的反驳(reductio ad absurdum*)。蝴蝶梦断言"必有分",这表明它的意图与大圣梦的意图是一样的,但是,蝴蝶梦的内在逻辑还没有发展到能作出这种分的地步。它想建立这个区分,但它又不能这样做。这便形成了蝴蝶梦的模糊表述。

但是,如果我们把蝴蝶梦放在大圣梦之前,所有困惑的片断都能相互适应。蝴蝶梦不能解释大圣梦(事实上,它甚至不能自我解释)。但大圣梦能够解释并且事实上也解释了蝴蝶梦。显然,蝴蝶梦试图提出一个人在梦的状态下所遇到的困境。庄周有一个见解,在醒与梦之间(在庄周和蝴蝶之间)必定有区分,但这是在他发展出逻辑工具去解释他拥有这个见解之前。然后,他在大圣梦中对此进行了非常精心的发挥。在说了在醒与梦之间是有区分,并且这就是转化以后,他继续解释这为什么是可能的。

---

* 英文"reductio ad absurdum"一词的直译是"归谬法"。它是指:从某个前提引出结论,因结论是荒谬的,这个前提也是荒谬的。——译者

转化就是这种可能性的条件。转化就是醒,就是认识主体的转化。如果我们认为这构成了前引的"此之为物化",我们就会陷入一个困境。这是对一种更完备的说法的含糊或部分的表述,这种更完备的说法是:物化应归于觉醒心灵之见解的转变。不存在庄周和蝴蝶相互转换的无止境的重复。他很清楚,这种转化一定有一个终点。事实上,对于庄周和蝴蝶之分的认识,是不能在梦中作出的。否则,这是一个可疑的区分,因为任何梦的内容都是不真实的。认识到庄周和蝴蝶必定有区分,在逻辑上必须是在醒了一会儿之后。看到物化的可能性(这是说对实在正确理解的另一种方式),只能在完全清醒之后。

置大圣梦于蝴蝶梦之后的解释力是很强的,因为这样既可以解释蝴蝶梦,又可以解释大圣梦。如果我们坚持将蝴蝶梦放在大圣梦之后,那么,我们就倒退了一步,并将得到一个无根据的结论:在认识主体可能仍处于梦中的时候,我们能够认识到(或有人能够认识到)在庄周和蝴蝶之间必定有分。这在逻辑上是说不通的。若将大圣梦放在这一篇的后面,我们就能看到一个组织得很好的论辩。我的看法正是建立在这一基础之上的。

为了帮助读者,如果我们让大圣梦和蝴蝶梦并排在一起,我们就能看到大圣梦在综合性、自我一致性和视野等方面都要胜一筹。所有这些,都标志着它是属于较后的写作阶段的。如果把大圣梦放在后面,那么,它的高度的反思力、高度的精妙和极高的包容性表明,它对提出的问题带来了一个更完整、更优雅的解释。为简单和陈述的方便起见,我用表2表示我看到的这两个梦的故事的要素。

表 2　梦的要素的比较

大圣梦的要素	蝴蝶梦的要素
A. 梦与醒之间的转化	梦与醒之间的转化
喝酒→哭泣	庄周到蝶
哭泣→打猎	蝶到庄周
(这是在明确划分梦与醒的情况下发生的,因此,要区分此二者是可能的)	(这是由一个退步的论辩而发生的,也是在不知道是醒还是梦的领域发生的,这使它在逻辑上是可疑的和复杂的)
B. 在梦中,我们不知道我们是在做梦	在梦中,我们不知道我们是在做梦(但这只是含蓄地指出)
C. 在梦中,我们试图解释我们的梦	缺(我把这点作为哲学家的行为)
D. 当醒来之后,他们知道这是一个梦(注意:这里对知道的断定是很强烈的)	知道他是庄周,但同时又不能确实地肯定他事实上是不是做梦的蝴蝶(因此,这最多是混乱的认识)
E. 大觉:所有的生活在某种程度上都可以解释为梦,从而揭示了大圣梦的隐喻维度	缺(再次指出,这是哲学家的解释工作)
F. 孔丘和你都处于梦中——甚至哲学家也在梦中	缺。并且只是在低水平上提到庄子和蝴蝶
G. 当我说你在做梦的时候,我甚至也在做梦	缺。但是隐含在一个观点之中,这个观点就是:如果这是蝴蝶在做梦,那么,所说的就没有实在性。这等于躲躲闪闪地、不展开地提到"我在做梦",因为,它在内容上是不同的,在事实上是相反的,但在逻辑结果上是一样的
H. "是其言也,其名为吊诡"	缺。没有承认蝴蝶梦的吊诡特性,阐述的是更不反思、更不明确、更不精妙的东西
I. 这些话是能够解释的,并且在将来会被解释(大圣的来临)	缺。只有一种认识留给我们:在幻觉和实在之间一定有区别,但我们不知道认识这种区别的可能性的条件,还留下一种可能的模糊的看法:更完整的或更确定的解释是不可能的

对蝴蝶梦和大圣梦这两个故事之间的联系的提示,体现在"此之为物化"这一短语中。在蝴蝶梦的前后文中,"此"指对庄周

和蝴蝶之分的理解。这个理解是真正的转化。当我们拥有这个理解时(正如在大圣梦的情况中一样),世界就转化为可理解的世界。在物最后被看作物的情况下,物发生了转化。这就是说,它们被理解了。在蝴蝶梦中,这种理解为什么可能的原因并不清楚。所有我们能知道的是:存在一种区分,并且对这种区分的理解就是转化——无论它指的是什么。在大圣梦中,在论辩中缺少的环节被补上了:在幻觉和现实之间存在着一个区分,而且大觉的圣人将向我们解释原则上能够解释的东西。同时,在哲学家的话中,这好像是吊诡的,像梦一般。既然哲学家说到梦的状态,那么,这种假象和暂时的吊诡就会伴随着这种状态。大圣梦不仅可以自我解释,而且它还解释了蝴蝶梦,或者使蝴蝶梦有意义。从写作的顺序和解释的顺序上看,大圣梦是属于后面的。它反思了自己和蝴蝶梦,因而显得更加精致。它解释了其自身发生的可能性和蝴蝶梦发生的可能性。它指出,这两者的发生都是可解释的,并且还指出了这种解释的可能性的条件,同时还敏锐地思考了在这些反思中所牵涉到的语言的局限性。它的更强的自我一致性,更强的可解释性,更大的适应范围以及自我反思性,都说明它在《庄子》第二篇中要放在蝴蝶梦之后,以便它的更强的解释力能与摆出的更合逻辑性的结论相符合。

我认为,把蝴蝶梦理解为大圣梦的暂时版本,可以带来一些深远的结果。这些结果超出了本章的范围。我将满足于以下简要的看法。

在蝴蝶梦的现存不成熟版本中,它放在《庄子》第二篇的结尾,并且与大圣梦没有联系,只留给我们这样一个结论:醒是由认识到庄周和蝴蝶之间必定存在分别而组成的。但是,既然这并非是最终的醒(它是可改正的醒,因为即使在这个醒之后,他还不能确定他是否是一只蝴蝶之梦的虚构物),这就留给我们一种可能性,即所说的转化是一个梦与醒的无止境的、不停的循环。(由于蝴蝶梦的内在逻辑)我们不能把这种转化看成最后的醒或完全的醒,除非我们把醒的主体的判断的可改正性看成是文本的不真实片断的体现。如果我们把判断的可改正性看作是文本的真实片断,那么,就很难把转化或由转化而导出的随后的见解看作是真实的,因为,这可能是蝴蝶想象力的另一个虚构物。如果我们认为判断的可改正性是蝴蝶梦的一个必要的组成部分,那么,单凭蝴蝶梦,我们似乎不能把所说到的转化看成是一个最终的或最后的醒的一部分。

如果我们把蝴蝶梦看作一个整体,不删去那个不能区分现实与梦境的片段,那么,我们似乎不能认为,转化使我们离开了那一只蝴蝶的梦境,因为这个转化可能是梦的一部分。看起来,我们唯一的另外的选择,是把转化解释为无穷的醒与梦的循环,它怀疑任何认知主张的正当性。如果不考虑大圣梦,很难知道如何得出其他有理由的结论。如果把现存不成熟版本的蝴蝶梦单独看成是一个完整的论辩,那么,它留给我们一个关于实在的不满意的结论,在这种实在中,我们永远处于一种不知道的状态。以下这一点没有被解释:在这种不知道的状态中,我们怎么能够知道在现实和幻觉之间存在着区分? 就转化可能是梦与醒之间的无休止的变换而言,它也许不可解释。

把蝴蝶梦理解为一个暂时的尝试,它要表达在大圣梦中更好地表达了的观点,这就使我们有逻辑上更满意的见解和有一个更乐观的心情。这就有一种对存在之物与非存在之物作出区分的可能性,并且,认识这种可能性的条件也已经给了出来。一旦我们达到大觉,我们就能知道实在是什么,也能解释我们对实在的认识如何是可能的。

如果我不得不在以下两者之间进行选择——一是把蝴蝶梦解释为表示一种不可避免的无知性,一是把大圣梦解释为预示一种潜在的可解释性,那么,我将选择大圣梦。在对这两个梦的解释中,不可能两个梦同时为真。如蝴蝶梦为真,则大圣梦就是假的。如大圣梦为真,则蝴蝶梦就是假的。但是,我们不需要作这样的选择。

如果我们接受一种解释——蝴蝶梦是一个预示,是大圣梦的一个不成熟的版本,那么,这两个梦可以相互一致,并且可以同时为真。大圣梦将被看成是更完美的和更完整的关于表述为真的东西的版本。蝴蝶梦将被看成是不完整的和早熟的关于将要表述为真的东西的版本。大圣梦只是使在蝴蝶梦中尝试性地、不熟练地提出的东西更完备、更完整而已,它清楚地表达了蝴蝶梦模糊地说的东西。因为这种解释的优点,即保留更多的《庄子》文本,给该文本以更高的一致性和完整性,我的结论是:蝴蝶梦应该与它在《庄子》中的暂时性身份相一致。

注　释:

① 参看本书第 111—117 页和上一章注⑤所说的文章的最后。

② 这一点不会被同样也在大圣梦中所说的"予谓女梦,亦梦也"所否定。假如大圣梦表示,在最终醒来之后我们仍在梦中,那么,这就是一个对以下观点的证明:蝴蝶梦的故事和大圣梦的故事表达相同的观点,即混淆说的观点。但是,葛瑞汉没有提出这个证明。他说,这两个故事表明不同的观点。大概他要通过给大觉者以真实的眼光,来解释大圣梦(参见葛瑞汉:《庄子内篇》,第 21 页)。没有理由将对于实在作出的陈述,和那非语言的大知等同起来,这个大知就是:"且有大觉而后知此其大梦也。"进一步说,在"予谓女梦,亦梦也"之后,庄子说到,将会出现一个大圣"知其解者"。如果"予谓女梦,亦梦也"是可以说明的话,这话不能简单地看作是梦的内容的一部分。被

定义为幻觉的所有的梦,不能被解释为关于实在的真正陈述的组成部分,或者是对关于实在的正确解释的真正评论的组成部分。要完全地表达实在,语言有局限性,关于这个问题,下一章再讨论。

　　③ 正如我在前面指出的,没有理由把《庄子》的现行编辑顺序看作是神圣不可侵犯的,无论我们是在考虑某一个特别段落的内在顺序,或是在考虑某一篇内不同段落本身的顺序时,都是如此。参看本书第一章注①和第六章注①。关于《庄子》现行文本的可疑的顺序的更多的说明,也可参见葛瑞汉:《〈庄子〉其书及其翻译问题》,载《庄子内篇》,第 27—39 页,并参看葛瑞汉的《〈庄子〉一书有多少是由庄子写的?》,载罗思文和史华慈编的《中国古典思想研究》,见《美国宗教研究院学报》(*Journal of the American Academy of Religion*)第 47 卷第 3 期(1979 年 9 月),第 459—502 页。对我们现在读到的《庄子》文本已经被重新整理过的事实,还有另外的证据可以在以下文章中看到:里瓦·科诺尔(Livia Knaul):《郭象和庄子》("Kuo Hsiang and the Chuang Tzu"),《中国哲学季刊》(*Journal of Chinese Philosophy*),第 12 卷(1985 年),第 429—447 页。

第八章 相对主义问题

　　到现在为止,读者可能会提出反对,说我仅仅为了把《庄子》文本从被理解为相对主义伦理学的演练(exercise)中解救出来而陷入非常麻烦的境地——甚至到了要对文本的关键论辩作重新调整的地步。为什么不选择一条比较简单的路线:采纳庄子是相对主义者的观点,并以此来看待这个文本? 正如我在导言中指出的那样,这种选择会使《庄子》浅薄庸俗化。但更重要的是,我相信,如果我们把庄子看作某种相对主义者,我们就不得不承认,该文本或者是自相矛盾的或者最终是不可理解的。如果一个人严肃地接受彻底的相对主义,他一定是怀疑论者。因此,他甚至不可能处于一种提倡他的相对主义的立场。正如斯宾诺莎所说的那样,彻底的相对主义必须保持沉默。

　　在前面多章中我已说到,《庄子》文本中的论辩的安排有一个明确的策略,这种策略的结果是达到以"真人"或"圣人"的概念来象征的一种确凿的明见。但是,如果一个人相信,所有的观点都被看作处于相同的价值平面,那么,就没有什么可以被看作是达到了这种明见状态。因此,我认为,我们必须应小心避免这样一个结论:庄子认为,相对主义是一种终极的观点。

　　但是,在论者之中,把庄子看作某种相对主义者实在是太常见了。在本章中,我将尤其表明把《庄子》解释为相对主义的疑难性是什么。为此,我把对《庄子》作相对主义的解释划分为主要的四类。我将指出每一类解释易犯的严重错误。最后,我将提出第五种相对主义解释,它主张,人们在《庄子》中发现的相对主义具有一种暂时的、不是最后的本性,它具有这样的长处——避免该文本成为琐碎的、自相矛盾的以及难以理解的,从而使庄子有某种评价的态度。

为方便起见,我把解释者在《庄子》相对主义问题上所采取的不同立场分为独立的四类。那些划分是有点任意的,并且在有些情况下是重叠的;它们不完全忠实于每一个解释者的本意。但是,它们代表了相对主义解释的不同的可能性,使读者能更明确地看到试图从最终意义上把《庄子》文本理解为相对主义的做法存在什么问题。既然我已经利用了传统的解释去描述那些不同的类别,我想请求这些解释者原谅,同时也愿提醒读者注意:这些解释者并不总是坚持那些我据以归类他们的成规。这些划分的作用主要在于提供一种模型,用来说明相对主义解释的种种可能。其本意并不在于严格精确地描述解释者自己的立场。否则,那些在很多情况下不把自己作为相对主义者的解释者,可能会有理由地抱怨我竖立了一个稻草人,然后打倒他。我的主要目的是说明以相对主义来解释《庄子》所遇到的困难(这种解释在逻辑上是可能的选择),而不是对正被谈论的作者作详尽无遗的批判。事实上,我非常感激他们,因为,他们展示了解释《庄子》的途径是多么丰富多样。

我将要表明的五种模型(包括我自己的一种)是:极端相对主义、温和相对主义、既不是相对主义又不是非相对主义、既是相对主义又是非相对主义、不对称相对主义(Asymmetrical Relativism),有时我也称之为或者是相对主义或者是非相对主义

以 及 相 对 主 义 和 非 相 对 主 义（Either Relativism and Non-
Relativism）。

极端相对主义

极端相对主义在可能最强烈的意义上把庄子说成怀疑论
者——所有价值都被看作等同于其他一切价值。这种主张的优
点在于它的单义性。其解释外观是清楚和不会被误解的。极端
相对主义者包括顾立雅（H. G. Creel）、陈汉生（Chad Hansen）、
拉思·汉生（Lars Hansen）、里瓦·科诺尔（Livia Knaul），甚至在
一定程度上还包括陈荣捷。在他们之中，顾立雅的观点也许是最
极端的，因为他似乎完全认识到彻底一致的相对主义的逻辑含
义。对他来说，相对主义者不能主张任何一种价值高于任何其他
的价值。其逻辑结果是，相对主义者可能变成一种道德怪物：

> 明的（enlighted）道家超越了善与恶；对他来说，善与恶
> 是被无知者或傻子使用的词语。如果这适合于他的突然的
> 念头，他可以用浓缩而猛烈的台风毁坏一个城市，屠杀城中
> 的居民，但没有感到良心的不安，正如壮丽的太阳洒其阳光
> 于暴风雨后的废墟而没有感到良心不安一样。①

对我来说，很明显的是，这不可能是庄子心里所想的。对我来说，
这是对明（enlightenment）的概念的歪曲。但要记得的重要的一
点是，如果我们把庄子理解为强烈的相对主义者，我们就不可避
免地得出顾立雅的结论。

在拉思·汉生的更为学术化的语言中，我们能发现类似的东
西：赞成以强烈相对主义的观点来阐述由《庄子》而推出的逻辑

结论:

> 聪明人的行为既不主动地好,也不主动地坏,而是在有
> 关明确地选择一套价值时避开认可或不认可。他的高超的
> 知是由不能区分是非组成的。……起码,对于大小、贵贱,不
> 存在能进入我们心中的标准。②

再说一次,如果庄子是极端相对主义者,他就不会自我一致地接
受任何价值。这样一来,对与错就没什么区别了。如果承认庄子
是一个极端相对主义者,这肯定是一个不可避免的结论。但是,
对我来说,这一结论事实上正好说明了把庄子看作一个极端相对
主义者的荒谬性。

在陈汉生教授的最近的一篇论文中,我们可以发现极端相对
主义陈述的再回声:

> 对庄子来说……所有的方法都是等效的。从宇宙的观
> 点来看,没有一种方法具有特殊的身份或正当的理由。③

在他的论文《庄子的道之道》中,陈汉生教授作出了一个结论:

> 如果把庄子看作一个相对主义者或一个怀疑论者,内
> 篇,特别是《齐物论》,就可以更为连贯地理解为一个整体。④

汉生的观点有清晰而连贯的优点。但是,人们不能同时主张,正
如我主张的那样,《庄子》的读者正在被引向更高或更正面的
方向。

极端相对主义现在仍然被看作庄子思想的代表,这可以在里
瓦·科诺尔最近的一篇文章《郭象与庄子》中看到。在该文中,她
争辩说:"庄子为一种非常激进的扫荡辩护,为所有的东西混沌化
辩护。"⑤确实,如果极端相对主义的逻辑结果是无序化,那么,根

本不清楚给读者的方向是什么。无论如何,"无序化"可以在以下意义上被看作相对主义的一种形式。如果存在一种总体上的混沌,那么,任何一种主张都不能和其他的任何主张作比较。所有主张都不能比较。如果是这样,那么,我们就没有根据认为一种主张比另一种主张更好。相对主义是不可比较性的逻辑结果。

甚至可敬的论者陈荣捷看来也表态起码是部分地赞成不妥协的极端相对主义的解释:

> 在这种不断变形的过程中,事物不断出现而后消失……它们看起来似乎是不同的,一些大,一些小;一些美,一些丑,但道却使它们均等为一。这就是庄子著名的"齐物"之论。据此,真与假、对与错、生与死、美与丑以及所有可想象得到的对立都归结为根本的一。⑥

公平地说,陈荣捷似乎也想主张,在《庄子》中存在着一种目标:心灵的自由与宁静。但是,主张这种目标的存在缺乏逻辑上的严密性。如果所有的价值都是相等的,那么,为什么人们还追求心灵的自由与宁静这种目标呢?

极端相对主义解释的长处是:它充分认识到人们在《庄子》中发现的相对性论述。对于这种主张的大多数拥护者来说,如果人们承认,在《庄子》中发现的相对性论述可以在某种最终的意义上被理解的话,极端相对主义就是人们被迫接受的不可避免的结论。

极端相对主义解释的短处是:它不允许以任何有价值的方向来作为阅读《庄子》的目的。另外,人们在《庄子》中发现的非相对性的论述或意思未能得到解释。在我看来,如果从极端相对主义的立场看,整个文本就变得在很多地方自相矛盾,并且最终不可理解。整体的相对主义究竟有什么意义呢？如果所有价值的相对化是十足的话，我们就没有理由转向心灵的更高的状态。我们阅读这个文本的首要的关键是什么呢？它甚至不能是为了发现所有探索都是无用的，因为，这样就准予了论辩的某种合法性。但是，一个彻底的相对主义者甚至不能断言:他的立场拥有任何合法性。

温和的相对主义

支持温和相对主义的学者包括柯雄文(Antonio Cua)、后期的葛瑞汉、黄大卫(David Wong)。当人们发现这些负有盛名的学者拥护温和相对主义时，他们会非常认真地考虑这种可能性。不用说，这些学者都没有把他们的立场称为温和相对主义。我希望他们原谅我用他们的话来作为这种解释模型的例子。但是，我想，这样做将会有助于对读者说明在试图把庄子理解为某类相对主义者方面的多种可能性。

根据我对它的定义，温和相对主义就是把庄子看作一个不彻底的相对主义者。当它落到采取道德行动时，温和相对主义就减少强调庄子的相对性的一面。温和相对主义有这样的优点，它考虑了相对主义，但同时又试图让下面一点显得有意义:庄子主张以我们通常认为是好的或聪明的方式行动。温和相对主义的问题是，如果在某些特定情况下相对主义可以被忽略的话，我们将不能明确理解其含义。虽然它避免使庄子陷于古怪的结论，但是，人们根本不清楚，有什么正当的理由可以软化一种相对主义观点的边界而又不一起放弃相对主义。为了给予庄子一些正面的价值，人们冒了使原先意义的相对主义变得非常难以理解的

险。如果我理解正确的话,柯雄文教授表明,人们可以关心一种价值意义,但同时又不挂念于区分:

> 在某些方面停止挂念区分,可以看作摆脱某些方面的挂念,但这又不是在不挂念或不在乎意义上否定挂念。⑦

人们对以下结果非常感兴趣:一方面企图使庄子免于非道德主义,另一方面又企图保留他对于区分的漠视。这双重企图的问题在于,无论它多么英明,它使我们对庄子相对主义意味着什么不能形成一个非常清楚的看法。

在《道德相对主义》一书的最后,黄大卫用非常相似的话阐明了温和相对主义。但是,在他对温和相对主义的论述中,我们得不到任何关于为什么在一些关键点上我们应该脱离相对化的观点的明确的正当理由:

> 在评价我对道家的运用时,读者必须记住,我并不赞成我们抛弃评价的范畴。忘德不是失去用这些范畴去看自己与别人的能力,而是获得在适当的时候暂停运用这些范畴的能力。⑧

虽然有人赞成黄教授将某种评价形式归于庄子的愿望,我不清楚为什么一个相对主义者会具有一种在一定时候变成非相对主义者,而在另一时候则不能变的能力。温和相对主义似乎把相对主义的概念侵犯得太多了,从而使它处于一种非常模棱两可的状态。

在葛瑞汉最近的著作中,作为一名学者,他似乎为温和相对主义加入了重要的分量。在这样做时,葛瑞汉已经背离了他早期坚持的既不是相对主义也不是非相对主义(我将在下面讨论之)。在他最近关于这个问题的论著中,葛瑞汉最显然地属于温和相对主义解释的阵营。就我所能作的对葛瑞汉解释的最好理解而言，他好像是说:虽然圣人不需要道德规则(并且事实上不被迫遵守任何道德规则)，但是，他遵守一个葛瑞汉称之为"有意识地反应"(respond with awareness)的普遍标准。现在，当其他所有标准都被挥手告别以后，选择这个标准就会与相对主义的一种立场不一致，而与温和相对主义的立场一致:

> 如果像庄子那样，我们扫除所有道德的和谨慎的标准，"有意识地反应"确实仍然有效。除了宁愿选择聪明而不是愚蠢，宁愿选择真实而不是幻觉之外，不再卷入任何东西;在西方的传统价值真、善、美之中，只有第一种是可以设想的。⑨

但是，为什么"有意识地反应"这个指令仍然有效呢? 如果我们被告诫要遵守某一规则，无论这一规则多么普遍，我们似乎就把相对主义抛在后面了。并且，如果在某些情况下我们能把相对主义抛在后面，那么，根据什么理由，我们在其他情况下可以持相对主义呢? 如果我们已经扫除所有道德标准，为什么我们应该优待真理呢? 温和相对主义者想兼得此两者。但是，如果他这样做，他似乎要付出代价:他的相对主义将遭到很大的质疑。

如果我们进一步跟随葛瑞汉的论辩，将越来越难知道:当一个人似乎被允许以看来任意的方式背离相对主义的时候，相对主义意味着什么? 例如:

> 有人可以绝对地断言:一个特殊的人在特殊情况下跟道保持了一致或者没有保持一致。这里不存在矛盾;作为好的或者坏的统治者的常见的例子，尧可以被设想为意识到他那

个时代的情况的道家,而桀则不是。⑩

但是,如果一个人已经免除了所有标准,他怎能在一种情况下绝对地断言呢?有什么理由我们可以说,有意识地反应是好的或正确的呢?进而言之,我们怎么能知道尧有意识地反应,而桀却不能?好不被看作为一种标准,但一个统治者却被看作是好的。葛瑞汉的温和相对主义的问题是,它根本就不是一种真正的相对主义。与极端相对主义不同,它使"在《庄子》里存在一种道德等级"讲得通,但是,在这样做的过程中,它剥夺了把它自己称作相对主义的特权。对我来说,当相对主义被如此冲淡,以至于允许某些评价进入(甚至允许像有意识地反应比无意识地反应好这样的一般价值进入)的时候,相对主义这一术语似乎就失去了它的意义。

既不是相对主义又不是非相对主义

既不是相对主义又不是非相对主义是一种最具有迷惑力的解释。这种解释通过断言庄子既不是相对主义者也不是绝对主义者而试图避免把他归类为这两者之一的困境。这种解释的问题在于,我们确实发现庄子大量的在大意上是相对化的论述和很多不是相对化的论述,而这种解释对这两类论述均未考虑。一揽子地把这种解释运用于庄子,其基本问题是,它留给我们太多难理解的东西。这种解释的表面上的优势是使我们免于一种必须把庄子作为相对主义者或绝对主义者的困境。虽然它成功地使我们避免了这种困境,但它又使我们不知道庄子究竟想说什么。

格兰哈密·帕科斯(Graham Parkes)和早期的葛瑞汉可以作

为既不是相对主义又不是非相对主义之解释的代表。当然,两人都没有明确地公开宣称这种解释,因为据我所知,这种归类是我自己的发明,并且只具有启发价值。

帕科斯的看法可以在他比较庄子和尼采的文章《逍遥之舞:庄子与尼采》中发现。当然,他没有把他的解释称之为既不是相对主义又不是非相对主义,而是称之为激进的任何一种观点都依赖于观察者的角度的主张*。第一眼看起来,这像是极端相对主义,但它要比第一眼看起来的更精妙。帕科斯的确考虑到了与极端相对主义背道而驰的某种清醒。另一方面,这种可能的清醒是认识到:我们总是被某种观点约束。如果我们是清醒的,这就不可能是一种极端相对主义的情形。极端相对主义不许一种更高级的或更佳的心态存在,因为,根据极端相对主义,所有价值都肯定是在同一平台上的。另一方面,如果我们省悟到任何一种观点都依赖于观察者的角度的主张,它又再是彻底的相对主义。可是,它是一种清醒的相对主义,与我们称之为极端相对主义或温和相对主义的相对主义不同。冒着看起来是违反常情的危险,我把它称之为既不是相对主义又不是非相对主义。用帕科斯自己的话来说:

> 正如强调经验必定依赖于经验者的角度的尼采一样,庄子不相信我们能达到一种"无观点的看"。我们所省悟到的是:认识到我们总是被某种观点约束。这种觉醒本身就是一种观点。⑪

帕科斯不想说根本不存在清醒,这是极端相对主义承认的观

---

* 在爱莲心的原著中,他用"perspectivism"一词来称这种主张。——译者

点。清醒意味着人们认识到的一套更高的价值。但是,在帕科斯心目中的清醒是认识到任何一种观点都依赖于观察者的角度的主张的最终性。通过承认清醒的可能性,帕科斯避免了相对主义的解释。另一方面,通过把清醒限定在认识到人不能超出相对主义,他又把相对主义召回来。既然相对主义一开始被超越,然后又被召回来,看起来它自己否定了自己。因此,我称之为既不是相对主义又不是非相对主义,因为,如果我们为某种局限所束缚的话,我不能肯定我们如何超越它。

根据我所能做的对帕科斯所说的最好的理解,一个人只有在超越之后,才能认识到自己之被束缚,但很难看到这如何形成超越。如果一个人被一种超越的状况束缚,就很难理解这如何形成自由。帕科斯接着解释在他看来超越意味着什么:

> 梦[蝴蝶梦]的故事提出了一个更进一步的观点,它与尼采的任何一种观点都依赖于观察者的角度的主张有关,这就是,当一个人处在某种观点之中时,不可能把它看作是一种观点。只有当我们处于一种不同的观点时,我们才能意识到先前观点的局限性。⑫

但是,如果我们同样被我们超越的观点所束缚,那么,在何种意义上我们能够意识到我们的局限性呢? 如果这就是自由,这是一种永远限于围绕它自身运动的自由。我们受束缚,但我们又能意识到这种束缚。这不是相对主义,因为我们已经超出相对主义,因而我们能够从更高的观点看它,但这种更高的观点不是别的,而正是相对主义本身。我们不能把它说成是完全的相对主义,因为它考虑到了一种更高的观点;另一方面,这种高的观点看起来似乎不是真正地高,因而似乎又是完全的相对主义。

早期的葛瑞汉的情形看起来与之非常相似。可能有人会提出这样的问题:葛瑞汉本人在他最近的作品中已经放弃了其早期的主张,为什么还要考虑它呢? 我认为,由于他作为庄子解释者的形象,仅仅因为说明确定一种解释《庄子》的态度的困难,他早期的主张就有价值。这种困难是如此之大,以至于连那么有名望的葛瑞汉都改变自己的主张。他似乎想要避免把庄子归类为是一个相对主义者或不是一个相对主义者。在他早期的文章《庄子的〈齐物论〉》中,他指出:

> 在整篇《齐物论》之中,我们经常发现庄子先阐述一种观点,然后又修正它或攻击它。有时,他可能批判他自己暂对阐述的东西。他也确实经常攻击已经流行的观点。⑬

葛瑞汉认为庄子没有采取任何明确的立场,因而没有责任把庄子归类为相对主义者或非相对主义者——看起来庄子好像没有他自己的主张。拒绝归类庄子所存在的问题是,我们对庄子的意图是什么,不能形成清楚的认识。⑭

如果我们检查一下葛瑞汉对《庄子》第二篇的梦喻的看法,他似乎转向采纳一种与帕科斯的主张非常相似的主张。我不认为葛瑞汉的主张源于帕科斯,因为,葛瑞汉的说法好像要早于帕科斯的。我只是认为,在跳出相对主义和跳进相对主义之间有一种相似性:

> 另一个隐喻使《庄子》第二篇更加完美,这就是,在梦中,我们认为自己是醒的。西方读者很容易设想,这是在提示:生命是一种假象,我们由此而认识到其背后的实在。但事实上不是这样,庄子在这里只是说明认识的相对性。他提醒我们:我们在梦中认为我们知道的,是与我们在醒时认为我们

知道的相矛盾的;这两者跟哲学家相反的观点一样,都具有相等的地位。⑮

这是一个作为醒的结果的相对主义,正像帕科斯所说的一样。它看起来是相对主义的一种形式。但是,如果我们受相对主义约束的话,那么,我们就不能确定地知道任何东西,甚至不能认识到一种相对主义。后期的葛瑞汉改变了对庄子的这种理解,但是,注意他过去的观点是重要的,因为作为众多可能解释中的一种,这种观点是具有历史趣味(historical interest)的。在此,我们有一种对醒的认识,它看起来牵涉到获得一种更高认识的可能性。这似乎超出了简单的相对主义。但是,我们获得的认识是纯粹的相对化的认识。它不是相对主义,因为它提供了一种超越。另一方面,它不是非相对主义,因为它又向我们介绍了一种彻底的相对主义。在知道一切都是相对的之后得到什么大的好处,这根本不清楚。一个人如何能获得这种认识是很有问题的,因为在相对主义视野下,所有观点都是可疑的,包括那种认为所有观点都是相对的观点。一个人如何能通过知道所有认识都是可错的而喜欢这种有限的满足,这是不清楚的,因为这种认识行为又是可错的,因而也是不能确定的。

既是相对主义又是非相对主义

在相对化立场的范围之内,人们可能持的第四种观点是:既是相对主义又是非相对主义。这种观点具有作为到目前为止最充分发展的观点的优势,因为它最忠实于《庄子》文本。它充分考虑了相对化的论述和非相对化的论述,并且试图不把一种论述归结为另一种论述。由于试图不轻视或小看这两方面论述中的任何一方面,它拥有最公平地对待原文的优点。可是,由于同样的原因,它给我们提供了最吊诡的解释,因为它同时坚持这两者,没有改进所引起的吊诡,从而使其自我矛盾的本性暴露无遗。

我只能发现一个持这种观点的代表人物——罗素·古德曼(Russell Goodman),他非常能干地提出这种观点。虽然他并不把自己归于是既相对主义又非相对主义这一派,但我认为,如此归类很好地捕获(capture)了他对庄子的描绘。古德曼说:

> 我转向在《庄子》中表明的一种极端平衡的立场,正如陈荣捷已注意到而我将更详细地说明的那样,它既包含了彻底的怀疑论又包含了对常识世界的非常慎重的反应。⑯

他还说:

> 庄子不像很多怀疑论者所坚持的那样,仅仅暂时地对被其感觉揭示的世界感兴趣,他欣赏这个世界。⑰

但是,正如我已经指出的,既是相对主义又是非相对主义这种解释并不是没有问题。值得赞扬的是,甚至古德曼自己也好像意识到这种解释造成的困难:

> 在形成一幅关于庄子的完整的图画的过程中,使他对这个世界的运作(operations)的强烈的兴趣和他的嘲笑的、怀疑论的奇想协调起来,这是一件困难的事。⑱

古德曼已经指出了既是相对主义又是非相对主义的解释的基本困难。虽然这种解释在承认《庄子》文本中发现的相对主义和非相对主义方面使人耳目一新,但是它的毛病可以说是太听任文本了。由于对文本根本不作任何解释，文本处于被置之不理的境地。结果，以下两个方面的明显矛盾会激怒和扰乱读者：一方面赞成相对主义，另一方面表明一种对生活的积极态度。古德曼似乎意识到这个窘境，又马上滑入既不是相对主义又不是非相对主义这种解释。他这样说庄子：

> 庄子不是说"这"和"那"没有对立，而是说它们找不到对立。* 对一些人来说，这好像是躲避答案，但对另一些人来说，则是暗示了一种答案的方向，它不能以任何一种方式明确地表达出来。⑲

但是，这与他的既是相对主义又是非相对主义的一般解释的更为大胆的精神不一致，这种解释有这样的优点：不隐藏庄子所说的，也不曲解。可是，它的太缺乏解释也是其缺点。它走得不够远。一种解释不能仅仅复述文本，它必须建议我们怎样解决文本中出现的明显的矛盾，或者用某种方式调和它们。

极端相对主义的缺陷在于主张太极端的相对主义，从而把我们引向一种最违背常情的可能的结论。温和的相对主义的缺陷在于主张太温和的相对主义，从而根本不能说出自己的身份。第三种观点——既不是相对主义又不是非相对主义，根本不能就庄子的意思可能是什么给我们提供任何具体的看法。第四种观点——既是相对主义又是非相对主义，给我们提供了关于庄子的意思的清楚的看法，但其缺陷在于创造了最吊诡的解释：它允许明显的矛盾存在！非常清晰但又自相矛盾的信息并不比根本没有任何信息好。

---

* 这可能是指《齐物论》中的"彼是莫得其偶"。——译者

不对称相对主义

到了尝试描绘我认为是对《庄子》解释的最满意的模式的时候了。我称这种模式为不对称相对主义。我也称它为或者是相对主义或者是非相对主义以及相对主义和非相对主义（Either Relativism and Non-Relativism）。就我所知，我是唯一一个支持这种观点的人。虽然我相信这是对《庄子》解释的最有理解力的模式，但是，它的局限性在于其解释方式的复杂性。

这个看起来奇怪的称呼源于试图利用前述第四种解释模式的忠实于《庄子》原文的优点，同时又作出一个非常重要的区分。像那种解释一样，现在这种解释尽可能不篡改文本，并承认相对化的、非相对化的论述和非相对化的含义都在《庄子》文本中能找得到。但是，两者的相似到此为止。与既是相对主义又是非相对主义不同，不对称相对主义认为，相对化的论述与非相对化的论述在价值论方面不是相等的。不对称相对主义坚持这样的看法：非相对化的论述与含义仅指醒的状态或处于醒的状态的人，即圣人；这些论述与含义存在于较高的价值层面。两种意识状态是有区别的，不同种类的论述指不同的状态。相对化的论述指未醒或梦的意识状态。在这种意识的水平上，所有的价值都是相等的，因为这是一种未醒的观点或论辩的水平（level of unawakened opinion and argument）。所有价值的相对性都有效（这样，我们保留显示所有价值的相对性的许多论述的真理性），但这只适用于梦或未醒的意识状态。将所有价值的相对性运用于醒的意识状态，是一个惊人的大错，因为，如果这样的话，圣人就不会比无知的人好，我们就没有正当的理由认可圣人的理想的追求。所有价值的相对性一定是只适用于未明之心的观点和论辩的世界,或者正用柏拉图的话来说,只适用于意见的领域。价值相对性是存在的,但只存在于一边的意识:通过无知之幕。这说明,当至人、真人、圣人(拥有知识的人)这样的修饰语运用于醒的领域时,它们是有效的。这也说明了运用"或者是相对主义或者是非相对主义以及相对主义和非相对主义"这样违背常情的称呼的原因。在无知的领域,所有的价值都在同样的价值平面上。"两者挑一"(Either)的表达在无知的领域和知的领域划了一条界限。在无知的领域中,庄子可以说是一个相对主义者。

那么,"两者都"(And)的表达又是指什么呢? 它指知的状态,在这种状态下,庄子不是相对主义者。做一个圣人比做一个无知的人更好。但是,庄子并非既是相对主义者又是非相对主义者。他仅仅在无知领域是相对主义者。更重要的是,知的状态和无知的状态不能同时存在于同一个体之中。在无知和知之间有一个转变,这个转变就是当我们说到醒的时候我们所指的东西:我们醒向知的状态,我们醒自无知的状态。

"两者都"(And)的表达指这样的事实:当我们说到无知状态的时候,相对主义的概念是有意义的。当我们说到知的状态时,"两者挑一"(Either)的表达是有意义的。吊诡的地方在于:只有存在从知的状态向无知的状态对话的时候,这一表达才有意义。一旦醒了,醒之心没有把自身看作是醒的;它甚至没有把自身看作是非相对主义者。这种分类的模式纯粹是为了教育的目的。在明的状态下,"两者挑一"(Either)的表达根本不指向自身。甚至醒的概念也不是自我命名的。虽然这看上去是吊诡的,但是,醒的概念是为处于无知状态的人而设计的一个解释性的概念。这样,它是一个教育的而非描述的概念。

有人可能会问:如果价值语言本身仅仅是为了教育的目的而设计的,那么,人们怎能以价值来说话呢？关键在于:对于一个处于无知状态的人来说,价值语言拥有一定程度的合理性。当一个人处于明的状态时,他理解这样一种语言的局限性。这种价值语言并非完全不合理;它拥有一定的教育合理性,因为,要在不同水平上沟通,它是必需的。这就是不对称相对主义概念的意义。相对主义仅仅存在于圣人与有进取心的人的对话的场合。一旦一个人达到了对圣人的理解,相对主义的概念就会被理解为仅仅具有启发性的价值。

一个宣称醒的状态比非醒的状态拥有更高价值的人不是圣人本身,他是正在以哲学家身份说话的圣人。哲学家存在于无知和知之间的过渡区,他脚踏两个领域。哲学家也在做梦,但他的梦是一种比绝对的梦更高的形式。我们可以回想起大圣梦,在该梦中,哲学家可以被认为一边在做梦,一边在解释梦的人:"方其梦也,不知其梦也。梦之中又占其梦焉……丘也与女皆梦也;予谓女梦,亦梦也。"(《齐物论》)我们可用这个故事中的"丘"(孔丘)*来代表哲学家。事实上,作者也暗含着:当他自己也处于梦的状态时,他正在扮演哲学家的角色。所有这些的关键是:哲学是解释梦的艺术。它必然不得已地发生在梦中,但是,它并不因此而等同于绝对的梦。它是一个被解释了的梦,因此,相对于还没被解释的梦来说,这似乎是一种更高的意识状态。这不是说,它是表示实在的:解释也是梦。它是一种更高形式的梦。庄子之言,甚至整本《庄子》之言,都是哲学家之言。他以哲学家的身份

---

* 爱莲心根据华滋生的《庄子》英译本把"丘"解释为孔丘。成玄英的《庄子疏》把"丘"解释为长梧之名。我就此请教庄学专家曹础基先生,曹先生认为,"丘"确应解为孔丘。——译者

说到无知的领域——"予谓女梦"。在这个时候,他也处于无知的领域之中——"亦梦也"。但是,他的意识水平尽管依然处于梦之中,却要比他反思的梦更为高级,因为它在梦中而知道在做梦。

但是,在纯粹圣人的水平上,就不再有无知的状态,也不再有知的状态。如果把圣人作为拥有知的人,那么,这是哲学家的语言。哲学语言只具有对话的和教育的功能。它作为一座桥梁,把我们从无知带向知,但它依然还是梦的语言。在觉醒的心灵的水平,既没有相对主义,也没有绝对主义。相对主义和绝对主义的概念是哲学的概念,它们只存在于这种关系的一边之中。这就是不对称的相对主义所指的意思。这是一种相对主义,但它只是与无知的一面相关。然而,就知这一方面来说,我们也不能说绝对主义。虽然哲学家可以以圣人的身份说话,从而超越相对主义,但是这只是梦的语言,尽管是被解释了的梦。"两者挑一"(Either)的表达只适用于一面。但是,"两者都"(And)的表达也同样如此。从另一方面即圣人的方面来看,既没有"两者挑一",也没有"两者都"。不过,"两者挑一"和"两者都"(Either/And)完美地表述了哲学家的占优势的观点。为了跟读者主体交流,这个哲学家在一方面谈到相对的状态,在同样存在的另一面又谈到另一状态。这就是"两者都"。但是,两面都只是从相对的立场上存在。

如我们使用两者择一(Either/Or)的表达,这会使我们认为一面或另一面或可能两方面都存在。但是,"两者挑一"和"两者都"(Either/And)表明:只是从一种立场的视角来看,两面才都存在。不对称相对主义承认,存在一种相对主义的观点,但并不承认这种观点是庄子的最终立场。事实上,这种观点是要超越的观点。如《庄子》中的相对主义陈述只具有一种暂时的有效性,那么，这些陈述就与绝对主义的陈述或暗指，或者在文本内被认可的价值取向并不抵触。把相对主义观点只作为一种暂时的价值来理解，就使文本保留其逻辑的连贯性，使其陈述保留可理解性。事实上，如果相对主义陈述只被理解为具有有限的应用范围，我们也能更好地理解正面评价在《庄子》中合法地表达的可能性。如果我们不承认一种全盘的相对主义价值平面，那么，不妨认可一些价值更高于另一些价值。我们最后甚至可以承认，"更高"的意义也是暂时的。但是，起码就全盘相对主义而言，我们可以说，存在着比它更有价值的观点。⑳

不对称相对主义和"或者是相对主义或者是非相对主义以及相对主义和非相对主义"是哲学的构建。一个人不可能既不醒同时又醒着。一个人只能处于这两种情况之一。这就是"两者挑一"（Either）的意思。（我们仍然处于哲学家的教育之言之中。）但是，通过回顾和展望，两种状态确实都存在。它们作为人从中醒来的睡眠状态和作为人醒向的清醒状态而存在。这就是"两者都"（And）的意思。

但是，无论我们用不对称相对主义的话来说，还是用"或者是相对主义或者是非相对主义以及相对主义和非相对主义"的话来说，我们仍然处于哲学家的立场之中。后者的长处在于，它允许我们既保留相对主义的陈述，又保留非相对主义的陈述，但是，它们不再在同一价值水平上简单地并列。这种哲学上的区分本身也是暂时的。醒的状态不会将自身作为醒的。如果还要不停地说，那一定是哲学家在说。

我试图详尽地设计一种哲学上的构造，它使我们在同时面对高度相对化的论述和好像暗示存在着更高的价值状态的论述时，弄懂一些出现在文本中的看起来是吊诡的东西。"或者是相对主义或者是非相对主义以及相对主义和非相对主义"只是不对称地相对于醒的状态而存在。从哲学家的比纯粹无知高一级的过渡区来看,确实存在着超越"两者挑一"的东西,那就是"两者都"。从"两者都"的方面来看,既没有"两者挑一",也没有"两者都";既没有"两者中无一"(either),也没有"无"(nor)。这就是不对称的相对主义。并且,在我看来,这也是最准确地描述大家都知道的《庄子》中的复杂说法的名称。正如我在前面指出的,这一名称的唯一困难在于这种解释方式的复杂性。但是,这与其说是它的缺陷,不如说是这种解释对象的性质。解释模式必须适应于要试图进行解释的对象的复杂性。

尽管如此,哲学家必须说话。我已试图说明,虽然各种形式的严格意义上的相对主义都不能恰当地解释《庄子》文本,因为,它不允许作出评价而使文本自相矛盾和难理解,但是,不对称相对主义避免了这些缺点。

不对称相对主义是最恰当地解释《庄子》的一种模式,同时它也保持了自己的意义。庄子毕竟不是沉默的。既然他的话是如此地复杂精妙,其解释模式也同样如此。我的解释模式的优点在于,它允许各种各样的相对主义的与非相对主义的说法并存。更重要的是,它们并不处于相互矛盾的关系之中,它们指不同的意识状态。爱智的哲学家既部分地无知又部分地聪明。他存在的目的在于把我们从无知的状态带到知的状态。《庄子》之言正是从这个意义上存在的。它们是作为哲学而存在的。

注　释:

① H. G. Creel, *Chinese Thought from Confucius to Mao Tse-tung* (Chicago, 1953), p. 112. 顾立雅:《中国思想史:从孔夫子到毛泽东》(芝加哥,1953 年),第

112 页。

② Lars Jul Hansen, "An Analysis of 'Autumn Floods' in Chuang-Tzu," in Arnes Naess and Alastair Hannay, eds., *Invitation to Chinese Philosophy* (Oslo, 1972), p. 132. 拉思·朱尔·汉生：《〈庄子·秋水〉分析》，载阿尼文·内斯和阿拉斯铁·亨内编：《中国哲学入门》(奥斯陆,1972 年),第 132 页。

③ Chad Hansen, "A Tao of Tao in Chuang-Tzu," in Victor H. Mair, ed., *Experimental Essays on Chuang-Tzu* (Honolulu, 1983), p. 35. 陈汉生：《庄子的道之道》，载梅维恒编：《关于庄子的试验论文》(火奴鲁鲁,1983 年),第 35 页。

④ 同上书,第 50—51 页。

⑤ *Journal of Chinese Philosophy* 12：4(1985),p. 436.《中国哲学季刊》第 12 卷第 4 期(1985 年),第 436 页。

⑥ Wing-tsit Chan, "article on Chuang-tzu", in the *Encyclopedia of Philosophy*, ed., Paul Edwards (New York,1967),2,p. 110. 陈荣捷：《庄子》，载朴尔·爱德华主编：《哲学百科全书》(纽约,1967 年),第 2 卷,第 110 页。

⑦ Antonio S. Cua, "Forgetting Morality：Reflections on a Theme in Chuang-tzu", *Journal of Chinese Philosophy* 4(1977),p. 311. 柯雄文：《忘德：对庄子一个主题的反思》,《中国哲学季刊》第 4 卷(1977 年),第 311 页。

⑧ David Wong, *Moral Relativity* (Berkeley,1984),p. 214. 黄大卫：《道德相对论》(伯克利,1984 年),214 页。

⑨ A. C. Graham, "Daoist Spontaneity and the Dichotomy of 'Is' and 'Ought'", in Victor H. Mair, ed., *Experimental Essays on Chuang-Tzu* (Honolulu, 1983), p. 12. 葛瑞汉：《道家的本能和"是"与"应该"的二分》,载梅维恒编：《关于庄子的试验论文》(火奴鲁鲁,1983 年),第 12 页。

⑩ 同上书,第 14 页。

⑪ *Philosophy East and West*, July 1983,pp. 242 - 243.《东西哲学》,1983 年 6 月,第 242—243 页。

⑫ 同上书,第 242 页。

⑬ A. C. Graham, "Chuang-tzu's Essay on Seeing Things as Equal", *History of Religions* 9：2 - 3 (November 1969/Febuary 1970), p. 138. 葛瑞汉：《庄子的〈齐物

论〉》,《宗教史》第 9 卷第 2—3 期(1969 年 11 月/1970 年 2 月),第 138 页。

⑭ 必须认识到,在葛瑞汉认真研究庄子的过程中,他事实上改变了理解庄子的解释框架。如果我的以下说法是正确的,即葛瑞汉起码有两种对庄子的不同解释,那么,这就证明对《庄子》文本可能有的解释是多种多样的,但要确定选择一种又很难。

⑮ 同上书,第 149 页。

⑯ Russell Goodman, "Skepticism and Realism in the Chuang-Tzu", *Philosophy East and West* 35：3 (July,1985),pp. 231 - 232. 罗素·古德曼:《〈庄子〉的怀疑论和实在论》,《东西哲学》第 35 卷第 3 期(1985 年 7 月),第 231—232 页。

⑰⑱ 同上书,第 234 页。

⑲ 同上书,第 236 页。

⑳ 在有限的意义上承认相对主义,同时又认可非相对主义的价值,这会牵涉到一些语言问题。对此的详细讨论,参看我的文章"Having Your Cake and Eating It, Too：Evaluation and Trans-Evaluation in Chuang-tzu and Nietzsche", *Journal of Chinese Philosophy* 13：4 (December 1986),pp. 429 - 443.《两者可以兼得:对庄子和尼采的评价和超越评价》,《中国哲学季刊》第 13 卷第 4 期(1986 年 12 月),第 429—443 页。

第九章　相对主义解释的起源

　　读者现在恐怕想知道,把庄子作为一个相对主义者的解释是如何形成的。如果像我们前面所说的那样,把庄子理解为一个相对主义者是对整个《庄子》文本价值的否定,那么,为什么这种解释会拥有如此多的拥护者呢？ 在某种程度上,通过重新安排蝴蝶梦和调整其内部的论辩语句的顺序,我已经给这个问题提供了一个答案。如果我们对其内部顺序不作调整,并依旧让它作为《庄子》第二篇的结论,就不难理解庄子为什么会被人们称为一个彻头彻尾的相对主义者。

　　然而,我想,我们还可以在这个事实之外,去寻找把庄子解释为相对主义者的其他理由。如果我们能显示什么样的误解被牵涉进去和它们是如何产生的,我们就能越来越摆脱对庄子作相对主义解释的影响。这就证明这种寻找是富有成效的。

　　为此,我将提出四个主要理由,它们可以说明为什么相对主义观点的盛行成为解释庄子的特征。第一个理由是,作为《庄子》思想的主要资料的第二篇相对孤立。如果单独考虑这一篇,而不是把它理解为对第一篇提出的思想的发展,便容易将它误解为纯粹相对主义的表达。第二个理由是,对《庄子》第二篇引入的梦喻的认知功能没有足够的理解。尽管我已对此有一定程度的讨论,扩展对梦的认知功能的讨论是有益的。第三个理由与《庄子》第二篇标题的影响有关,这一标题对把本篇理解为提出相对主义很有关系。第四个并且是最后一个理由是这样一种习惯:未把《庄子》中真的内篇和假的外、杂篇作足够大的区分。①尤其是把第十七篇《秋水》与第二篇的重要性等同起来,影响了在相对主义方向上的解释路线。

在我看来,如果把第二篇作为第一篇的发展,我们便不会倾向于把它作为纯粹相对主义的演练。进一步来说,如我们能对梦的论辩的认知功能有充分的理解,我们就不会倾向于相对主义的解释。还有,对第二篇标题的翻译的选择是有争议的,如我们能对此有更好的理解,我们就更不会倾向于相对主义的解释。最后,如我们能意识到混淆内篇与外、杂篇(特别是混淆第二篇与第十七篇)的危险,那么,我们就会越来越不受对第二篇作相对主义解读的影响。

《庄子》第一篇和第二篇之间的联结

把庄子第二篇作为第一篇的延续,看来似乎是很自然的,可是,在评论家之中,情况并非总是如此。部分原因恐怕在于第一篇的浓厚的神话性和故事性,以及对其标题的幼稚的英译(如译为“Happy Wandering”),这可能会使许多人认为此篇不重要。部分原因恐怕又在于写历史评论时的课题选择的必然性,这些课题牵涉到历史比较,这可能引起相对地不注意第二篇的不经意的结果。②不论什么原因,第一篇被相对地忽视,其结果就是,第一篇和第二篇之间缺乏可见的联系。

所有《庄子》的评论家们都认为,第二篇可能是整本书最主要的一篇,因而对之予以高度的重视。但是,第二篇并不是可单独拿来分析的孤立的实体,它是第一篇已经确立的方向的发展。我并不建议对这两篇的顺序作重新调整,因为对我来说,似乎很清楚:目前这两篇的顺序(正如郭象安排的那样)是正确的。第一篇完全有理由放在首位,因为,正如我在本书前几章所说的那样,我们的心灵必须在开始时通过呈现童真心灵而事先安排好。

第一篇确立了转化的终极目标,这一点我已在前面有大量的说明。③在第一篇里,转化的目标作为一种宝贵的目标提了出来,并体现于故事之中。而第二篇,至少从其标题来看,显然是要表达所有价值的均等性。第一篇看上去是神话,实际上提出了把受到重视的转化的终极目标作为《庄子》全书发展的规划。与之相反,第二篇的外在形式看上去是对所有价值均等的逻辑论证,至少在梦的故事*引入之前,一直都是如此。但是,如果我们认为,这两篇向着同一个目的(这一点,通过重新编排"大觉梦",把它作为第二篇的结论而得到支持),那么,我们就会从另一种意义上来理解第二篇中的相对化的论辩,而不是简单地把认同相对主义作为最终的观点。看似支持相对主义的论证更好地被理解为打破关于评价的传统的概念模式(conceptual modes)的模式,以便使意识和评价的心灵无效而混乱。第二篇中观点的吊诡的表达,使意识心灵看来如处于梦的状态——在此状态下,它不再肯定它自己正在重视的东西或它已经看重的价值——直到转化的作用(第一篇中隐含的作用)在"大觉梦"中被明确了之后,这才得以改变。

在第二篇结尾引入的梦的故事并不是外在的故事,而实际上是整篇论辩的明显的最高点。在第一篇中,转化的概念似乎隐蔽于关于鱼、鸟等的故事之中。与之相反,在第二篇中,转化的概念

---

* 指"大圣梦"(或"大觉梦")和"蝴蝶梦"。——译者

在对梦和觉的哲学讨论中直接而又明晰地表达出来。

第二篇和第一篇恰好相反。虽然第一篇具有神话的形式因而得以进入原本心或童真心，但是，事实上它一直进行隐含的意识论辩。第二篇则具有在意识层面进行的逻辑论证的形式，但其内部运作直接地发生在原本的、直觉的意识过程。它促使意识心灵想到：它被这样指引，以便它拥有可以畅通无阻地进入不怀疑的直觉心灵的通道。由此，当意识心灵被表面上自相矛盾的论辩结果削弱之时，作者又引入梦与现实的二分，以便一种内在的直接转换能够产生。

虽然第一篇表面上通过对神话的公开信赖而诉诸直觉的和审美的心灵，但是，实际上它却在意识心灵的防卫减低的时候为意识心灵去评价提供论证。虽然第二篇表面上为意识心灵去评价提供论证，但是，实际上却在打破意识心灵的抵抗，以便它能直接通向直觉的、审美的心灵。事实上，两篇都在同时表达这两个方面；一篇的形式就是另一篇的内容。这样，第一篇和第二篇就相互是对方的镜中之像。第二篇中，当逻辑心灵被悖论（吊诡）和逻辑上的死胡同压得喘不过气来，并且无法活动时，就在此时并仅仅在此时，逻辑心灵真的脆弱到了这个地步，以至于认识到（不仅仅是逻辑上的可能性）一切可能只是梦。要正确地解读第二篇，我们必须从结尾开始回溯性地审视它。我们以往的意见和价值受到质疑的原因是：它们都起源于意识的未醒的或梦般的状态。这就是第二篇的中心观点。不是所有的价值都被理解为处在同一个评价水平上。但是，从人生的意义包含在意识的另一层面这种意思上说，所有的价值都会受到质疑。价值之受质疑不是作为认识论空谈的诡计或作为怀疑主义的证据，而是作为心灵的质疑，作为削弱概念防卫，以便我们能为转化作好准备。

如把价值讨论作为第二篇的目的本身,就会看不到第二篇是从第一篇发展出来的,也会看不到第一篇的内在发展。当然,如果按照目前的顺序把蝴蝶梦作为本篇的结论,要觉察第二篇的内在的发展是很难的。然而,甚至就目前顺序来看,如对第二篇的开头仔细注意的话,也能看出它在更高层次上回应了第一篇的开头。

《庄子》第二篇也是以一个关于转化的故事开头的。事实上,它是一个高度发展的故事,是关于一个已经转化了自己的人的故事:

> 南郭子綦隐机而坐,仰天而嘘,荅焉似丧其耦。颜成子游立乎侍前,曰:"何居乎?形固可使如槁木,而心固可使如死灰乎?今之隐机者,非昔之隐机者也。"(《齐物论》)

这是理解整篇要义的一个线索。读者务必在阅读其后的各种论辩形式时,对这几句话牢记在心。如果忘记了,就会看不到一些论辩形式的关键点,我在本书开头讨论的关于彀音的那一段,正是属于这样的论辩形式。第一篇以一个关于转化(即鲲转化为鹏)的故事开头,而在第二篇的开头,则是人转化为其他的东西。作者未指出这个东西是什么,但是,心灵的转化显然是其所指的。

在第二篇开头指出的这种转化,为此篇的其他部分定下了基调。在开头,我们就被给予了一种实在的经验,一种发生在子綦身上的经验(不管这是历史上真实存在的,还是传说的,这毕竟是被描述的经验)。紧跟的叙述似乎把此搁置在一边。表面上论述的是相反的意见和哲学观点的争辩。但是,实际上随后所有论述的关键在上引南郭子綦那一段就已经表明。

　　第一篇的外在形式是神话或故事。意识的心灵得到了放松——毕竟，这只是故事而已。意识心灵没有要求作出评估判断。实际发生的是：当意识心灵放松警戒时，论辩和价值判断就被引进来了。第一篇具有故事的形式，但它论述真理；第二篇具有理论论证的形式，但它论述经验的变化，并为理解这种变化的可能性的条件提供一个哲学框架。

　　如把第二篇理解为第一篇的继续，我们就不会把它理解为对相对主义的论证。其相对主义的亚论辩（sub-arguments），只是为了产生读者的经验变化的总方案的一部分。在这本书的最初几章里，我集中论述了意在产生这种变化的语言形式的特殊使用。在第一章"嚣音"中，整段要审视的文字都取自《庄子》第二篇。只有在产生意识变化的这种语境中，那吊诡的文字游戏（word play）才有意义。如没有这样一个总目标，就很容易把那文字游戏误作懒散的辩论家的空谈。

梦的认知功能

　　对《庄子》作相对主义解析的第二个主要原因，我相信是缘于对《庄子》中梦的类比的认知功能的不足够的理解。大多数（如果不是全部的话）对《庄子》的评论都未把注意力足够地集中于梦的类比和与之伴随的觉醒，这种觉醒被庄子用来类比我们的哲学觉醒和达到知识。对《庄子》中梦的故事（甚至包括从梦中醒来）的习惯性论述，是都认为有做梦者，他们醒来后还无法意识到自己的身份。④如把此解释为一种醒或知，这比他们梦前或梦中所知（或认为所知）都没有显著的进步。结果，这种对梦的比喻的论述并未把梦特别利用为转向更高认知水平的模式。

在我已作出的对梦的运用的叙述中,梦允许作尝试的哲学探索和解释。⑤作为睡(无知)和醒(明觉)之间的一种意识层面的梦,暗示了一定程度的知识以及在睡和醒这两种状态之间的进入模式。作为一种认知层面的梦,既是转化的实际过程的进入模式,又是哲学解释的可能性的必要条件。

正如我在上面所说的,把庄子觉醒的概念理解为只不过认识到一个人超越了那种转瞬即逝的尘世过程、并没多大意义。⑥如果这就是选择梦觉(dream/awakening)模式的全部意义,那么,我们就既无法说明已经觉醒了的主体把世界看成是流动的这一看法的真实性,甚至也无法说明观察者的岗位(observer's post)作为远离变化无常的世界的安全之地的神圣不可侵犯的可靠性。这两者可能最终也是梦的一部分。

在我认为是正确的梦觉模式的概念中,一个人所醒向的是知的状态,而一个人所醒自的是幻的状态。这似乎是《庄子》文本所确切要表明的。⑦在对梦觉模式的如此理解中,由觉醒赋予的认知的益处是向知的状态的移动。一个人作为觉醒的结果之所知,较之过去他在虚幻状态认为之所知,处于一种更高的水平上,即真理的水平上。这样,在作为醒的结果而取得的水平上,存在着一种明确的差异。

在《庄子》文本中发现的语气上是相对主义的陈述,应看作是在梦里作出的陈述。如果这些陈述被明确地作为哲学家提出的陈述,就尤其是如此。既然在大觉梦中,哲学家被认为在梦中说话,那么,显然所有的哲学论辩都被理解为可错的。但是,当哲学家醒来时,作为一个哲学家说话的圣人,其话语会比以前更具有真理性。这样,在《庄子》第二篇中出现的所有论述,就不会被看作是处于同一真理水平上了。

第二篇标题的翻译的影响

把《庄子》著名的第二篇通常理解为相对主义的第三种原因是出于该篇的标题。原来是没有标题的。我相信，后来编辑加上去的标题对随后的解释产生影响。[8] 在中文原文里，有两种方法去理解"齐物论"这个标题的意思：一种是强调"齐"，即等同，另一种是强调"论"，即论述。并无语言学上的根据来确定哪一种更好。如强调"齐"，就倾向于强调这个标题的主要意思是把事物等同起来，或者说均等。如强调"论"，就倾向于强调对多种问题之中的一个问题进行讨论，但是，没有任何线索表明作者立场的偏爱。这和英语口语的情况非常相同。如有人说，他正写一篇文章名叫"物的等同"，听者就可能得到这样的印象：作者认为，所有东西都等同于其他的东西，换句话说，这就是相对主义。如有人说，他正在写一篇文章名叫"论相对主义"，或者用时髦的哲学口语来说，叫"相对主义评论"，那么，我们就没有被给出关于作者观点的倾向性的任何指引。在"相对主义评论"这样的题目中，我们得到的是关于即将出现的文章的内容的完全中性的描述。但是，在"本体论上的等同"这样的题目中，我们就会被导向相信，作者极有可能赞成：所有的存在都是等同的。

我想指出的是，几乎所有的《庄子》的第二篇的翻译家与评论家都赞成选择"齐"的概念来作为这个标题所强调的主要概念。这样做的结果是预先规定了读者对后面该章内容的视角。然而，从语言学上来说，中国人对上一段所说的两种解释中的任何一种，都能够接受。从哲学角度来看，就《庄子》提出的多种多样的论辩来说，有明确而坚定的理由强调"论"的概念，而不是"齐"的概念。尽管如此,对《庄子》第二篇题目的占支配地位的英译,使"齐"的概念占了上风。

为把我的观点表达得更明白一点,我列举一些有限的对《庄子》第二篇的翻译,以便更好地显示对解释标题的可能的影响。从"齐物论"的字面意义和汉语中名词经常放在句尾这两个方面来看,我们可从中引出像"关于齐物的论述"之类的东西。事实上,华滋生的选择正与此相似,并且,这也是我个人喜欢的选择(如果我要在几个现有的译法中进行选择的话)。但是,尊敬的葛瑞汉(我把他归之于对庄子作相对主义解释的人之中)把"齐物论"译为"The Sorting Which Evens Things Out"⑨("使物等同的分类")。这一译法显然强烈地受到葛瑞汉自己的哲学偏好的影响,然后它又明显地影响着读者,使他们处于以下的期待方向:该篇关心的是,话语的样式或区分的行为将会带来万物等同或相对化的最终结果。并且,这仅仅是从对标题的理解而来的!从葛瑞汉这样的人物身上,人们可以想象,这样一种对标题的理解会对随后的对《庄子》第二篇的解释产生什么影响。

对《庄子》的一般读者以及学者影响非常大的极可能是陈荣捷在其《中国传统资料》(*Sources of Chinese Tradition*)中关于《庄子》的那一部分对该标题的翻译。他把"齐物论"译为"The Equality of Things and Opinions"⑩("物和论之等同")。这种翻译着重于"齐",而牺牲了"论",使得读者预先就期待:本篇的目的是表明所有的物和意见都具有同等的价值。因为就其对中国经典的翻译而言,这本书既为非中国人,也为中国人所信赖,要过高估计陈荣捷翻译的影响力是很难的。他对该标题的翻译为他的目录所支持,在目录中,他把庄子的思想就归到"庄子的怀疑主义和神秘主义"这个一般性的标题之下。这又进一步帮助读者形成一种印象:庄子是相对主义者。[11]在陈荣捷那里,正如在葛瑞汉那里一样,对这一标题的翻译建立在哲学解释的基础之上,而不由语言上的解释所决定。由此,陈荣捷(我在前面把他归类为释庄上的相对主义者)选择一种怂恿读者把庄子看作相对主义者的译法就不足为怪了。

另一对"齐物论"标题的很有影响的翻译是由冯友兰做出的。在其经典著作《中国哲学史》中,他对此的翻译为"The Equality of Things and Opinions"(物和论的等同)。[12]他更重"齐"而不重"论"。在这里,根据我的理解,"物"要么是完全被忽略了,要么是指"类"或"分"和"论"*。我没有误解冯友兰翻译的意思。在他看来,该篇要断定或证明不同的物和不同的意见彼此相对来说是等价的。他翻译的标题意义明确,并把相对主义作为一种已知的事实。

在《庄子》的评论家们最近的许多作品里,我们依然可以发现以相对主义脉络翻译第二篇的标题的例子。这表明那些早期的翻译依然产生影响。陈汉生教授(我在前面把他归为释庄的极端相对主义者)坚决地把《齐物论》译为"On Harmonizing Discussions of Things"(论关于物的和谐讨论)。[13]我认为,这一翻译暗示着,所有讨论都将证明是等价的。但是,由于加上了哲学意义上的介词"on"(论),陈汉生教授为我们提供了一定程度的哲学中立性,这一点,有令人耳目一新的感觉。

吴光明教授似乎也喜欢偏向于"齐",他把《齐物论》译为"Equalizing Things and Theories"("物和理论的等同"),尽管他

---

* 作者似乎误解了冯友兰。在这里,冯友兰并没有忽略"齐物论"中"物"一词。英译中的"things"显然就是指"物"。当然,他也没有把"物"作为"类"或"分"和"论"。——译者

通过把该篇称为哲学上的玩笑而抵消了这种偏向。⑭虽然吴的解释是最有趣的,但是,这样的翻译还是有可能产生它自己的影响。

对《庄子》第二篇标题的偏爱相对主义的翻译的习惯不局限于英译中。在刘嘉槐(Liou Kia-hway)的法译本中,他把该标题译为"La Reduction Ontologique"(本体论的归并)。⑮毫无疑问,译者的观点是,该篇不仅打算讨论,而且要实现物的等同(这种观点也会影响到读者)。选择"本体论的归并"这样专门的哲学用语,这就强烈地表明,本篇打算等同所有的存在,并且事实上也包含着这已是既成事实这一内涵。

毋需增加更多的例子,读者现在可以明白:一个译者的哲学倾向是怎样影响其翻译的。

强调这个标题的"论"这一方面的译者少之又少,其中,最突出的是华滋生。他选择了一种巧妙的译法,"Discussion on Making All Things Equal"("论万物之等同")。对作者在该篇中所采取的立场是什么,这种译法留给我们完全中性的期待。在我看来,由于把"discourse"(论)放在开头,华滋生选择了一条正确的路。理雅各(Legge)的翻译是"The Adjustment of Controversies"(争端的调整)。⑯第一眼看起来,这是赞成相对主义的,但仔细思索一下,它也许有一定的中性的气息。从这一翻译来看,并不清楚争端是怎样确切地得到调整的,这就使争端是否可以通过选择相对主义而得到解决成为没有定论的问题。毕竟,争端可以选择一种我在此书中尝试提出的立场而得到调整。至少有一小部分译者在相对主义问题上选用中性或半中性的对《庄子》第二篇标题的翻译,这使我感到高兴。

假如我要对华滋生的确切的用词选择作一点改良的话,我会把"all"(所有)省去,因为这个词带有微妙的暗示:这个讨论可能会以所有物最终都是等同的作为其结果。这样,在我自己的翻译中,我会对华译略加改动,变为"Discourse on the Equality of Things"("论物的等同")。这比华译更通俗一点,更少误导一点。如果还想更哲学化一点,可把它译为"Notes on Relativism"("相对主义评论")或"On the Question of Relativism"("论相对主义问题")。

我愿简短地说一下为什么我赞成对《庄子》第二篇标题的中性的译法。显然,对于读者来说很清楚,既然我不认为庄子是相对主义者,那么,作出这样的翻译,就会使读者有一种倾向性,支持一种期待:《庄子》第二篇是赞成或证明相对主义的,我认为这是一种很大的误导。但是,与《庄子》的有特色的论证方式相一致,我相信,有较强的哲学上的理由让这个标题保持其在哲学上中性的范围之内。

如我们选择在哲学上中性的标题,并且忠实于文字上的原意,那么,中性的标题就会符合我提出的作为《庄子》特征的哲学方法论。如果标题是纯粹中性的,甚至到了哲学上无关痛痒的地步,那么,意识就会进入一种没有料想到的脆弱状态。面对"论相对主义问题"或"论物的等同"此类的题目,人们的批判的和评价的心灵就会期待:将要评价一种逻辑论证,而决不会是为任何类型的转化经验作准备。如果《庄子》第二篇的标题暗示着某种主观的转化是其目的,那么,它就会准备避开此类反智的话题。相比之下,如果它准备智力的战斗,对将要引入的使人晕倒的梦的故事就会非常没有准备。

中性的标题从以下两个方面看都是最好的:从不会在任何方向上误导这方面看,从提出将要进行的讨论是不带偏见的、超然的智力讨论这方面看。引入下面将会是理论的讨论这样一种提示,就考虑到了经验改变的震惊价值(shock value),这种改变是由阅读梦的故事引起的。严格说来,这种策略在占据中性立场方面并不是不可非议的;这仅仅是就所选的词的实际意义上说是中性的。就其效果来说,它不是中性的,因为,它倾向于消除读者主体的可能的从经验出发的期待。

从所有方面来看,选择一个中性的标题是最恰当的(在意向层面上)。《庄子》第二篇的结果并非保持中立,而是在事实上要粉碎逻辑。在逻辑层面上,该标题应该是中立的(正如它在事实上也是中立的一样)。但是,广为流传的习惯是,该标题的翻译暗示着本篇的内容将要得出以下结论:所有的事物都具有同等的价值。这样的期待影响了意识心灵(conscious mind)把本篇的任何一个论辩或所有论辩都以这个结论作为最终结论。不论可能发生什么样的经验的变化,它们都会遇到被这种对该标题的翻译所确定的强有力的期待所取消的危险。中性的标题翻译有一个好处,那就是允许该篇可能发生的,都让它们发生,而没有被解释为不存在的危险。一个中性的标题允许就它自己来说自己。一个使心灵倾向于期待被在相对主义方向引导的标题,可能会使该篇的内容全部失效。

关于抹煞《庄子》可信篇与不可信篇
差别的问题:以第十七篇为例

我要提出的对《庄子》作相对主义解释的第四个也是最后一个理由(这也是有历史影响的理由)是基于这样一种惯例:从公认的非可信篇中引入某些部分来作为《庄子》选注的对象。虽然这种惯例很普遍,决不只限于我所要举的第十七篇《秋水》这一例子,但是,把第十七篇包括进来作为选用的阅读材料或对之作有影响的评论这种做法,产生了特别有害的影响。为节省笔墨起见,我只提两本对西方读者有一定影响的书。第一本是陈荣捷的出色的《中国传统资料》。它包含了对《庄子》可信的第一篇、第二篇和第三篇以及不可信的第十七篇和第三十三篇的翻译。⑰因为没有试图把可信篇和非可信篇作区分,读者被导向这样的结论:表面上相似的第二篇和第十七篇说的是同样的东西。既然第十七篇显然是相对主义之作,那么,把它和第二篇放在一起,就提高了把第二篇解释为相对主义之作的可能性。另一本有影响的书是韦利的《古代中国思想中的三教》(*Three Ways of Thought in Ancient China*)。在该书中,这位有天分的翻译家把选自《庄子》各篇的段落都混合起来,而没有标明哪些来自可信篇,哪些来自非可信篇。⑱又第二篇的论述和第十七篇的论述混在一起,对整本《庄子》作了相对主义的解读。

为使我的观点更有说服力,我愿表明为何我自己不把第十七篇作为可信篇,因而不应把它与第二篇放在一起(这两篇放在一起,会为《庄子》表达相对主义那种看法增加砝码)。我们可以简单地信赖公认的传统:第十七篇不是可信篇,因而它不值得和第二篇摆在一起。但是,我想,可以引出一些更加有助于说明第十七篇是不可信篇的论据,这些哲学上的论据不必依赖于语言学的或文学风格的论据。

我会集中谈这样一个证据,这个证据在我看来强烈地表明第十七篇是不可信篇,因此不应该被看作是对《庄子》基本思想的表达。我想指出,第十七篇的严重弱点在于,此篇在内容上没有讲到梦。这一点又暗示,该篇没有指出从虚幻的见解向真实的知识的见解觉醒的可能性。确实,没有谈论梦表明:第十七篇的作者没有对不同层次的知识作出区分。

对我来说,不谈梦是《秋水》的一个严重的缺陷。这一缺陷显示其作者并未清楚地理解第二篇的意图。《秋水》并不简单地在它的作者与《齐物论》的不同这种意义上是不可信的;它在违背了第二篇以及内篇的其他篇的意旨这种更重要的意义上是不可信的。

在《秋水》中没有梦喻而导致这么一种解释:《庄子》是相对主义之作。我这样说的理由是:没有对《秋水》中表达的相对主义的解毒药。这暗示着,《秋水》的作者并未意识到整个文本从第一篇《逍遥游》,再到第二篇《齐物论》的发展。《秋水》缺乏的一个发展的方面是这样一种观念:一个人的眼界能从小到大地发展。就以北海若所说的一段话为例:

> 夫物,量无穷,时无止,分无常,终始无故。是故大知观于远近,故小而不寡,大而不多,知量无穷。(《秋水》)

这看起来和《庄子》最初两篇的观点相冲突,在那里,大鹏明显地比蟪蜩处于更高的层次。还有:

> 以道观之,何贵何贱,是谓反衍。无拘而志,与道大蹇。何少何多,是谓谢施。(《秋水》)

如果贵与贱只是无穷的变化,那怎能有从贱到贵的进步呢?如果存在一个变化的无穷尽的循环,那怎能取得更高级的思想呢?虽然上引的文字中说到大智,但是,如果人一有了聪明就变得无知,那么,在价值等级中,大智能有什么意义呢?寻找一条通往智慧之路又有什么价值呢?

在我看来,第十七篇采取了不妥协的极端相对主义立场。但是,这样一种立场看起来与以下立场不相容:《庄子》的主要意义在于向读者指出自我转换或自我转化的方向。如果所有变化都是无穷无尽的,并且处于无穷无尽的循环之中,那么,任何指向转化的运动都是无用的。因此,我认为,《庄子》第十七篇在主要方面看来是与全书的中心思想相冲突的。并且,既然它被看作是外篇之一,因而是非可信篇,那么,没有显而易见的理由把其论辩过程看作整个《庄子》的立场的反映。[19]除了历史的与文字的根据以外,我们发现有更坚实的根据说明第十七篇的不可信性。[20]在我看来,发现第十七篇的一揽子相对主义思想与内篇的主旨相冲突,就是不必看重其相对主义论辩的充足理由。

让我们在《庄子》第十七篇与可信的第一篇和第二篇之间作一个最后的形象的比较。可以发现,《秋水》的结论在关于庄子的第二手文献中扮演了太重要的角色。[21]在本篇的结尾,有一个关于濠河上的鱼的故事。故事的开头是庄子与惠子在濠河岸边散步。庄子作了一个关于河里的鱼的知识陈述:"鯈鱼出游从容,是鱼之乐也。"惠子回应说:"子非鱼,安知鱼之乐?"经过进一步的辩论,庄子最后说:

> 请循其本。子曰"汝安知鱼乐云者",既已知吾知之而问我,我知之濠上也。[22](《秋水》)

在这里,庄子最后的回答似乎是一种天真的、感性的实在论。只是通过简单的观察,他便知道鱼乐。他利用其他人的证据来支持他之知鱼乐(当惠子问庄子怎样知鱼乐而不是他是否知鱼乐时,他已假定庄子知鱼乐)。

问题是,这个故事几乎不与庄子的身份相符。首先,惠子可能确实没有认为庄子知鱼乐。他可能在其提问中有省略。他本想说的是:"如果你知鱼乐,你是如何达到这种知的?"或者是:"为讨论起见,假定你知鱼乐,那你是怎么拥有这种知的呢?"惠子提问里的省略并不足以证明,他相信庄子事实上真的知鱼乐。"既已知吾知之而问我"犯了诡辩论的错误,这跟庄子这位哲学大家并不相称。因此,我认为这不是庄子推论的一个真正的例子。

其次,并且也是更重要的是,上引论辩的关键点完全依赖于相信直接的、简单的实在论的证据。庄子站在河岸知鱼乐。关键是感觉被作为知识的可靠的来源。感觉被作为是可信的。不加批判的实在论被庄子作为挫败惠子提出的论辩的最终根据。但是,如此简单的实在论不能被看作代表了那个真正的庄子的思想。

如果我们能通过感觉的证实解决认识论上的争端,那么,在《庄子》内篇尤其是在《齐物论》里引入的梦的论辩的意义何在?在梦的论辩里,尤其是在极为重要的大觉梦的论辩里,显然,在梦的状态中的观察要接受醒来后的校正。㉓假如《秋水》的作者(或作者们)意识到前面梦的论辩的认知功能,那为什么在该章结尾不引入同样的论辩? 如果庄子和惠子之间发生的争论可能是梦的一部分,那么,我们有什么理由来接受(庄子的)自我证实和其他人的证实,作为庄子知鱼乐这种知识的可靠来源的最后根据?(其他人的证实也就是被假定由惠子作出的证实,当他问庄子怎么知鱼乐时,他假定,庄子已知鱼乐。)认为简单的观察就是断定一种主张的真理性的充足根据,这种说法忽视或看轻了梦的存在的完全的可能性。如庄子在做梦,那么,他的证人惠子也可能是梦中的虚构,他自己的证词也可能是梦幻的。但是,由于没有引入这种可能性,与《庄子》第二篇的作者相比,第十七篇的作者似乎是在一种较为落后的认识论水平上进行哲学活动的。对我来说,这便足以证明这样的结论:第十七篇的作者和第二篇的作者不是同一个人，并且，更重要的是，前者不能真正理解前面内篇的论辩的意思。第十七篇的哲学论证和哲学结论似乎更为简单。其简单性是由于没有理解前面梦的论辩及其认知意义。再一次指出，没有讨论梦是《秋水》的一个严重弱点，从而导致一种在视野上的前批判的常识立场，并把这种立场归之于庄子。梦的论辩中的更高的批判没有被考虑，结果就把一种立场归于庄子，这种立场不仅比内篇的更低级，而且还与之相冲突。因此，在我看来，把《秋水》与《齐物论》归为一类，以为它们说的是同样的东西，这是一种误导。真正的庄子不会满足于把常识观察的观点作为解决认识论上的争端的最终根据。

把第二篇和第十七篇归在一起，导致一种误导性的影响：这两篇说的是同样的东西。这是危险的，因为根据前面的论述，第十七篇不仅说了一些与第二篇不同的东西，而且说了一些在哲学上更低下的和与第二篇意旨相抵触的东西。如果我们把这两篇看作同一布匹上的布块的话，我们就有误解《庄子》的真正信息的危险。因此，为了更恰当地懂得《庄子》的真正意义，把第十七篇看作不可信篇是很重要的。这会大有益于把第二篇理解为第一篇的发展，而不是把它作为对全盘相对主义的论证。

上述四个基本原因可以看作是对《庄子》作相对主义解释如此盛行的理论说明。如果我们能理解这些因素的历史影响，我们就能更好地准备以新的眼光来解读《庄子》文本。我们会在继续第一篇的语境中解读第二篇，从而把它看作第一篇已经预示的论辩序列的进一步发展。在《庄子》第二篇中进展的梦的论辩必须从整体上加以理解，这些论辩包含了从整体上恰当地理解《庄子》的意思。为了不被误导地认为，第二篇提出了它本身并不表达的观点，我们必须理解在对第二篇标题的多种翻译中，先有的哲学倾向的重要性。必须明确地区分《庄子》中的可信篇和不可信篇，从而在构建对《庄子》的整体的解释时不要过分看重不可信篇。㉔尤其是，在形成对《庄子》的解释时，要少信赖第十七篇。

从上面所提出的四个原因来看，对《庄子》作相对主义解释的盛行是不足为怪的。当它们跟传统的蝴蝶梦片段的内部顺序及蝴蝶梦的位置结合在一起时，对《庄子》作相对主义解释就变得更难打破了。但是，我想，在我们理解了这些历史影响之后，我们就能在以下方向上走得更远：从《庄子》中读出一种开放的可能性。这就是作者要表达的不是纯粹相对主义的东西。

注　释：

① 关于可信篇和不可信篇的区分，参看本书第一篇《觳音》注①。让人感到有点奇怪的是，尽管对这种区分有广泛的（如果不是普遍的）接受，似乎人们还是毫不犹豫地把可信篇和不可信篇混为一谈。对材料如此不加鉴别地归类，这便引发了随之而来的误解。

② 例如，参看冯友兰的经典著作《中国哲学史》第 1 卷（北京，1937 年）第 220—245 页。他对《庄子》的讨论是从对第二十二篇《知北游》的一段引用开始的（第 223 页），后面又继续引用第十七篇、第二十二篇和第二篇（第 224—225 页）。他对第二篇关注得最多。他对第一篇有一些讨论（第 226—227 页），可紧跟着又有对第九篇的讨论，再接着又有对老子的讨论。既然冯友兰既讨论庄子，又讨论以他命名的学派，部分的问题就在于他正在写的文本的种类的要求。但是，无论如何，他都没有注意到第一篇和第二篇之间的重要的关联。在他后来更精致的《中国哲学的精神》（*The Spirit of Chinese Philosophy* [London, 1947]）一书中，他还是继续同样的做法。在把庄子和老子放在一起进行讨论时，他从《庄子》第三十三篇《天下》开始，然后从该篇直接到第二篇，而没有讨论第一篇。参看《中国哲学的精神》，第 65—72 页。后来，他讨论了第一篇，但没有注意到它和第二篇的联结。忽视第一篇的习惯在最近的论著中继续存在。参看陈汉生的《中国古代的语言和逻辑》（*Language and Logic in Ancient China* [Ann Arbor, 1983]），第 88—97 页。在这里，陈汉生教授从《庄子》第二篇开始

他的讨论,并且自始至终基本上只讨论这一篇。公平地说,这是与他构建的特殊假设的需要相一致的,但是,这样的习惯还是加强了一种印象:人们可以跳过《庄子》第一篇,而直接进入第二篇,并给予它以更重的分量。这种习惯在最近的《关于庄子的试验论文》(*Experimental Essays on Chuang-Tzu*)〔Victor H. Mair, ed. Honolulu, 1983〕)中的大部分文章还继续存在。参看葛瑞汉在书中的第一篇文章《道家的本能和"是"与"应该"的二分》("Daoist Spontaneity and the Dichotomy of 'Is' and 'Ought'")。这篇文章从引用《庄子》第二篇开始(第 5—6 页),因而继续了这样一种印象:第二篇的论辩是可以脱离第一篇而单独予以考查的。既然像葛瑞汉这样博学和有名望的人也坚持这种做法,很难说过高估计了相对忽略第一篇所带来的影响。

③ 参看本书第二、三、五、六章。

④ 参看我在前面第六章详细讨论的混淆假设。

⑤ 参看本书第八章。

⑥ 参看本书第六章。

⑦ 在第七章我曾提到的大圣梦或大觉梦中,不会有对这个意思的任何误解。把与此相关的话浓缩一下,便是:"梦饮酒者,旦而哭泣;梦哭泣者,旦而田猎……觉而后知其梦也。且有大觉而后知此其大梦也。"

⑧ 根据葛瑞汉的说法,庄子不可能给他自己的文章定标题。这些标题都是后来的编者加进去的。在他看来,有名的"齐物"标题也并非庄子原创;齐物、宗师、帝王等词在内篇本身原来是没有的,只是在杂篇里才有。也许庄子只留下一些不连贯的文章,它们可能和他的门徒对其口授的记录混在一起。公元前 2 世纪的杂家编者将它们加了标题。参看葛瑞汉《庄子内篇》(伦敦,1981 年),第 29 页。

因为一篇的标题自然地把读者的注意力引向将要说的要点,所以,除了如何解释标题外,标题本身的选择就很重要。即使有人相信《庄子》第二篇的恰当的标题应该是"物的等同",而不是"论相对主义",它也仅仅是对于后来编者所选择的标题才是合适的。不论如何理解,标题的影响力是极大的。我要指出,不管读者是读中文原文,还是读英文译文,理解标题的困难都是存在的。中国人可以采取上面所说的两种解释中的任何一种,不将标题译成英语或任何一种其他的语言也能知道理解它的困难。但只有通过翻译,英语读者才会意识到困扰读古汉语原文的每一位中文读者的困难。我强调翻译的选择的影响,意在说明对非汉语读者更熟识的观点。

无论如何,通过运用标题来指称《庄子》不同的篇,这种习惯现在已流行。这样,当有人为方便而用像"齐物"这样的标题指第二篇时,他就会倾向于把此篇的内容总结在这种指称模式中。在我看来,由于在自然语言中该标题的不确定性,用标题的习惯及其随后的影响就会和它恰当的份儿完全断离。当标题证明是系统地误导时,这一点特别重要。因此,我主要遵守这样一个习惯:纯粹以数字来指称《庄子》各篇。

⑨ 葛瑞汉:《庄子内篇》(伦敦,1981 年),第 48 页。这种翻译无疑给出了像其指明的那样的可能的方向。归类或分类的结果是铲平事物之间的差异,从而使它们同等或等同。在他对《齐物论》的英译标题"The Sorting Which Evens Things Out"之中,"which"一词的插入,通过强调分类与假定的作为结果而发生的等同之间的因果联系,加强了这种效果。正是通过这种分类或归类行为,人们达到了削弱事物之间的差异性的推测的预期结果。这样,读者心里对此篇的最后结局就不会再有任何疑问。事实上,指分类过程的"which"一词的插入,使作者的(假定的)意向明确了,这就是把确立本体论意义上的或(和)价值论意义上的等同作为其结论。不像坚持中立的或不确定的解释的更中性的译法,葛瑞汉的译法没有在可能的解释选择方面留下可作多种解释的话。

⑩ Wing-tsit Chan, *Sources of Chinese Tradition* (New York and London, 1960),p. 70.陈荣捷:《中国传统资料》(纽约和伦敦,1960 年),第 70 页。单是标题的这种翻译就已给人一种印象:不用看本篇的内容,就可以知道它讲的是物的等同。然而,与葛瑞汉的译法相比,陈荣捷的译法在微妙的水平上包含了被葛瑞汉完全抛弃了的某种含蓄的模糊性。在陈的翻译中,还是有某种默默的开放性,尽管微弱,这就是:或者存在一个本篇试图要确立的结论,或者存在一个本篇要讨论的问题,对此问题,是肯定还是否定,抑或没有立场,本篇均没有看法。

⑪ 同上书,第 64 页。

⑫ 冯友兰:《中国哲学史》,第 231 页。

⑬ Chad Hansen, *Language and Logic in Ancient China*, p. 89.陈汉生:《中国古代的语言和逻辑》,第 89 页。

⑭ Kuang-ming Wu, *Chuang Tzu*:*World Philosopher at Play* (New York, 1982),p. 93. 吴光明:《庄子:逍遥的世界哲学家》(纽约,1982 年),第 93 页。

⑮ Liou Kia-hway, trans., *L'oeuvre complête de Tchonang-tseu*, Paris:

Gallimard,1969，p. 35.刘嘉槐译：《庄子》,巴黎：伽利玛,1969 年,第 35 页。

⑯ Max Müller,ed.,*The Sacred Books of the East* 39 (Oxford,1891).马克斯·缪勒编《东方圣书》第 39 卷(牛津,1891 年)。

⑰ 陈荣捷：《中国传统资料》,第 65—87 页。

⑱ 在这里,没有标明任何篇的分类,从而读者无从知道哪些段落来自可信篇,哪些段落来自不可信篇。葛瑞汉认为,这种做法是好的。但是,我却认为,这种做法将很大的误解的可能性普遍化了,因而是粗心的。在葛瑞汉看来,阿瑟·韦利(Arthur Waley)是翻译中文的最伟大的翻译家,也是唯一一位总是知道他自己在做什么的人；这位热爱庄子的人,有很好的辨别能力,在其《古代中国思想中的三教》一书中,提供了带有注释的唯一精心挑选的《庄子》选录(葛瑞汉：《庄子内篇》,第 31 页)。我敢断言,韦利不加辨别地把可信材料和不可信材料混合起来,这至少是他不知道自己在做什么的一个例子,也表现了他可怜的判断力,而不是好的辨别力。

⑲ 对所谓的《庄子》外篇(第八至第二十二篇,第十七篇显然包括在其中),葛瑞汉说,"没有一篇可能归之于庄子"(《庄子内篇》,第 28 页),不清楚为什么第十七篇会受到如此过度的重视。不能说因为该篇是不可信的,它就不重要。而只是说,人们可以由此而得到预先警告：此篇可能包含一些与内篇(第一至第七篇)不一致的材料或观点。人们要注意这样的可能与内篇提出的观点不相一致的明显的东西。

⑳ 我试图指出的是,第十七篇与内篇的精神或意旨相违背的一些哲学根据。并不是说,仅仅因为它们不是可信的,就应该将外篇与杂篇(第二十三至第三十三篇)的东西拒绝考虑。我只是说,如果这些东西跟内篇的中心思想的发展相矛盾的话,它们就值得质疑。在本书中,我提出的论辩可以只依赖于内篇而作出(而且大部分论辩实际上也是如此)。如果我取的材料有些出自外篇和杂篇,这仅仅是因为它们可以澄清和加强已经包含在可允许的内篇的信息。如果有人对外、杂篇的不真实性的历史的和文字的根据有兴趣的话,可参看葛瑞汉的《庄子内篇》中的一章《庄子》一书及翻译问题"(第 27—38 页)。

㉑ 讨论《秋水》的文献很丰富。这里只举两个例子。在第一个例子中,人们可以注意到,在内斯和亨内(Naess and Hannay)编的《中国哲学入门》(*Invitation to Chinese Philosophy*)一书中,其中有一篇文章全部讨论《秋水》(Lars Jul Hansen,"An Analysis of 'Autumn Floods' in Chuang Tzu"[Oslo, 1972].拉思·朱尔·汉生：《〈庄

子·秋水〉分析》[奥斯陆,1972 年])。另外的一个例子是罗素·古德曼的最近的文章,"Skepticism and Realism in the Chuang-Tzu", *Philosophy East and West* 35:3 (July 1985).《〈庄子〉的怀疑论和实在论》,《东西哲学》第 35 卷第 3 期(1985 年 7 月)。

㉒ 对我来说,这里引的话就进一步证明了它不应该看作代表庄子的思想。如果我一方面用该篇的不可信性来拒绝接受其中明显的说法,另一方面又用该章的不可信性来证明这些说法是不可靠的,人们便会说我是利用未经证明的假定来辩论。我的主要论证是从内篇的结论与外篇或杂篇的结论的不相容,来说明外篇或杂篇的说法的不可接受性。既然是这样,我们可以用历史的和文学的方法来说明第十七篇的不可靠(正如葛瑞汉所做的那样)。那么,我们对能发现支持这个结论的哲学论据,就会感到不足为奇。事实上,如找不到这样的证据,我们倒会感到奇怪。令人困惑的是,为何这一篇历来被特别作为推断庄子思想的原始材料。

㉓ 参看本章注⑧。显然,在觉醒状态所获得的真实的证据可校正在睡梦之中所获得的需加修改的证据。

㉔《秋水》是公认的伪作,这一点至少提醒我们应注意可能引起误导的材料。如在仔细检查后发现显然事实上确实存在误导的材料,那么,以一定程度的审慎来看待该篇及其内容就是很重要的。把此篇作为庄子思想的确实的和无异议的原始资料,这种习惯甚至在最近的文献中更普遍。参看史华慈的《古代中国的思想世界》(*The World of Thought in Ancient China* [Cambridge,1985]),第 219 页。

第十章 自我转化的吊诡

　　在本书中，我一次又一次地说到，《庄子》的主要计划（main project）是把读者主体引向自我转化。但是，如果不揭示像自我转化这样的计划的高度吊诡因素（这些因素看起来是超吊诡的），这将会损害读者。在这一章中，我首先要说明自我转化的任务所固有的吊诡性。其次，我想通过分析对转化的阶段的描述的时间性语境而除掉这种吊诡的超吊诡特质（hyperparadoxical quality）。但是，即使经过这种分析，仍然还有某些吊诡不能去掉。我会设法通过重新引入作为一种沟通手段的神话来解释这剩下的吊诡。

　　自我转化的计划在《庄子》中以各种各样的说法表现出来，其中，最常见的是达天或者得道。达天或者得道的关键是利用忘心的策略。[①] 对中文"忘"的英译，通常是"forgetting"（忘记），但是，这个汉字的原意是"去心"。[②] 为了跟英语的习惯说法相一致，我认为，把该字理解为"忘心"最好（这也是最准确的）。因为从字面上说（从自然上说），一个人是无法忘记他的心的，它全部所指的实际上是忘记（或不开动）一个人的意识之心。人并不因此而变成一种植物；更确切地说，人变得能从他的直觉的或非评价之心出发而自然地行动。如果一个人成功地忘心，他就可以说达到了与道合一的境界。在《庄子》文本的关键点上，人们被告诫为了达

天而忘我。达天成功的标志是一个人在忘我上取得的成功:

> 忘乎物,忘乎天,其名为忘己。(《天地》)

如果我们能把人的忘我的成功作为达天的标志,那么,我认为,可以合理地说,心忘是得道的关键。如果我们记住,心忘是与学会不开动一个人的意识之心的功能相同的,那么,我相信,我们会找到把自我转化计划作为《庄子》的中心计划的明确的文本表述。既然这不能是字面上的把自我忘掉,而是自我概念的改变,那么,这确实就是一种自我转化的艺术。

在《庄子》中描述的忘我或自我转化的两种策略是:对梦喻的理解和从所有价值的相对性而作出的论辩。在前面多章中,我们已比较详细地讨论了梦喻。我们还没有讨论从所有价值的相对性而作出的论辩。如果我们简要地讨论梦喻并同时讨论从所有价值的相对性而作出的论辩,我们就能清楚地理解这两种策略如何作为忘掉意识之心的手段而起作用。从这方面来理解这两种策略,还可以更加明白它们不是简单地表明全盘怀疑论,而是作为心灵转化的手法而起作用。

梦的论辩

梦喻,当它和相伴的醒喻结合在一起时,就可以看作是梦的论辩(the dream argument)。虽然它不是严格意义上的论辩,但是,它起着一种论辩的作用,因为,在理解其主题内容时,人心似乎被说服改变它自己。正如我们已经讨论的,梦的论辩可能是类比心灵转化的最惹人注目的实例。它与从所有价值的相对性而作出的论辩(我们下面将会讨论之)具有相同点。后者在其抽象程度上是高度精致的论辩。两者不同的地方在于,前者直接作用于直觉之心或无意识之心,而后者则更直接地作用于意识之心。从所有价值的相对性而作出的论辩有一种不同的因果方向:它从打破逻辑到最终需要一种立场来超越逻辑。它好像运用逻辑来显示需要超越逻辑。在某种意义上,这像康德纯粹理性中的二律背反。梦的论辩从无意识经验的立场上作出,这种立场类比于向更高水平的意识和超意识的运动。梦的论辩可以说比从所有价值的相对性而作出的论辩处于更高的水平上,因为前者更关心要被忘掉的"我"的本性,而不那么关心被"我"坚持的价值。

正如我们在前面多章中所讨论的,梦的论辩是类比论辩。正如我们从睡的生理状态中觉醒,并认识到我们所梦到的是不真实的,我们也能从睡的心理状态中觉醒,并认识到我们在那种状态中认为是真实的而事实上是不真实的。意识本身被转化,从而意识的转化状态会质疑其以前阶段的实在概念。梦/醒的例子是内心转化的例子,它是意识本身的本性的一种改变。梦和醒的关系是同一意识的两个阶段的关系,醒的阶段是更具有实在性的阶段。在获得最高水平的心灵转化的状态中,我们所醒自的是一个虚幻的"我"的概念。例如,在我称之为蝴蝶梦论辩的不成熟的形式中,庄子问:"不知周之梦为胡蝶与,胡蝶之梦为周与?"在这里,庄子的"我"可能只是梦幻的一部分。这一提问动摇了对我们以前认为存在的"我"的实在性的确定性。

还有在《庄子》文本中出现的其他的梦的"论辩",它们显示,我们认为实在的"我"是梦幻的一部分。例如,在《庄子》内篇的第六篇中,有一个梦的论辩,它直接质疑"我"的存在,或者更确切地说,质疑我们想象的"我"的存在的实在性:

> 且也相与吾之耳矣,庸诅知吾所谓吾之乎? 且汝梦为鸟
> 而厉乎天,梦为鱼而没于渊。不识今之言者,其觉者乎,其梦
> 者乎?(《大宗师》)

如果一个人把梦的主体当作梦的客体,正如把一个梦里的其
他主体作为梦的客体一样,那么,"我"的虚幻的本性的概念与达
到意识的转化阶段的联结就隐含在大圣梦之中。这正如当一个
人醒悟到他的梦的客体的虚幻本性时,他也醒悟到梦的主体的虚
幻本性:

> 梦饮酒者,旦而哭泣;梦哭泣者,旦而田猎……觉而后知
> 其梦也。且有大觉而后知此其大梦也……丘也与女皆梦也;
> 予谓女梦,亦梦也。(《齐物论》)

梦见喝酒的做梦主体在早上就不存在了。(我用"主体"一词
代表在梦里的人,而不是做梦者。)说别人在做梦的人,他自己也
在做梦,因而他的存在像梦见喝酒的做梦主体的存在一样可疑。
如果我们知道的一切东西都是梦,那么,做梦者和梦见的主体*
也要算进去。做梦主体的虚幻本性用来类比做梦者的虚幻
本性。③

知的状态指向未来的东西,并且知的概念属于意识的转化阶
段或者大觉。知只有从改变的意识的立场来看才是可能的,而这
种意识又是从在虚幻的水平上运作的意识转化而来的。转化的
意识的一个发现(并且我认为是主要发现)是"我"的虚幻特性。
"我"的概念,正如这个世界上的所有东西一样,只有作为意识的

---

* 做梦者(dreamer)是指做梦的人,不管他现在是醒着,还是睡着;梦见的主体
(dream subject)是指在梦中活动的人物,如庄子所说的梦中的喝酒的
人。——译者

虚幻阶段的一部分时，才是站得住脚的，并且，当我们达到了意识的更实在的阶段时，我们将会发现，"我"，像其他东西一样，是一个虚幻的概念。

大觉的内容是将以前的虚幻吐出。自我的问题不是被解决的，而是被分解的。从定义上说，觉醒牵涉到梦的分解。作为梦的内容的一部分的"我"被分解了。

《庄子》文本没有说到的是：天或者道（如果你喜欢的话，也可以说是作为本体论的实在的自我转化的经验）是唯一可能的，并且是由认识到"我"的虚幻组成的。没有这些对实在看法的改变，就没有醒或者明。只有"我"被分解，才会有醒，因为醒的经验的一部分正是"我"的分解。否则，从哲学上说，一个人就还没有醒。

梦的模式的运用表明：被使用的真正的认知的概念是直接与一种个人的经验有关的。当我们认识了道或者达到天明时，我们所经历的在意识中的改变的经验，非常类似于当我们从梦中醒来时我们所经历的意识的改变。当我们在生理上从梦中醒来时，有一种生理上的已经历过的改变。我们对真正的知识的阶段的达到，牵涉到已经历的转化的状态。

已经历的转化状态是转化的理智的因素或明的经验。这不是对在一个争论中赢得得分的纯粹的理智的看法。这是一种深刻的和动人的个人经验，并且也是运用梦/醒类比的部分原因，否则，很多其他的可错的看法也能用来质疑认知的可靠性。当一个人从梦中醒来时，他对实在的看法发生了显著的变化。并且，已经历的对实在的改变，只有通过梦的因素的分解才成为可能。人不仅仅是从梦中醒来，人还认识到以前认为是实在的事实上并不实在。这种理解是意识的转化。我们认识到的不实在的东西（这是主要的观点）是以前在梦里的人物看起来实在的东西。

当我们从梦中醒来时,梦见的主体(打猎者、喝酒者)不再存在。但是,梦的故事毕竟只是一个比喻。这是一个在生理水平上象征更高水平的心灵觉醒的比喻。当做梦者醒来时,梦见的主体消失并融进觉醒的意识之中。同样,当哲学家醒来时,他也认识到,他的哲学全是梦里的虚构。大觉跟生理上的从一个特殊的梦里醒来相反,它认识到认识主体的非实在性。

如果我们把所有这一切都放回心忘的概念之中,我们可以把心忘比作忘掉在梦里的梦心(梦见的主体)。正如当我们从梦中醒来时,我们能够并且事实上忘掉梦心,我们也能够并且事实上在进入一种不同的意识水平(这就是达道的经验)的基础上忘掉觉醒的"我"的概念。

从所有价值的相对性而作出的论辩

从所有价值的相对性而作出的论辩是另外一种心忘策略。与梦的论辩一样,它也明确地与达到意识的转化的和更高的阶段相联结。与梦的论辩不同的地方在于,它更注重被"我"持有的观点或价值,而不那么注重"我"本身的本性。因此,我们可以说,从所有价值的相对性而作出的论辩在认识论上比梦的论辩低级,因为它牵涉到进一步完善自己。在《齐物论》中,前者比后者更早出现也是其低级性的另外的证明。包括做梦者的价值和做梦者本身的梦的论辩,可以被看作是范围更广的论辩,因为它在自身内部包含了从所有价值的相对性而作出的论辩。但是,从所有价值的相对性而作出的论辩有它自己的重要性。当它为了说明逻辑的无效性而用来反对抵抗的意识内心时,它是最有效的。它还明确地指出了超越逻辑的必要性,并为了回答逻辑和价值判断看起

来无法回答的问题寻找某种形式的明(illumination)。它的缺点
在于这样一个事实:它不能像梦的论辩那样指出一种个人经验,
这种个人经验能够用来作为一种寻找和发现这种明的模式。

从所有价值的相对性而作出的论辩看起来,首先是没有办法
来解决哲学家之间的争论:

> 既使我与若辩矣,若胜我,我不胜若,若果是也,我果非
> 也邪?我胜若,若不吾胜,我果是也,而果非也邪?其或是
> 也,其或非也邪?其俱是也,其俱非也邪?我与若不能相知
> 也,则人固受其黮暗。吾谁使正之?使同乎若者正之?既与
> 若同矣,恶能正之!使同乎我者正之?既同乎我矣,恶能正
> 之!使异乎我与若者正之?既异乎我与若矣,恶能正之!使
> 同我与若者正之?既同乎我与若矣,恶能正之!然则我与
> 若与人俱不能相知也,而待彼也邪?(《齐物论》)

庄子提出的解决是超出特殊的立场而达到以某种方式明的
立场:

> 是亦一无穷,非亦一无穷也,故曰:莫若以明。(《齐
> 物论》)

庄子还说:

> 因是因非,因非因是。是以圣人不由而照之于天。(《齐
> 物论》)

庄子再说:

> 欲是其所非而非其所是,则莫若以明。(《齐物论》)

虽然庄子没有说超越了矛盾的是非的立场也超越了自身,但是,
如果我们看一下《齐物论》的更早的论述,我们就能发现把明的立

场与放弃自我联结起来的线索:

> 非彼无我,非我无所取。是亦近矣,而不知其所谓使。

(《齐物论》)

从这两句话来看,消除是非争论的方法是消除主体的"我",它是"取者"或是非的持有者。我认为,这是一个好的要达到的结论,因为消除"我"的这种看法,被描述为接近真理。④虽然这两句话在文本上跟前引超越是非的论述不是结合得很紧,但是,它们毕竟是在同一篇里的。另外,既然它被描述为接近真理的一种状态,它可以看作是没有争论的状态。如果我们揭示没有冲突的意义,那么,它看起来是由于没有了矛盾观点的持有者或相互不同意的争辩者。虽然这里不像在从梦中醒来的观念那样包含明确的超越"我"的陈述,但是,无"我"状态的最后结果(它被表明为接近真理)是一样的。

从所有价值的相对性而作出的论辩和梦的论辩还有一个相似的地方:两者都认为,对评价者的虚幻本性的认识是一种内在的认识。所发生的意识的改变,是一种在内部发生的意识的改变。这不是从在跟别人的争论中发生的,而是意识变化的一种内在经验。

从所有价值的相对性而作出的论辩和梦的论辩这两者的本质是"我"的概念的消失。在所有价值的相对性之中,更强调超越我/他观点的必要性;在梦的论辩之中,更强调超越自我的概念的必要性。两者的共同之处是超越主客二分的必要性。庄子把道描述为主客之分的消失的状态:

> 彼是莫得其偶,谓之为道枢。(《齐物论》)

如果心忘了而达到超越和明,正如梦的论辩所直接表明的和从所有价值的相对性而作出的论辩所间接表明的那样,就可以说达天或与道为一了。心忘是自我转化的途径。正如以上引文所说的,当没有彼/是(我/他)之偶时,这就是道。道是一种在无"我"中存在的状态。

吊诡与时间性

但是,我们现在必须转到一种牵涉到达道或忘我的概念的吊诡。在达道的概念中,有一种内在的达道的人的概念和被人达的道的概念。主客之分是道的定义所不允许的。在忘我的概念之中,有一个将要忘掉自我的固有的自我概念。但这是一个吊诡,因为要忘掉自我的自我,毕竟是一个自我,并且,这个自我是忘不掉的。达道似乎是不可能的,因为,它看起来要求被认为是不存在的条件的一体化。忘我似乎是不可能的,因为,要忘掉自我的自我要求忘之我存在。

我们如何能谈论失去自我呢?谁会失去自我呢?如果没有人会失去自我,那么显然,自我是不能被失去的。如果有人失去自我,那么,自我不是被失去的。失去自我的概念看起来是天生的自我矛盾的概念。

如果有人达道或达天,就没有道或天,因为,正是达道之人的存在排除了道的存在的可能性。另一方面,如果没有人达道,道的概念看起来就不可能坚持。如果有一个已达明的自我存在,那么,根据这个事实本身,就没有明。如果没有一个要达明的自我存在,那么,根据这个事实本身,也没有明。道的概念看起来也是天生的自我矛盾的概念。

但是,道或自我转化不是不可能达到的,否则,《庄子》的中心方案就会显得是一个伪造的方案。确实,自我转化的方案和转化的目的或天或道一定会有某种实在性,否则,《庄子》的中心方案就会是超吊诡的。

对《庄子》的中心方案的超吊诡性,我提出一种双重的解决。虽然这种双重的解决不能将《庄子》的吊诡性完全去掉,但我认为,它能够去掉超吊诡因素。不能完全去掉的吊诡残余是《庄子》解释结构的特质,并且也是不应该去掉的。

我提出去掉《庄子》的中心方案的超吊诡性的解决方法的第一部分,是对得道或心忘的时间性语境的分析。得道的概念可以看作是暂时导致认识道的可行的启发式的概念。从以上所述,我们可以确定:达道或心忘的概念,在达道或心忘实现之时,不是可行的描述性的概念。

我们可以用道的概念作为对主体追求者的一种诱饵,这种诱饵是在像康德哲学中的规范理念这种意义上说的。道或者自我转化的概念可以作为主体追求者追求的目标存在。但是,在目标实现之时,它们作为描述的概念没有意义。在《庄子》较后的篇中,我们发现对此的非常富于诗意的表述:

> 荃者所以在鱼,得鱼而忘荃;蹄者所以在兔,得兔而忘蹄;言者所以在意,得意而忘言。吾安得夫忘言之人而与之言哉?⑤(《外物》)

一旦一个人被道或自我转化的概念捕住以后,这个概念就不再需要了。不管诱饵是真的还是假的,所有要紧的是,你能抓到鱼。

将得道或心忘的概念分析为不相连的暂时阶段并认为这些概念的有效性只限于其规范性用法(regulative use),这就去掉了自我转化方案的超吊诡性。作为主体追求者追求的目的,这一方案是有意义的。对此没有意义的唯一方面是,当目标实现以后,没有描述这个目标的没有问题的模式。目标作为目标是有意义的;我们有的供我们之用的语言,作为对这个目标的描述语言,当目标不再是目标,而是一种实现了的状态的时候,这种语言就变得无用了。为了使主体追求者最后实现自我转化的目的,自我转化的概念作为一种启发式的概念,仍然起作用。但是,一旦追求者实现了自我转化,它作为启发式的手段就不再有用了。启发式的手段不需要拥有任何描述的价值;即使作为关于它提出的让人们追求的目的状态的描述概念,它没有效力,但作为对主体追求者的规范理念的功能仍然保持没有受到损害。

我们去掉了属于自我转化概念的超吊诡性了吗?如果通过心忘而达到自我转化的主要论据是建立在自我是虚幻的这一看法的基础之上,那么,虚幻自我追求转化(不要说达到转化了)能说得通吗?从所有价值的相对性而作出的论辩和梦的论辩这两者似乎都作出结论:自我——或者起码我们以前所认为的自我——是虚幻的,因此必须超越。在梦的论辩中,梦的自我在醒后被认为是不实在的。与此相类似,在"大觉"之后,醒的自我也将被认为是不实在的。在从所有价值的相对性而作出的论辩中,人们必须超越主客二分而达到一种理解水平。超越主客二分这一事实本身要求人们必须超越主体。如果人们已经超越了主体,那么,谁可以说是达到了这种真正的理解水平呢?

如果得道或转化的意义确实是超越自我,那么,在达到明或更高的理解的概念中,似乎有固有的吊诡。对主体追求者说自我转化的概念作为规范概念是有用的,而作为描述概念是没有用的,这是一件事。但是,如果没有了自我,那么,自我转化的概念

(即使作为一个规范概念)如何能起作用呢?

如果我们再把运用自我转化的概念的有效性限于某些暂时的阶段,我们就可以说自我转化的概念只有预期的和回顾的效力。当主体不处于转化状态(这是一种有主体的状态)时,自我转化的概念是有效的。在人们达到转化的状态之前,这个概念作为一个目标起作用。在人们经过自我转化以后,这个概念可以向后运用,作为对已经不存在的状态的描述。正像柯雄文所说的《庄子》的和谐概念一样,我们可以说,自我转化的概念,一旦它不再是它的时候,只能从负面认识。⑥在《庄子》中,我们可以发现对这种情形的描述:

> 忘足,屦之适也;忘要,带之适也;知忘是非,心之适也。

(《达生》)

在这里,我们可以跟柯雄文一样说,和谐的概念只能以回顾的和从反面的方面去认识。我们不也能把反面的和回顾的知识的概念用于自我转化的概念吗?

但是,这如何可能呢? 如果自我转化所讲的自我是虚幻的,谁被责成去追求自我转化呢? 同样,谁能够说已经取得了自我转化而不再处于正在取得的过程之中? 如果自我是虚幻的,那么,就不能说找到但又失去了转化的状态,正如原先可以说寻找转化一样。

把自我说成是虚幻的有什么意思呢? 关键在于,把自我认作虚幻的只有从转化的立场上看才是有效的。当人不再跟这种立场相联系时,把自我说成是虚幻的并没有意义。只有在自我转化的经验之中,自我才能被看作是虚幻的。事实上,被经历的转化状态正是对自我的虚幻性的认识。在这个经验之外谈自我,有非常完美的意思。如果我们再将概念的运用限于暂时性的框架,我

们可以说,自我的概念(和自我转化的概念)只有用于醒之前和醒
之后的状态才有意义。在真正实现(realization)的状态之中,没
有被超越的自我,也没有超越的自我。事实上,在实现的一刹那,
因为没有主客二分,所以没有描述这种状态的现成的语言。这并
不意味着,自我和自我转化的语言在回顾和前瞻方面是无效的。
这只意味着,自我或自我转化的语言在实现的时刻作为对已实现
的状态的描述是无效的。

从将来和过去的立场看,自我不是虚幻的。只有从现在的立场
看,它才是虚幻的。在转化的现在,既没有主体,也没有客体。将一
些概念限制运用在排他的时间框架之内,看起来将《庄子》的超吊诡
性除掉了。但是,不能说我们已将所有的吊诡从《庄子》中除掉。我
们谈到自我和自我能够达到的转化状态,但同时又说从这样一种转
化的状态来看,没有自我或者我们过去认为存在的自我是虚幻的。
这是一种吊诡,虽然这种吊诡通过为自我和自我转化的概念的有效
运用引入不相连的时间框架而得到减缓,但是,它并没有全部被消除。

我们不能全部消除《庄子》的吊诡的原因是:从定义上看,任
何语言都是二元的,因为,它既牵涉到主体,也牵涉到客体。它牵
涉到说话者和听话者的区分。它还牵涉到被描述的对象和描述
语言的区分。任何用语言来描述统一状态的企图都注定会牵涉
到吊诡因素。这样的吊诡因素是消除不掉的。

近似与神话

《庄子》的答案,由于它是一个答案,不是一种字面上的真理。
它是一种近似。正如神话不是绝对地真,也不是绝对地假,自我
转化的概念(或者自我转化的状态,或者道)不是一个绝对地真或

绝对地假的概念。道的概念,如果你喜欢这样说的话,有点像神话。我们所说的关于道的东西,一定包含某些假的因素,因为,关于道的所有说法都要求我们与道分开,但道的本质是不分的。⑦我们所说的关于道的任何东西,都是在与道相分的立场上作出的。这就是一个人还在梦中的时候又解释梦*的意思。我们可以从主体追求者或不再处于实现状态的主体实现者的立场上,把自我说成为追求转化。除了说自我转化状态是一种超越自我的状态,我们不能对这种实际状态说得太多。⑧这不能完全地有意义,因为,严格地说,自我的概念只属于前实现的阶段和后实现的阶段。在这种意义上,说道超越了对立,最多是有点接近真理⑨,是真理的类似,而不是真理本身。说道或自我转化是神话就是这种意思。它不是绝对假的,但也不是绝对真的。之所以它不是绝对假的,是因为这种对道的描述比说道是由主体和客体的二元组成的更真实。但是,说道是由一种既不是主体又不是客体的状态组成的也不是绝对真的。

这可能是一种接近真理的陈述,但它不是一种真理的陈述。这是对真理的紧密接近,这种接近,我们可以称之为神话。

为什么我坚持把道或自我转化的概念称为神话呢?我们必须记住:我们所提出的对要达到的最后目标的任何描述,毕竟都是从主体和客体的立场上作出的描述。道不会称它本身为道。当然,道是绝对沉默的。但我们必须说,我们所作出的任何描述都是假的。任何描述都牵涉到主客二分,所以,我们对道说的任何东西都肯定是假的。我们只能称道的概念为神话。神话不是绝对假的,但也不是绝对真的。这是我们所能提出的解释道的最

---

* 指《齐物论》中说的"梦之中又占其梦焉"。——译者

好的故事,这是一种必要的虚构。或者,以毕加索(Picasso)对艺术的定义的话来说,它是一种表达真理的谎言。

　　取得自我转化,或者说得道,是一种统一体那样的东西。所有言说加到统一体,就破坏了那统一体。可以说,哲学是在那个事实后存在的。不破坏统一体的唯一方法是通过使用虚词(empty words);只要我们使用虚词,继续谈论自我转化和道是没有问题的。一旦言被忘了,我们就可以再用它们。我们在做梦时也可以解释梦。我们正在解释的,正是梦,因为甚至我们把它描述为实在或者道,这也是仅仅是我们的想象。道不会把自己称为实在。道不会说话。但是,我们可以并且事实上不得不解释梦,而且,在我们正在做梦的时候,我们也只能这样做。在这种意义上,我们能理解哲学家庄子提的问题:"吾安得乎忘言之人而与之言哉?"⑩(《外物》)庄子毕竟是不沉默的。

注　释:

① 人们可以用多种方式来指《庄子》的目标,庄子本人也同样如此。华滋生把自由作为《庄子》的中心目标(见他译的《庄子》[纽约,1970年],第 3 页)。有时候,庄子把他自己的目标描述为大觉(同上书,第 47 页);有时候,他又把它说成是达天或更常见的得道(同上书,第 89 页);有时候又是指与自然为一体(同上书,第 40 页)。在该书第 40 页的注中,华滋生认为,庄子把天等同于自然或道。当然,所有这些表达都是达到明的状态的比喻。达到明的关键是超越自我或"我",我把它看作是对自我的彻底转化。忘记自我和转化自我,或多或少是同一回事。

③ 关于忘我的最出色的讨论,参看 Antonio S. Cua, "Forgetting Morality: Reflections on a Theme in Chuang Tzu", *Journal of Chinese Philosophy* 4 (1997), p. 305 - 328. 柯雄文:《忘德:对庄子一个主题的反思》,《中国哲学季刊》第 4 卷(1997年),第 305—328 页。请注意,作者在词源学上将汉字"忘"分解为两个部分"亡"和"心",前者等于英文的"to lose",后者等于"mind"。

③ 正如我在前面多章所说的那样,这个梦的故事是非常复杂的,并且起码把三个层次的类比浓缩为一个。第一层是指生理上的梦的虚幻本性。第二层是指哲学解释也是一个可能的梦的部分。在这里,梦的概念扩展至包括一个哲学家(含庄子在内)的心理事实,他的哲学活动像梦饮酒者那样很可能发生在梦里。把哲学家作为做梦者的看法暗示着:不仅哲学家在生理层面上可能在做梦,而且,更重要的是,他们对实在和真理的断定也可能是虚幻的。在这一点上,庄子的梦的故事在精妙和复杂方面超过了笛卡儿的梦的故事,因为即使笛卡儿的"我正在思想"和"我存在"的结论也可能是一个做梦主体在梦中的结论,这种可能性一点也不比它是一个醒的主体在醒时作出的结论的可能性低。当然,笛卡儿用了不会欺骗的神作为本体论上突然出现的解围者(Deus ex Machina)来避免前一种可能性。严格来说,庄子停留在认识论的分析的范围之内。庄子的故事也利用了梦的类比来代表最后醒来的可能性,而笛卡儿没有这样利用他的梦的故事。对于庄子来说,梦的故事不仅仅是用来作为一种手段,去表明为了满足一种彻底的认识论的探索,我们必须走多远,而且它是一个教育故事,它说明,不管我们变得如何老练和确凿无疑,我们可能达不到一种完全的清醒。在这种意义上,可以说庄子在认识论上比笛卡儿更严格,后者最后满足于:他自己确信某种东西。当然,在另一种层面上,庄子也希望让他的读者主体知道一种内心觉醒的完全可能性,这种觉醒像从生理上的梦的觉醒一样,可以在任何时候(包括现在)发生。

④ 说无"我"并不是事情的真实情况的确切的说法,因为它是一个负的描述。它只说没有什么,而没有说有什么。我们最靠近真理的是一个负的描述。任何正的描述都要求描述术语,这些术语根据事实本身排除了处于描述状态的可能性(下面会更完整地谈这一点)。现在,注意以下这一点是很重要的:庄子所能做的最好的是靠近真理,给出一个近似值。

⑤ 读者可能会提出反驳:我现在在引用《庄子》外篇来支持我的观点。但是,我认为,《外物》是外、杂篇中为数甚少的与内篇观点相一致的一篇。这样,虽然这是不真实篇中的一篇,但是,它一点也不跟真实篇相矛盾,并且还像另外的一两个例子那样,把观点说得更明确了。

⑥ 参看本章注②。

⑦ 参看本章注④。

⑧ 再说一次,这是一种负的描述。既然在这种状态中没有可能的主体客体之分,对这种状态,我们最少和最多能说的是,这样一种状态是超越自我的概念的。在企图"描述"这种状态时,我们可以说,它超越了主体/客体的二元。这是对这种状态的指示或暗示,而不是对它的描述。用"超越"这个词的正当理由是:它也是对已经发生的本体论变化的描述的尝试,其中存在着一种主体认识者转化的经验。

⑨ 说没有"我"只是接近真理的说法;它不是描述"是什么"的说法。但是,说道是一种没有对立的状态,并不是完全不真实的。

⑩ "忘言"与"无言"相似。忘言意味着忘记语言的描述功能,以至于可以自由地运用语言,摆脱源于企图使语言严格地受所指客体约束的过分苛刻的要求。庄子乐于跟忘言之人交谈。

第十一章　孟孙才之例

在本书的前十章里,我提出了一些解释《庄子》文本的基本模式。在它们之中,最基本的是自我转化模式。由于对这种模式的认识,文本中很多(如果不是大多数的话)表面上的吊诡都变得可以理解(如果不是全部解决的话)。在本书开头几章里,我提出,像神话、怪物、双头问题等文学手法的使用,有为影响转化的目的而直接作用于读者主体的审美的或前意识的心灵的作用。在中间几章里,我特别引入梦的论辩,一方面作为对智性展示转化的合理性的技巧,另一方面作为对将发生的转化的描述的认知模型。在第九章里,我提到基本的吊诡残余,由于语言本身的本性它们看起来不能消除。尽管作了这些努力,不能说《庄子》已成为没有问题的文本。它仍然充满模糊的论述,几乎是意思完全不明确的片断、难理解的说法。我想挑出起码两个看起来困难的段落来结束对《庄子》的讨论。这两者将构成拙作最后两章的内容。虽然不能说这已经解决了在《庄子》中剩下的所有难题,但是我相信,理解这些难题的所有关键的东西都已提出来了。剩下的工作是把这些基本的解释技巧运用于摆在我们面前的特殊的案例。我会选取这些案例中的两个来讨论。第一个特殊案例是关于孟孙才的。第二个是关于鸣雁的,它将是我们最后一章的主题。

探讨孟孙才的案例是特别有用的,因为它结合了很多技巧,其中的一些技巧我们还没讨论过。孟孙才的故事出现在《庄子》内篇第六篇(《大宗师》)接近结尾的地方。这样，从它在内篇出现的顺序来看，我们可以说它是很后的，并且是一个高度发展的故事，一个很值得考虑的故事。另外，它具有特殊的重要性，因为它刚好在一个说法的前面，这个说法在内篇中出现得较后，它质疑"我"的实在性，并提出我们是否能区分梦和醒的问题*。更值得我们重视的是：孟孙才被描述为独自醒来的。①将觉的形态归于孟孙才，这值得我们注意。

我们企图理解孟孙才那一段的一个困难是这样一个事实：孟孙才的故事是由孔子讲的。这一事实使我们的解释极为麻烦。人们的第一印象是，这是一个使用寓言(《庄子》第二十七篇的题目)的例子。根据华滋生的解释，寓言是为了使之让人更相信而出自历史人物或虚构人物之口的话。②把这一段看作寓言的问题是，孔子代表了一种庄子一般不认同的哲学立场。强调正确的社会关系、正确的行为和礼仪的儒家，在很多方面看起来实际上是庄子所信奉的哲学的反面。如果孔子(或被认为是孔子所说的话)体现了庄子反对的东西，那么，孔子关于孟孙才所说的按理是庄子所不同意的。但是，这也不可能是完全正确的，因为对孟孙才的一些描述看起来是庄子所赞成的说法。

如果我们把关于孟孙才的一段作为寓言的一个例子，我们会面临一种吊诡：让一种大概尊敬的主张被一位在哲学上与庄子极为不同的人说出。另一方面，在某种程度上，孔子仍然是一位受尊敬的人物，尽管他在哲学上与庄子观点不同。这是一个寓言的

---

*《庄子》原文是："且也相与吾之耳矣，庸讵知吾所谓吾之乎？且汝梦为鸟而厉乎天，梦为鱼而没于渊。不识今之言者，其觉者乎，其梦者乎？"——译者

例子,但又不可能是单纯寓言的例子。那么,它是一个黑色幽默吗?我们认为把孟孙才描述为一个达明的人确实意味着它的反面吗?不可能全部是这样,因为一些针对孟孙才所说的看起来是有价值的。另一方面,正如我们后面将要看到的,一些针对孟孙才所说的确实不能看作是庄子全心全意地赞成的。简言之,孔子被用为代言人的事实给我们提供了一个最错综复杂的吊诡。因为这一段本身充满了一些高度吊诡的因素,我们面临双重吊诡。一个吊诡的段落以一种吊诡的形式引入,亦即吊诡之中又有吊诡。

除了故事讲述者这个问题之外,我们必须还要注意这一段的形式。它部分地是简单的叙述,部分地是问和答。如果我们考虑问答的部分,我们可以预期一些发展的特性在这一段中出现,因为问倾向于以如下方式刺激答:答的水平可以超过问的水平。这是问和答的原动力。答不必然是对被提的问题的答。一个真正的哲学上的答总是答得比问得多,因为哲学家知道,问题(它反映了部分的无知)决不是完全正当地被提出来的。问中之答和答的方式总是填补了问题所带有的空白。

在孟孙才的故事中,颜回首先描述了孟孙才对其母亲之死的行为。在颜回的眼里,孟孙才在他母亲的丧礼上表现得不恰当,但因"善处丧"而获得很好的名声:

> 颜回问仲尼曰:"孟孙才,其母死,哭泣无涕,中心不戚,居丧不哀。无是三者,以善处丧而盖鲁国。固有无其实而得其名者乎?回壹怪之。"(《大宗师》)

也许,颜回的提问是关于不伪装(悲伤之情)怎能理解为一种美德,因为根据《论语》,孔子主张,没有合适感情的守礼是空的和没有价值的。

但是,这仅仅是吊诡的开始。在孔子的回答中,孟孙才因其达到某种水平的直率纯真而受到赞扬,虽然他被认为没有达到最高的水平。这毕竟是赞扬了孟孙才,因为,称赞他达到了某种水平(尽管不是最高水平),不同于谴责他的行为完全不当。请注意孔子开头的回答:

> 夫孟孙氏尽之矣,进于知矣。唯简之而不得,夫已有所简矣。(《大宗师》)

这是很难听从的,因为赞扬孟孙才毕竟意味着,不伪装(悲伤之情)是一种美德,或者起码是一定程度的美德。后来,孟孙才又被描述为一个达明的人。在同一段中,孔子说:"孟孙氏特觉。"因为在这一段中又说到他离最高水平还有一段距离,说他觉是最难对付的一点。无论如何,把不伪装(悲伤之情)作为明的成果或标志是极为难以对付的。

人们可以通过以下方式来解释这种表面上的不一致:把它看成是对孔子或起码是伪儒的嘲笑,或者看成是大概为庄子所想象的孔子的负面观点。假如我们以一种荒谬可笑的观点出自孔子之口,我们就会有一个双重的嘲笑,它成功地否定了该段的嘲笑内容。这种处理的唯一的问题是,它部分地是高水平的,但又出自孔子之口。孟孙才的立场已被承认为部分地把握了真理(虽然还不清楚它为什么后来被说成是清醒的观点),并且通过说需要超越孟孙才自己的观点而处于高的水平。超越礼仪的伪装而内心无所感(很难说为什么这被看成是美德)就是认识到,所有这些(包括哀痛者)都不必然是在实在的层面。因此,我们能超越所有这些而发笑。请看以下论述:

且也相与吾之耳矣，庸讵知吾所谓吾之[非吾]乎？且汝梦为鸟而厉乎天，梦为鱼而没于渊。不识今之言者，其觉者乎，其梦者乎？造适不及笑，献笑不及排，安排而去化，乃入于寥天一。（《大宗师》）

笑被看成是对严肃灵魂的一种回应（根据尼采所说）。我认为，把所有尘世的变化都抛在天一的后面的意思，正是在那一段的开头赞扬孟孙才的意思。作为仪式上的送葬者，孟孙才不受尘世的变化的影响，完成了哀悼行为，并被认为是好的。但是，他仍然处于意识到他不受尘世影响的水平，因而意识到他已经超越。但是，他未达到更高的理解水平，在这种水平上，他不再知道他自己的超越。

最高的理解（这是孟孙才还没有达到的）是知道：整个超越的方案（当它恰当地被理解时）是一个大笑话。因为，严格地说，没有人能超越。最高的理解是对笑的理解。人们可以试图把这点理解为对一切转化的超越，但是，即使是这种理解也需要一种转化，它不可能是一个正确的解释。更精妙的解释是，忘记转化的最后阶段还是一种转化，虽然不是最后的转化。

前面把孟孙才描述为醒意味着，他处于梦之后的认识状态。否则，如果我们把这个说法作为精确的说法，为什么一个已醒的人需要更进一步的转化或者超越转化就没有意义。那么，孟孙才之被描述为醒，不能看作是醒的最后阶段。前面把孟孙才描述为醒，可以看作是沿着醒之路的中间阶段，而不是最后的明。这是与原文所说的他"已有所简"，但还没有完全成功相一致的。

这仍然留给我们一个解释的困难：为什么没有实在意义的仪式主义（empty ritualism）可以作为是明（醒）的一个阶段？从一

个外在的观察者的立场看,孟孙才看起来是不伪装的。但是,如果我们理解了孟孙才的明的水平,那么,对外部观察者显得不伪装的东西,就会是一种更高的模式,一种把世俗的变化看作是无意义的模式。③孟孙才的态度不是简单的没有悲伤之情而保持空洞的仪式;他超越受世俗的变化而影响的状态。唯一的欠缺是,他仍然保持一种仪式,并把某些意义归于观察变化的事实。但是,他的超越感情的内在模式是一种比单纯的不伪装(感情)更高的模式。

我们还要面对的吊诡是:为什么所有这些要出自孔子之口呢? 是不是孔子被作为一个哲学上的人物,他代表了处于未解释的梦和实在之间的人? 如果是这样的话,为什么不伪装(这几乎不是孔子的教义)在某种程度上被作为部分地理解了真理呢?

也许,理解它的最好意思是,同时作出两点。第一点是,不为外物影响的观点是在正确方向上的一步。第二点是,有一种对孔子的玩笑的说法,好像说,假如孔子是有意义的话,这位圣人应该不受外物影响(对孔子来说,说圣人不受外物影响是没有意义的)。孔子能达到的最高见解只有采取荒谬的立场(某种方式的不伪装感情是值得称赞的)才有可能。但是,孔子也被认为超越了这一点。在他的这种必须被超越的回应中,孔子确实超越了他自己。

要完全理解在最后回答中利用孔子的意思是很难的。这看起来是一种非常精妙的辩论策略,是一种提示:假如孔子也承认他自己的立场的荒谬性,并被推到逻辑的极限的话,他也会赞成庄子。但是,这并不完全令人满意,因为,孔子的立场在历史上是非常有名的;运用他的名字的分量来表述一种在非常微妙的意义上是支持庄子的立场,可能对产生一种辩论的困惑的影响要大于对辩论的解决的影响。运用孔子作为整个论辩的代言人不会单纯意味着以寓言的名义为论辩提供权威性,因为,这不能防止一种荒谬的产生,这种荒谬对孔子的立场和庄子的立场都是存在的。

可以说,在最后回答中利用孔子,其目的是接受所有的由这种运用而引起的吊诡吗?庄子可能真的喜欢吊诡吗?他将自己的看法借他的哲学对手之口来表达纯粹是为了引起好玩和迷惑吗?这与柏拉图之借用诡辩学者很不一样,但这可能是庄子的顽皮,他忍不住用这种最后的嘲笑、最后的挖苦,以至最后的玩笑,超越对真理的关注。这种解释可以从将孟孙才对价值的看法归于超越知识中得到支持。请看我们还没引用过的属于那一段的话:

> 孟孙氏不知所以生,不知所以死;不知就先,不知就后;若化为物,以待其所不知之化已乎!且方将化,恶知不化哉?方将不化,恶知已化哉?吾特与汝,其梦未始觉者邪!且彼有骇形而无损心,有旦宅而无情死。孟孙氏特觉,人哭亦哭,是自其所以乃。(《大宗师》)

孟孙才已成功地超越了对生死的担忧,他超越了知道这个问题的答案的需要。他的表面上的悲伤仅仅是为了跟别人相一致,这是一种高级的行为,它显示了一种在世中而又不在世中的能力。只要孟孙才超越了跟别人一样地行动的需要,进入玩笑,并且又再超越,那么,他就会成功地完成最后的超越。但是,在儒家的模型中,这是一种非常高的超越,并且,他确实已成功地达到了。这是儒者能追求的最好的东西。

孟孙才的方法可以看作为不是最后的方法。虽然他超越了对知识的关注,但是,他需要遵守仪式礼节显示:他达到一种形式的超越,这种超越仍然意识到自身是超越,因而不是完全的超越或超越本身。超越本身甚至比孟孙才达到的超越更简单。孟孙才因不受世界的影响而"有所简"。最高的"简"是超越孟孙才和世界的二分。这是很值得一笑的。这就是"简"本身。对一个问题的最好解决是首先消除可能产生这个问题的条件。多么好笑!④

这里决不会有任何问题。这个解释是跟运用梦的比喻*相一致的,尤其是运用它来作为达到对把问题不看作问题的最高理解的桥梁。当我们从梦中醒来时,梦已经消失。它不再存在,除非作为幻觉,作为伪问题而存在。曾经存在一个要解决的问题,或者要超越的心态,但这种存在是梦构造的一部分。完全觉醒的孟孙才笑了;没有一个要开始的问题。这使《大宗师》中梦的故事的摆放位置有意义:它刚好摆在对问题的最高理解的前面,好像表明,最高的理解是从梦中醒来而取得的结果。这种解释也使前面暗指的最高的"简"有意义。最简单的解决(这一点孟孙才没有达到)是认识到既没有问题,也没有解决。这看起来可以通过从梦幻中醒来而达到。正如跟《齐物论》中所说的一样,这里说的梦(或幻)是对个人的主体的实在性的信仰。

在孟孙才的故事中,梦的运用不是作为一种通常的转化的例子。假如它纯粹是转化的例子,那么,它就没有认知的解释力,并且也不会摆在关键的位置——刚好在说最高的理解是由什么来构成之前。如果这里说的梦仅仅是物化的另一个例子,那么,把

---

* 这里说的梦不是指《齐物论》的蝴蝶梦或大圣梦,而是指前引《大宗师》的梦:"汝梦为鸟而厉乎天,梦为鱼而没于渊……"——译者

任何观点(例如相信"我"的观点)作为可能的梦就没有意义。如果任何一个观点或所有观点被作为假定的梦的内容,显然,梦/觉模式就是一个更根本的解释方式,而不仅仅是物化的另一个例子。如果这里说的梦仅仅是转化的另一个例子,那么,把任何其他观点作为可能的幻觉就没有意义。整个梦/觉比喻是一个包容太广的解释模式,它不能简单地用来作为一个转化的例子。如果把它用作这样的例子,这就像用地震来作为一个运动的例子一样。

梦的比喻的位置是支持其特殊地位的强有力的证据。它刚好放在把所有转化抛开(指关于孟孙才的那一段的"安排而去化"——译者)的前面。这似乎意味着,人不应该太卷入变化的过程或变与不变的辩证法之中,因为所有变化或变更都同样可能是一个梦的主题。所需要的是《齐物论》里的大化(Great Transformation),它认识到,所有出现的都可能只不过是梦,因此,我们不应该严肃地看待它们。这是《大宗师》中笑出现时的观点。这是一种转化,因为它反映了一种跟以前所持的不同的观点,但是,它是通过忘掉所有形体的转化,甚至忘掉大化而取得的。这是一种转化,但这是一种非常不同的秩序的转化。这是一种不能意识到它自身是转化的转化,是一种不能将它自己称之为转化的转化。

但是,还不完全明白,我们如何能或为什么能把所有这些都看作是孔子所说的。可以很容易地说:因为所有这一切都可能是梦的一部分,谁是说话者就不重要了。但是,除了所有这一切都可能是幻觉这一看法外,幻觉之间是互不相同的。梦的内容不可能是实在,但它们毕竟是梦的内容。一定有理由选择这些特别的梦的内容,在其中,孔子既是梦的内容的一部分,也是梦的叙述者。

运用孔子,可能是最后的笑话的一部分吗? 如果梦的参与者的身份最后无关紧要,并且叙述者也是梦的一部分,那么,为什么不运用孔子呢? 笑话毕竟是笑话,不能严肃地看待。如果根本没有幽默的因素,那么,它就不会再是一个笑话。如果对幻觉的恰当反应是把它作为一个笑话,我们就必须包括诙谐的因素。

但是,我们又不能把它单纯放在笑话的层面。这是用来作为一种哲学的一部分的笑话。如果它纯粹是一个笑话,那么,整本《庄子》就是一本笑话书,但事实上不是如此。一个哲学笑话仍然是一个哲学的笑话,并且,不管愿不愿意,它都带有哲学意义。

运用孔子作为哲学代言人的唯一意义是最后引起混乱。运用孔子是向哲学的心灵讲话。这种信息的内容超越了哲学,但超越哲学仍然是一种哲学。运用你不同意他的观点的哲学家作为超越哲学的代言人,这不能不给我们留下一些混乱。并且,这也正是其意图所在。

孔子和他的名字所具有的分量有确定的权威性,这种权威性超越了《庄子》中那一段文本的思想。同时,他的立场起码部分地按照该段的内容被嘲笑,并因他含蓄地赞成一种确实是归于庄子的观点而再次被嘲笑。所有这些都是笑的一个真正理由,但是,它也留下了震惊和迷惑之刺,这是再多的分析也移不走的。这种移不走的吊诡也是不打算被移走的。

最后,一定的吊诡因素是文本所固有的。这种吊诡之余留是故意的。任何一种解决或所有的解决都不能单独向分析的心灵提出。这样做将会意味着,《庄子》的立场是对一种知性的观点的拥护。这就会使《庄子》的思想处于一种纯粹理论的层面。但是,《庄子》的基本思想在某种意义上像马克思的一样,不是解释世界,而是改造世界。为了引起自我转化,必须有一些使意识的、分析的心灵静止的因素。如果没有这样的因素,最后留下来的是一种哲学立场,即心灵可以评价。但这是与已转化的心灵不同的。

运用孔子作为说话人是一种双重吊诡。被归于孔子的主张是一种孔子从来没有采纳的主张。这是对这种信息的否定。但是,这种信息本身,一旦被正确地解释,就不是纯粹荒谬的;它是向着更荒谬的过程跨进的一步,其中包含了不能被完全否定的信息。这是一种吊诡。运用孔子产生了另一种吊诡,因为,用他的名字——尽管把不是他的看法加到他头上——仍然带有其自身的历史分量。这没有取消对这种信息的部分取消。但是,作为哲学上的对手的孔子之被运用,又再一次取消了对这种信息的部分取消。一种肯定留给了我们,但是,这是一种充满了吊诡残余的肯定。

意识之心不是被传递的信息的最后裁断者。双重吊诡之运用,是庄子武器库中最复杂的武器之一。意识之心被呼两次,又被否定两次。跟运用孔子的名字相关的权威的分量惊醒了意识之心。当认识到这样的运用肯定是一种讽刺时,这又再次否定了它。但是,所留下的是潜意识信息:所传递的在哲学上是重要的,虽然它肯定是吊诡的。被归于孔子的内容是错误的内容。这又否定了该信息,让意识之心再次完全迷惑。但是,在这错误的内容之中,有精妙的信息,它纠正了这个内容,让它在另一种意义上成为正确的内容。这在某种程度上移开了迷惑,并让知性之心认识到要传递的正确信息。但是,这种正确的信息不能全部留给意识之心处理,因为这样做会让《庄子》的信息处于纯粹知性的和理论的水平。所有这些在知性上肯定是可疑的(由于孔子的错误运用),这是一种无意识的认识,会使知性的满足黯然,这种满足是随着对一种更高的信息的理解而产生的。这种更高的信息被留下来直接作用于无意识之心。哲学将自己移开了。

哲学之用是给自己动外科手术。孔子不可能说这样的话，但——在无意识记忆的层面——他这样说了。他被虚构地这样说了，因为我们都知道，这不是孔子所说的。但是，虚构的孔子说这样的话的事实足以帮助引起意识之心的转化。我们甚至可能在读过这一段以后不记得——我们也不需要有意地记得——这是孔子所说的。但是，阈下之心不可能忘记这一事实。它足以使我们认识到，这一信息不管是什么，不能完全理解为一种理论的信息。这是一个旨在当我们读它时转化我们的故事。对于这一段的恰当的功能来说，我们能否记得它是由孔子所说的并不重要。它能够通过分析的工作被说出。但是，它作为无意识的残余徘徊。它的徘徊足以让这一段迂回曲折，足以在最后消除意识之心的参与。

在吊诡之内的吊诡的精明之用，让无意识的心灵自由地分享包含在这个故事中的真正的、含蓄的信息。这一信息不能直接地被述说。它只能通过比喻来说，这意味着，它的真正完成需要读者主体的介入。假如它能够直接地被述说，它就会被意识之心当作跟其他的哲学立场相比较的哲学立场。当《庄子》间接地和通过比喻述说它时，它只能通过读者的行动来完成，而这些读者"安排而去化，乃入于寥天一"（《大宗师》）。

注　释：

① 它（指《庄子》原文"孟孙氏特觉"——译者）究竟该译为"孟孙氏独自一个人觉"，还是译为"孟孙氏特别觉"，这是一个问题。不管怎么翻译，他都是一个特殊的例子，这种特殊性值得我们注意。

② 华滋生:《庄子》,第 303 页。这提供了一个例子:我们可以在外、杂篇吸取灵感,尽管外、杂篇是不可靠的,但是,它们有时可以为理解可靠的内篇提供宝贵的线索。这种线索是能够通过将一些字、句插入内篇而发现的,但人们不需要求助于更后的一章来发现它。这里提供了一个例子,说明外、杂篇的一些文章是有用的,虽然这些文章不可靠,但是,它们跟内篇的思想不矛盾,并且确实提供了补充解释。在这方面,人们可以利用外、杂篇的一些文章——尽管不是全部文章——来作为对内篇的注解。外、杂篇的哪些文章可以作为对内篇的补充,哪些文章因为误导而应该避开,这本身是一个值得研究的课题。关于对《庄子》第二十七篇中寓言和其他话语形式的详细讨论,我推荐吴光明的《庄子:逍遥的世界哲学家》,尤其是第 28—38 页。

③ 仍然很难避免一种感觉:这是一种不伪装。人们可以把这一点与丧礼上的最高的行为作对比,这种行为被描述为或者是真正悲伤的简要表达,或者是仪式的超越。例如,比较以下三者:庄子对惠子之死的悔恨——他再也没有说话的人了(第二十四篇《徐无鬼》);庄子妻死,鼓盆而歌(第十八篇《至乐》);庄子对他死后的尸体的幽默的论说(第三十二篇《列御寇》)。这三者中之最后者,令我们想起苏格拉底。当庄子拒绝埋葬而他的弟子们担心鸟会吃他的尸体时,庄子回答说,如果他被埋了,地下的蝼蚁也同样会吃他的尸体。虽然这三者都是出自不可靠的外、杂篇的,但是,其对死的看法可以说更为具有庄子特色。

④ 在这种语境中,人们会想起克尔凯戈尔(Kierkegaard)和尼采。例如,人们会想到克尔凯戈尔的梦,在梦中,他被集合的神(assembled gods)授予他想要的一切东西,而他总是选择笑。在尼采处,人们可以想起查拉图斯特拉(Zarathustra),在那里,笑被宣布为神圣的,并且被用来扼杀严肃的灵魂。

第十二章　鸣雁

　　我想以雁的故事来结束这本讨论《庄子》的书。该故事说，杀不能鸣之雁，而保留能鸣之雁。虽然这个故事出自外篇中的一篇，而该篇不能作为可信篇，但它包含了与真正的庄子相称的信息，值得单独讨论。尽管在表面上有相反的情况，我认为它与内篇的思想不矛盾。另外，将内篇解读为有点对已说过的话的自我注解是很重要的。在这方面，我们不应该把任何前面提出的解释看得太刻板。在读完内篇以后，人们可能觉得自己已经把握了《庄子》的思想，但是，对此决不能太肯定。鸣雁的故事提供了对确定性的解毒药。它几乎好像是庄子在说，不能把他以前说的看得太严肃或太严格。如果你认为你已经把握了其中的信息，你要再想一想。鸣雁的故事如果不是庄子写的，也是庄子会赞成的。它对他以前所说的作了自我嘲笑，但又不仅仅是如此。它是一个笑话，是一个有观点的笑话。

　　在表面上，鸣雁的故事与孟孙才的故事看起来是几乎相反的。在某种程度上，孟孙才的价值降低了，因为他在丧礼上鸣（或哭）了。如果他保持沉默，这会更好。但是，在鸣雁的故事中，不鸣之雁被杀来做晚餐。而鸣之雁是庄子认为应该保留下来的。

　　这个故事不仅传递着几乎是跟孟孙才的故事相反的信息，而且也跟内篇中大量的赞扬无用的故事相矛盾。著名的树因其无用而不被砍的故事看起来就跟现在的故事相矛盾。在这里,无用的雁就是不鸣之雁,但恰恰因为其无用而失去生命。庄子这次岂非走得太远了吗?确实,这是最违反常情的幽默,它将会让我们处于非常大的迷惑之中。这确实是猜不透的谜。

雁的故事非常简单。在紧接着重复因其无用而得以保留生命的树的故事之后,庄子,在这里被称为夫子,留宿于一个老朋友的家里。老朋友想杀雁做晚饭。"竖子"说,有两只雁,不知该杀哪一只。

> 竖子请曰:"其一能鸣,其一不能鸣,请奚杀?"
>
> 主人曰:"杀不能鸣者。"(《山木》)

第二天,当庄子的弟子就这件事问他的时候,庄子的回答虽然意义不是非常明确,但看起来是赞成所发生的事的。简而言之,杀不鸣之雁是对的。

这是跟真正的庄子相称的吊诡。他看起来嘲笑了以前他自己的关于无用值得赞扬的看法。在这个故事中,无用带来了坏的结局。

我们能从中得出什么意义呢?这难道不是一个极端的笑话——用左手取回所有用右手给出的东西?或者,它是一个有意义的笑话?如果是这样的话,这个意义是什么?

无用之雁是不鸣之雁。看起来,为了跟前面所说的一致,不鸣之雁应该留下来,而非常有用的鸣之雁应该被杀掉。虽然这样说跟通常的标准是相悖的,但却符合由庄子制定的标准。通过破坏他自己的标准,庄子看起来给我们提供了一个极端的吊诡,一个质疑他以前说的全部的东西的吊诡。

我认为,恰恰相反,这个故事完全不是一个吊诡。它是一个假吊诡。它适合归于苏格拉底式的假装无知法。* 虽然它像冷嘲，但事实上不是冷嘲；虽然它表面上看起来像吊诡，但事实上不是吊诡。

走出吊诡的一个方法是：认为它与庄子先前的看法不矛盾，因为，庄子在这里说的全部东西是，人们不能将任何人的（包括他自己的）主张看得太严肃。在所有事情上，人们都应该取中道。有时候，赞美无用的东西是对的；有时候，赞美有用的东西是对的。如果我们认真解读庄子对其弟子的问题的回答，看起来首先会允许这种解释：

> 庄子笑曰："周将处乎材与不材之间。"（《山木》）

但是，他没有就此而停止。如果我们再读下去，他马上就离开中道的解决之途：

> 材与不材之间，似之而非也，故未免乎累。（《山木》）

庄子看起来并不赞成处于材与不材之间的中道。如果我们继续读下去，我们对他的回答的意义可以取得更深的看法：

> 若乎乘道德而浮游则不然。无誉无訾，一龙一蛇，与时俱化，而无肯专为；一上一下，以和为量，浮游乎万物之祖；物物而不物于物，则胡可得而累邪？此神农、黄帝之法则也。（《山木》）

在这里，我们推论出：唯一要遵循的法则是，没有法则要遵循。如果我们正确地理解了庄子前面的哲学，我们就不会认为它提供了适应每一种会遇到的情景的规则。假如我们这样认为，我们就会

---

* 这是指，在辩论中，苏格拉底装作无知，接受对方的结论，然后用发问方法逐步引到相反的结论而驳倒对方。——译者

将庄子的哲学转变为遵守规则，但这就会误解它的对我们的冲击。

这个故事的有趣之处是，我们期望庄子给出一个他不给出的答案。我们期望他不赞成杀那一只无用之雁，但是，他没有。与这种期望相反，他笑对招待他的主人的决定，从而默许了它。随后，他好像赞扬自然的行为，即一种不遵守任何规则（包括看起来是他自己的以无用为有价值的规则）的行为。虽然这个故事有一个笑话的和吊诡的形式，但是，它不是一个吊诡。它是庄子告诫反对任何种类的遵守规则的工具。它是一个哲学笑话，但不是一个关于他自己的笑话；它是一个针对头脑错误的读者的哲学笑话。

中道的解决确实根本不是解决。中道不能告诉我们该杀哪一只雁。按照中道，保留没用的树和杀没用的雁，都完全是任意的。当所罗门跟争要一个孩子的两个妇女说把孩子分成两半时，中道就会发生变化。* 中道的解决还会导致更多的荒谬。我们应该为了每一只有用的雁而保留一棵无用的树吗？保留下一只有用的雁是为了杀最后一只无用的雁吗？难道中道的观点听起来不是不像庄子的方法，这种方法虽然最后很明智，但它看起来不是通过确定一种理性决定的方法论来运作的？

谁说杀不鸣之雁是中道呢？哪一只雁该杀，这看起来完全是任意的。无用的东西总会提供一种用处。树提供荫，它毕竟不是完全无用的。我们不能被规则的正式运用束缚得太紧。束缚得

---

* 这是西方历史上非常有名的故事：两个妇女都争着说，某个孩子是她的。她们要所罗门来裁决。聪明的所罗门说："把孩子分成两半，给你们一人一半吧。"其中的一个妇女急着说："千万别分，把整个孩子给她。"于是，所罗门把孩子判给了说这话的妇女。——译者

太紧，就没有自由。

没有规则要遵守。遵守规则不是欣喜于其无用性；为了从无用的本原中创造出一个效用，把无用的东西用于另一种被应用的范畴。但是，这就不是真正的无用了。

真正的无用不知道任何范畴。但是，这并不随之它就作出愚蠢的决定。它遵循的不是中道规则的智慧，而是自然的智慧。在这个故事中，鸣之雁纯粹是出自其不知而行动，没怀有任何有用的目的。但是，在最后，它的行为证明对它是非常有用的。不鸣之雁，刻意遵循《庄子》的思想而误解了它的思想。它因其刻意而误解。在其竭力坚持无目的的目的（宁可不鸣）的过程中，它犯了错误。

这就是鸣的傻雁的本性。不鸣之雁没有遵循其真正的本性。它遵循一种预先的计划：刻意遵循庄子为雁设立的规则。做一个真正的鸣雁更好。你可以信赖遵循其本性的雁，它是可信赖的。不鸣究竟意味着什么呢？

我们不能只是检查庄子实际写下的答案。我们还要考虑这个故事的内容。毕竟，庄子确实告诉我们关于一只鸣雁的故事。并且，鸣雁是一只保存了自己之雁。在他对其弟子的问题的长长的回答中，庄子没有再回到雁的故事。故事就是那么简单：不鸣之雁被杀，而鸣雁保留下来。庄子实际写下的答案似乎是赞扬自然之道，而不是服从规则。但是，我们不能把这个答案看作是完整的答案本身。要完全理解这个答案，我们必须考虑这个故事的材料。

最后，庄子自己就是那只鸣雁。庄子不沉默。沉默之雁是不能被信赖的，因为，我们不知道沉默意味着什么。庄子给我们提供空言，但并非根本无言。[①]其诀窍在于找到使我们得到觉醒状态的正确的语言。存在着将会救助我们的语言,正如罗马雁惊醒了罗马人,使他们从侵略中得救一样。* 不鸣之雁不是真正无用的;从侵略者的立场看,它们是非常有用的!

遵循其本性的那一只无用之雁鸣了。然后它就变成有用的。但是,它变得有用不是因为它想要有用,而是因为它遵循其自己的本性。最后,是本性,而不是计划或预谋值得信赖。即使在内篇中,无用之受尊敬,不是因为无用,而是因为遵循本来的目标。当然,在内篇中,庄子确实强调无用,但是,它是治疗计谋过多的实用性之药。但是,如果人们把无用锁定为一个公式,那就是把手指误为月亮,或者用庄子的话来说,以指为马。②

如果你喜欢的话,不鸣之雁可以用来比喻坚持错误的神秘主义者。坚持错误的神秘主义者把所有的话都看作是无用的。什么话都不能说,所以最好是什么也不说。但是,这是愚蠢的神秘主义;这确实是愚蠢的雁。真正愚蠢的雁就是不鸣之雁。这样的雁值得被杀,因为严格地说,它不是蠢雁。一个通常的蠢雁是不蠢的,因为,它在本性上是蠢的。取笑鸣雁,正像取笑害羞的兔子。被食肉动物逮着的勇敢的兔子才是真正愚蠢的兔子。正常地跑的兔子不是愚蠢的兔子。

庄子之雁不是蠢雁,它是一只自然之雁,既不蠢,也不傻。它生存,因为它鸣。但是,它不是为了生存而鸣(这将是一种不自然的行为)。不鸣之雁什么也没做。它强迫自己做违反自己本性的事,即强迫自己压制其鸣的内在冲动。真正无为之雁纯粹顺其自然。它鸣了,因而保存了自己。如果庄子让那只鸣雁被杀,他就

---

* 当侵略者准备入侵罗马城时,罗马人都睡着了。雁的叫声将他们惊醒,从而使他们起来保卫城市。——译者

会真的是精神错乱了。庄子哲学没有把我们引向精神错乱,而是使我们明智。在杀不鸣之雁中,没有任何吊诡。这是正确的和合适的。把它理解为吊诡没有理解到,这里根本没有吊诡。这是伪吊诡。它看起来像吊诡,但实际上真的不是吊诡。这个伪吊诡诱骗粗心大意的读者。到目前为止,那些正确地理解了庄子的读者,在这里没有看到吊诡,而是看到庄子哲学的一个完美的例子。

这是过度解释吗?我将一个过度润色的结论加到这样一个简单的故事之上吗?潜意识地说,在文本本身,让鸣之雁活下来,就是所要求的全部东西。像我给出的那样的详尽解释,只有对于要求明确解释的哲学家来说才是必需的。在读到鸣之雁活下来时,我们知道,说话是好的。这是傻说(这是像雁鸣那样的说),但也很好。鸣之雁(哲学家)比不鸣之雁(哑巴)好得多。哲学家的自然的傻不是傻,这是他们自然的习惯。如果一个哲学家完全沉默,这才是一个真正傻的哲学家。

哲学像雁鸣一样,看起来是完全无用的东西。但事实上不是,它在拯救人类。

庄子哲学像鸣之雁一样,它看起来是非常的傻,非常的无用。它肯定看起来是好玩的,并且,它肯定叫我们注意。但是,它能拯救我们的生命(即我们生命的意义)。

鸣之雁是隐喻的隐喻。庄子不是在谈跟不沉默相反的沉默。他是在谈如何谈沉默。还有比这个其信息能使我们警觉的鸣雁比喻更好的比喻吗?因为,我们需要警觉两方面的危险:单纯谈论(不带叫醒的描述性的谈论)的危险和不谈论(它会让我们沉睡)的危险。

鸣之雁就是庄子的信息。它是带有一种意义的信息。它不是没有意义的。不鸣之雁,像勇敢的兔子和害羞的老虎一样,是纯粹没有意义的。庄子之雁是不沉默的。无为不是为了进入神秘主义的昏睡状态的沉静,在那里,任何差别都不存在。周与蝶必有分。不鸣雁与鸣雁必有分。当雁鸣时,我们听着!

注　释:

① 人们会联想到《庄子》中的若干段。其中,最有名的一段出自不可信但有用的二十七篇:"齐与言不齐,言与齐不齐也。故曰:无言。言无言,终身言,未尝不言。"(《寓言》)其意思就是:人们认识到,人的语言总是破坏存在的统一,因为,它在统一的地方创造了二元性。但是,一旦人们认识到这一点,人们就可以继续使用语言,并认识到人们使用的语言在描述实在方面是空的。词构成了描述的语言。任何描述的语言都重新创造了主客二分,并且据此而破坏了认识的统一性。无言之言可以用来作为一种特殊的语言,它不是作为一种描述的语言,因而自由地运用而不会破坏存在的同一性。

② 虽然这一段(指《齐物论》中说的"以指喻指之非指,不若以非指喻指之非指也;以马喻马之非马,不若以非马喻马之非马也"——译者)的直接所指是《公孙龙子》第二篇和第三篇中关于马和指的著名讨论,但是,它也可以有更普遍的运用。小心不要用标志或指去代表不是标志的东西。或者,换言之,不要将指号和所指的东西搞混。将这种看法推而广之,不要误符号系统为所指的实在,不要把我们正在用的语言和所谈的对象混为一谈。

在这里,当庄子把它们当作例子时,要旨被作为公式。在内篇中,无用这一概念被赞扬,但只是作为在什么地方寻找最有用的东西(在树的例子中,是指对活得最长所作的贡献)的指引。确实,在无用中有一种价值,但是,停留在无用的例子中会看不到关键。这正如我们把一些无用的(作废的或过期的)邮票作为世界上最有价值的东西。我们会作出结论:我们讨论的主题是邮票。用庄子的话来说:"以马喻马之非马,不若以非马喻马之非马也。"在这里,如果我们坚持认为无用,并作为一个公式来显示——无用不是真正的无用,我们就会误解由无用的概念所指的实在。原来由无用所指的实在现在事实上由有用的雁来指。这可以说是以非马(有用的雁)来说明马不是马(无用的雁不是雁)。

译后记

我的几位研究生帮助翻译了本书的部分初稿:毛国民译了第六章,薛莉译了第七章,陈殿青译了第八章,杨丽花译了第九章。我的学生钟敏知译了序言和第五章的初稿。在他们译稿的基础上,我进行了重译。其中可能出现的错误,当然完全由我负责。

感谢丛书主编刘东先生。感谢丛书总策划周文彬先生。感谢责任编辑府建明先生。感谢陈来教授。感谢我的同事龚隽教授,他最早将我作为本书的译者介绍给本书的原作者爱莲心教授。没有他们的热心帮助,就不会有本书的出版。最后,感谢爱莲心教授,他非常热情、非常耐心地回答我在翻译过程中提出的种种问题,并专门为本书的中国读者写了一个新序。我尤其感谢他指出了我在原稿中的多处英文抄录错误。特别令我感动的是,爱莲心教授校阅了全部译稿,对多个地方作了改正。我估计,还会有其他一些翻译上的错误,欢迎读者指正。

周炽成

2003 年 7 月 18 日

"海外中国研究丛书"书目

1. 中国的现代化 [美]吉尔伯特·罗兹曼 主编 国家社会科学基金"比较现代化"课题组 译 沈宗美 校
2. 寻求富强:严复与西方 [美]本杰明·史华兹 著 叶凤美 译
3. 中国现代思想中的唯科学主义(1900—1950) [美]郭颖颐 著 雷颐 译
4. 台湾:走向工业化社会 [美]吴元黎 著
5. 中国思想传统的现代诠释 余英时 著
6. 胡适与中国的文艺复兴:中国革命中的自由主义,1917—1937 [美]格里德 著 鲁奇 译
7. 德国思想家论中国 [德]夏瑞春 编 陈爱政 等译
8. 摆脱困境:新儒学与中国政治文化的演进 [美]墨子刻 著 颜世安 高华 黄东兰 译
9. 儒家思想新论:创造性转换的自我 [美]杜维明 著 曹幼华 单丁 译 周文彰 等校
10. 洪业:清朝开国史 [美]魏斐德 著 陈苏镇 薄小莹 包伟民 陈晓燕 牛朴 谭天星 译 阎步克 等校
11. 走向21世纪:中国经济的现状、问题和前景 [美]D.H.帕金斯 著 陈志标 编译
12. 中国:传统与变革 [美]费正清 赖肖尔 主编 陈仲丹 潘兴明 庞朝阳 译 吴世民 张子清 洪邮生 校
13. 中华帝国的法律 [美]D.布朗 C.莫里斯 著 朱勇 译 梁治平 校
14. 梁启超与中国思想的过渡(1890—1907) [美]张灏 著 崔志海 葛夫平 译
15. 儒教与道教 [德]马克斯·韦伯 著 洪天富 译
16. 中国政治 [美]詹姆斯·R.汤森 布兰特利·沃马克 著 顾速 董方 译
17. 文化、权力与国家:1900—1942年的华北农村 [美]杜赞奇 著 王福明 译
18. 义和团运动的起源 [美]周锡瑞 著 张俊义 王栋 译
19. 在传统与现代性之间:王韬与晚清革命 [美]柯文 著 雷颐 罗检秋 译
20. 最后的儒家:梁漱溟与中国现代化的两难 [美]艾恺 著 王宗昱 冀建中 译
21. 蒙元入侵前夜的中国日常生活 [法]谢和耐 著 刘东 译
22. 东亚之锋 [美]小R.霍夫亨兹 K.E.柯德尔 著 黎鸣 译
23. 中国社会史 [法]谢和耐 著 黄建华 黄迅余 译
24. 从理学到朴学:中华帝国晚期思想与社会变化面面观 [美]艾尔曼 著 赵刚 译
25. 孔子哲学思微 [美]郝大维 安乐哲 著 蒋弋为 李志林 译
26. 北美中国古典文学研究名家十年文选 乐黛云 陈珏 编选
27. 东亚文明:五个阶段的对话 [美]狄百瑞 著 何兆武 何冰 译
28. 五四运动:现代中国的思想革命 [美]周策纵 著 周子平 等译
29. 近代中国与新世界:康有为变法与大同思想研究 [美]萧公权 著 汪荣祖 译
30. 功利主义儒家:陈亮对朱熹的挑战 [美]田浩 著 姜长苏 译
31. 莱布尼茨和儒学 [美]孟德卫 著 张学智 译
32. 佛教征服中国:佛教在中国中古早期的传播与适应 [荷兰]许理和 著 李四龙 裴勇 等译
33. 新政革命与日本:中国,1898—1912 [美]任达 著 李仲贤 译
34. 经学、政治和宗族:中华帝国晚期常州今文学派研究 [美]艾尔曼 著 赵刚 译
35. 中国制度史研究 [美]杨联陞 著 彭刚 程钢 译

79. 德国与中华民国　[美]柯伟林 著　陈谦平 陈红民 武菁 申晓云 译　钱乘旦 校
80. 中国近代经济史研究:清末海关财政与通商口岸市场圈　[日]滨下武志 著　高淑娟 孙彬 译
81. 回应革命与改革:皖北李村的社会变迁与延续　韩敏 著　陆益龙 徐新玉 译
82. 中国现代文学与电影中的城市:空间、时间与性别构形　[美]张英进 著　秦立彦 译
83. 现代的诱惑:书写半殖民地中国的现代主义(1917—1937)　[美]史书美 著　何恬 译
84. 开放的帝国:1600年前的中国历史　[美]芮乐伟·韩森 著　梁侃 邹劲风 译
85. 改良与革命:辛亥革命在两湖　[美]周锡瑞 著　杨慎之 译
86. 章学诚的生平与思想　[美]倪德卫 著　杨立华 译
87. 卫生的现代性:中国通商口岸健康与疾病的意义　[美]罗芙芸 著　向磊 译
88. 道与庶道:宋代以来的道教、民间信仰和神灵模式　[美]韩明士 著　皮庆生 译
89. 间谍王:戴笠与中国特工　[美]魏斐德 著　梁禾 译
90. 中国的女性与性相:1949年以来的性别话语　[英]艾华 著　施施 译
91. 近代中国的犯罪、惩罚与监狱　[荷]冯客 著　徐有威 等译　潘兴明 校
92. 帝国的隐喻:中国民间宗教　[英]王斯福 著　赵旭东 译
93. 王弼《老子注》研究　[德]瓦格纳 著　杨立华 译
94. 寻求正义:1905—1906年的抵制美货运动　[美]王冠华 著　刘甜甜 译
95. 传统中国日常生活中的协商:中古契约研究　[美]韩森 著　鲁西奇 译
96. 从民族国家拯救历史:民族主义话语与中国现代史研究　[美]杜赞奇 著　王宪明 高继美 李海燕 李点 译
97. 欧几里得在中国:汉译《几何原本》的源流与影响　[荷]安国风 著　纪志刚 郑诚 郑方磊 译
98. 十八世纪中国社会　[美]韩书瑞 罗友枝 著　陈仲丹 译
99. 中国与达尔文　[美]浦嘉珉 著　钟永强 译
100. 私人领域的变形:唐宋诗词中的园林与玩好　[美]杨晓山 著　文韬 译
101. 理解农民中国:社会科学哲学的案例研究　[美]李丹 著　张天虹 张洪云 张胜波 译
102. 山东叛乱:1774年的王伦起义　[美]韩书瑞 著　刘平 唐雁超 译
103. 毁灭的种子:战争与革命中的国民党中国(1937—1949)　[美]易劳逸 著　王建朗 王贤知 贾维 译
104. 缠足:"金莲崇拜"盛极而衰的演变　[美]高彦颐 著　苗延威 译
105. 饕餮之欲:当代中国的食与色　[美]冯珠娣 著　郭乙瑶 马磊 江素侠 译
106. 翻译的传说:中国新女性的形成(1898—1918)　胡缨 著　龙瑜宬 彭珊珊 译
107. 中国的经济革命:20世纪的乡村工业　[日]顾琳 著　王玉茹 张玮 李进霞 译
108. 礼物、关系学与国家:中国人际关系与主体性建构　杨美惠 著　赵旭东 孙珉 译　张跃宏 译校
109. 朱熹的思维世界　[美]田浩 著
110. 皇帝和祖宗:华南的国家与宗族　[英]科大卫 著　卜永坚 译
111. 明清时代东亚海域的文化交流　[日]松浦章 著　郑洁西 等译
112. 中国美学问题　[美]苏源熙 著　卞东波 译　张强强 朱霞欢 校
113. 清代内河水运史研究　[日]松浦章 著　董科 译
114. 大萧条时期的中国:市场、国家与世界经济　[日]城山智子 著　孟凡礼 尚国敏 译　唐磊 校
115. 美国的中国形象(1931—1949)　[美]T.克里斯托弗·杰斯普森 著　姜智芹 译
116. 技术与性别:晚期帝制中国的权力经纬　[英]白馥兰 著　江湄 邓京力 译